서울 스토리

서울 스토리

1판 1쇄 찍은날 2013년 3월 20일
1판 5쇄 펴낸날 2021년 4월 16일

지은이 양희경 심승희 이현군 한지은
펴낸이 정종호
펴낸곳 (주)청어람미디어

책임편집 정미진
디자인 김영식
일러스트 이대일
마케팅 황효선
제작·관리 정수진
인쇄·제본 (주)에스제이피앤비

등록 1998년 12월 8일 제22−1469호
주소 03908 서울시 마포구 월드컵북로 375, 402호(상암동)
전화 02)3143−4006~8
팩스 02)3143−4003
이메일 chungaram@naver.com

ISBN 978−89−97162−36−9 03900
잘못된 책은 구입하신 서점에서 바꾸어 드립니다. 값은 뒤표지에 있습니다.

서울 스토리

장소와 시간으로 엮다

양희경·심승희·이현군·한지은 지음

청어람미디어

들어가는 말

이 책이 나오게 된 계기는 2000년 대학원에서 지리를 공부하던 몇몇이 정기적으로 서울 답사를 시작하면서부터다. 연구실 책상에 앉아 논문과 씨름하던 일상에 비하면, 2주에 한 번씩 모여 서울을 답사하는 일은 무척이나 신나고 흥분되는 일이었다. 답사모임이 계속될수록 참여하는 사람도 늘었고 답사해보고 싶은 장소 목록도 늘었다. 인터넷에 '서울스토리'라는 커뮤니티도 만들어 사진과 답사 자료를 공유하기 시작했다. 이 책의 제목이기도 한 '서울스토리'는 이렇게 만들어졌다.

사실 '서울스토리'에 참여한 사람들에게 서울 답사의 가장 큰 의미는 재미와 기쁨이었다. 책이나 뉴스, 논문 등에서 나왔던 곳, 사람들이 말하던 곳을 직접 찾아가서 왜 그 곳이 주목받았는지 스스로 확인하고 해석하는 작업은 다른 무엇도 대체할 수 없는 재미였다. 답사를 함께 한 사람들과 경험을 공유하는 것 역시 큰 기쁨이었다.

그러나 대학원에 적籍을 두거나 두었던 사람들이다 보니, 재미로만 끝나는 답사에 조금씩 마음의 짐을 갖게 되었다. 그래서 2002년부터 그 동안의 답사를 토대로 서울의 지리를 정리한 글을 써보자는 논의가 시작되었고, 2004년에는 대강의 목차가 나올 정도로 집필 계획이 구체화되었다. 하지만 '서울스토리' 구성원 상당수가 대학원 졸업 이후 취업, 결혼, 육아 등으로 정기 답사를 지속하기 어려워져 점차 간헐적인 답사로 바뀌었다. 그럼에도 불구하고 서울 답사의 성과를 모아 우리 글로 정리해보자는 구성원들의 숙원은 계속되었고, 2009년부터 우리의 본격적인 집필이 시작되었다.

　결국 이 책이 나오기까지 길게는 10년, 짧게는 4년 정도 걸린 셈이다. 우리는 긴 시간 동안 왜 '글 감옥'에 갇혀 서울에 대한 책을 쓰고자 했을까? 사적으로는 우리가 해온 답사를 글로 정리하면서 현장에서 발견하고 느낀 것을 기록할 뿐만 아니라 답사에서 미처 성찰하지 못한 것을 문헌 연구를 통해 보완하고 그 의미를 찾고자 했다. 그러나 무엇보다 여러 사람들과 그 결과물을 공유하기 위함이 더욱 크다 하겠다. 사실 서울에 대한 책은 정말 많다. 학술서도, 교양서도, 여행안내서도 많다. 그럼에도 불구하고 또 한 권의 '서울 책'을 보태고자 한 것은 우리 식으로 정리한 서울이야기로 서울을 이해하는 것도 의미 있으리라 생각했기 때문이다.

　서울은 이해하기 쉬운 도시가 아니다. 서울에서 오래 살아온 사람들에게도 마찬가지다. 600년 이상 우리나라의 수도였고, 인구 1,000만을 품고 있는 거대한 도시기 때문이다. 그만큼 서울은 시간적으로 그 역사가 길고 공간적으로도 거대하고 조밀하다.

　이러한 서울을 이해하기 위해 지리학을 공부한 우리가 선택한 방법은 크게 세 가지다. 첫 번째는 서울이 아무리 최첨단의 대도시라할지라도 자연환경적 토대 위에 세워진 곳이라는 점에 주목하였다. 볼거리로서의 자연환경이 아닌, 대도시가 형성된 토대로서의 자연환경에 대한 접근이라고 하겠다. 두 번째는 서울을 시간적 순서에 따라 접근하되, 그 시기를 공간적 변화를 기준으로 구분하였다. 그래서 이 책에서는 서울을 크게 네 시기로 구분하고, 시기별 공간적 변화를 상징적으로 보여주는 장소 선정으로 각 장을 시작한다. 세 번째는 서울을 지리적으로 이해하기 위한 수단으로 사진뿐 아니라 지도를 적극 활용하였다. 지도를 통해 지역을 이해하는 것은 두 가지 장점이 있다. 하나는 '판(또는 형세)을 읽어 내는 능력'을 제공한다. 높은 곳에 올라가 지역 전체를 조망하는 행위는 지역 이해의 첫 단계다. 일반적인 여행에서도 빠지지 않는 행위가 산이든 전망대든 높은 곳에 올라가 한눈에 전체를 바라보는 활동이다. 지도는 이 활동을 대신해줄 뿐만 아니라 보다 정교하고 체계적인 정보까지 제공해주어 '판을 읽는 능력'을 키워준다. 또 하나는 역사 지도가 특히 그러한데, 과거부터 현재까지의 변화를 시각적으로 보여주며 그에 따라 지리적·역사적 상상력을 자극한다.

그러나 이 책은 답사에 토대하고 있지만 답사기는 아니다. 그 동안 지리학을 포함한 여러 분야에서 이루어진 서울 연구의 성과를 현장 답사와 결합한 일종의 지역 연구서라고 할 수 있다. 그러나 서울에 관심을 갖는 사람이라면 누구나 쉽게 읽을 수 있도록 딱딱한 학술적 글쓰기 방식은 지양했다. 따라서 본문에 인용 출처를 밝히지 않고 책 뒤쪽에 제시된 참고문헌으로 대체된 경우도 많은데, 많은 연구자들의 양해를 구한다.

이 책은 다음과 같이 총 5장으로 구성되었다.

제 1장 '수도 서울의 기초'에서는 오늘의 서울이 만들어지기까지 기초가 되었던 자연 환경적 특징을 기후와 지형을 중심으로 살펴보았다. 다음 단계에서는 서울의

지형적 조건이 조선시대부터 근대, 현대에 이르기까지 서울이 개발되고 확장되는 데 어떤 영향을 미쳤는지를 알아보았다. 1장을 대표하는 상징경관은 서울 성곽의 기초가 된 사산^{四山}중의 하나이자 조선 왕조의 정궁^{正宮}인 경복궁을 품고 있는 북악산이다.

제 2장 '왕조의 공간에서 근대 도시로'에서는 전근대의 공간에서 근대의 공간으로 변화하기 시작한 근대 초기 서울의 모습을 다루고 있다. 따라서 2장을 대표하는 상징경관은 근대로 들어가는 통로 역할을 맡은 서울역이다. 서울역으로 상징되는 기차와 시계탑은 다가올 시공간 압축시대를 예고할 뿐만 아니라, 왕조시대의 상징물인 서울 성곽이 붕괴되기 시작한 결정적 계기이기도 했다. 2장에서는 먼저 조선 왕조시대의 도성, 한양이 어떤 공간적 구조를 갖추고 있었는지 살펴보았다. 그리고 이 전근대 도시가 외국인과 외국 문물의 유입, 근대적 교통수단의 도입으로 어떻게 변화하게 되었는지를 차례로 다루고 있다. 그중에서도 근대도시 경성의 최첨단 소비공간으로 부상하기 시작한 경성의 핫 플레이스, 진고개(현재의 충무로 일대)의 형성과정을 통해 오늘날 명동에 누적된 시간의 지층을 살펴보았다.

제 3장 '거대해지는 서울'에서는 여의도 개발로 상징되는 1960~1980년대 중반에 이르는 개발시대의 서울을 다루고 있다. 이 시기의 수많은 개발 중에서도 여의도 개발을 3장의 상징경관으로 택한 이유는, 한강 이북에 한정되었던 서울이 한강개발을 필두로 강남시대로 돌입하면서 서울의 영역적 확대가 본격화되었기 때문이다. 따라서 3장은 강남 개발의 필수조건이었던 한강 다리의 건설, 한강종합개발이란 이름하에 추진된 한강 연안의 수많은 모래밭과 섬들의 파괴 및 개발

을 다루고 있다. 더불어 서울의 영역적 확대로 도매시장, 쓰레기 매립장, 버스터미널 같은 주요 시설이 외곽으로 이전해 나가면서 서울의 도시구조와 사람들의 생활은 어떻게 변화했는지 살펴보았다. 마지막으로는 근대적 주거형태인 아파트가 서울의 대표적 경관으로 자리 잡게 된 과정과 그 과정에서 발생한 철거와 철거민의 이야기를 다루었다.

　제 4장 '변신하는 서울'에서는 1980년대 후반부터 진행된 정치적 민주화, 경제 재구조화와 세계화, 수도-지방 및 빈부 격차 심화 등의 흐름 속에서 서울이 겪은 또 한 차례의 변화를 다루고 있다. 이 시기의 상징경관으로는 포스트모던 시대로 진입한 서울의 모습을 가장 잘 드러내고 있는 삼성역 사거리를 선정하였다. 4장에서는 먼저 서울의 경제구조가 제조업에서 3차 산업 위주로 재구조화되면서 서울의 공업지역이 어떻게 변화했으며, 포스트모던 시대의 서울이 지향하고 있는 모습을 살펴보았다. 또한 1960년대부터 건설되기 시작한 아파트 단지가 노후화되면서 불어온 재건축 붐이 서울 전체의 스카이라인을 얼마나 극적으로 변화시키고 주거지 분리 현상을 심화시키고 있는지 주목했다. 다음으로는 소비문화의 발달과 다양화 속에서 코엑스몰 같은 복합쇼핑공간의 발달, 삼청동·홍대앞·신사동 가로수길 같은 독특한 장소성을 가진 소비공간의 부상을 통해 현대의 소비문화는 단순히 상품과 서비스의 소비를 넘어 공간의 소비를 지향하고 있음을 목격했다. 마지막으로 수도권의 인구집중 과정에서 거대한 블랙홀이 되어버린 서울은 주변 지역뿐 아니라 서울 자체마저도 어떻게 변신시키고 있는지, 그로 인한 문제는 무엇이며 우리는 어떻게 해결할 것인지의 문제를 다루었다.

제 5장 '서울이 꾸는 꿈'에서는 1,000만여 명이 살아가는 곳이자 대한민국 국민 전체 그리고 지구촌 곳곳의 사람들과 연결되어 있는 서울이라는 공간은 어떤 미래를 꿈꾸고 있는지 살펴보았다. 그래서 이 마지막 장의 상징경관은 현재 서울이 지향하고 있는 서울의 여러 모습을 모자이크해 놓은 이미지다. 그 구체적인 이미지가 각 절의 주제가 되었는데, 1~2절은 서울숲, 청계천·양재천 복원 등으로 상징되는 공원과 하천이 어우러진 생태도시 서울에 대한 이야기다. 다음은 다양한 국적의 사람들이 모여 사는 다문화마을이자 국제도시로서의 위상을 갖춘 서울에 대한 이야기로서, 이태원, 가리봉동, 동대문 등에 형성된 다문화공간에 대해 다루고 있다. 마지막은 현대적 건물들 속에서 당당히 자리 잡은 성곽과 한옥을 통해 오랜 역사와 문화가 살아 숨 쉬고 있는 서울에 대한 이야기다.

서울이 꿈꾸는 미래는 어떻게 실현될 수 있을까? 아니, 그전에 서울이 꿈꾸는 미래의 모습이 서울 사람들 모두의 꿈을 담고 있는 것일까? 그 답은 현재의 서울이 형성되기까지의 과정을 꼼꼼히 살펴보는 데서 찾을 수 있을 것이다. 우리가 지양해야 할 것과 지향해야 할 것을 분별할 수 있는 통찰은, 지금까지 우리가 만들어온 결과물인 서울을 넓고 깊게 바라보려는 우리의 의지와 노력에서 시작될 것이다.

2013년 3월
저자 일동

SEOUL

차례

제 1장
수도 서울의 기초

▲남산에서 본 북악산 ▼남산에서 본 한강

북악산과 한강

● 양희경

우리가 저 멀리 바라볼 때 한눈에 보이는 산, 하천, 건물 등을 통틀어서 경관이라고 부른다. 무심코 지나쳐버리기 쉬운 경관 속의 산이나 하천, 건물들도 그들 나름의 존재 이유가 있다. 아름다운 그림도 '보는 눈'이 있는 사람에게만 그 가치가 빛을 발하듯이, 경관도 '보는 눈'이 있어야 그 존재 이유를 알 수 있다. 서울의 경관은 조선시대부터 지금까지 켜켜이 쌓인 세월의 무게만큼 다채롭게 변화해 왔다. 시대라는 껍질을 벗길 때마다 양파처럼 새로운 속살을 확인할 수 있지만 늘 제자리를 지키고 있어서 그 존재감이 잘 드러나지 않는 것이 바로 산이나 하천과 같은 자연이다.

조선시대 서울의 중심은 도성 안이었다. 도성 안을 지형적으로 보면 북쪽에 북악, 동쪽에 낙산, 남쪽에 남산, 서쪽에 인왕산이 에워싸고 있는 분지 형태다. 만약 이런 외곽의 산들이 없었다면 오늘날의 서울이 탄생할 수 있었을까? 이 중 북악산은 북쪽에서 궁궐을 지켜주는 가장 중요한 산이었다. 북악산이 명산임은 인근의 '삼청동'이라는 지명에서 확인할 수 있다. 삼청三淸은 세三 가지 즉, 산山, 물水, 사람人이 맑은淸 곳임을 의미한다.

시대가 거듭될수록 서울은 점차 도성을 넘어 확대되어 왔다. 이러한 확대 과정에서 서울의 혈관과 같은 역할을 해 온 것이 바로 한강이다. 한강이 없는 서울은 상상하기 어렵다. 때로는 각종 용수를 공급하거나 오물을 처리해 주는 배수로로, 때로는 전국 각지로 물자를 실어 나르는 교통로로, 전쟁 시에는 천연의 방어요새로, 요즘에는 사람들 마음의 안식처이자 휴양지로 그 역할을 다하고 있다.

1.

서울의 밑바탕, 자연

● 양희경

산과 하천을 따라 서울을 짓다

하늘에서 바라본 서울의 모습은 어떨까? 서울의 외곽은 대부분 산으로 에워싸여 있다. 그 사이를 유유히 흐르는 한강! 그리고 그 안에는 자그마한 구릉들이 군데군데 놓여 있고, 그 사이를 작은 실개천이 흐른다. 이들이 바로 오늘의 서울을 있게 한 주인공들이다.

서울에서 지평선을 보기란 하늘의 별따기만큼 어렵다. 아니, 불가능한 일일 것이다. 서울은 하늘과 땅이 닿는 자리에 언제나 산이 있다. 서울이 도봉산과 북한산, 관악산 등에 둘러싸인 분지이기 때문이다. 분지 가운데에는 북악산, 인왕산, 남산, 낙산이 있고 이곳에서 흘러나오는 하천이 청계천을 이룬다. 동서방향으로 흐르는 한강은 분지 가운데를 지난다. 불광천, 중랑천, 탄천, 안양천과 같은 작은 하

서울은 사방이 산으로 둘러싸인 분지다.
분지 안에는 한강을 비롯하여 중랑천, 안
양천 등 많은 하천이 있다.

천들은 남북 방향으로 흐르다 다시 한강과 만난다.

　서울에는 완만한 구릉지가 참 많다. 구릉지는 산지와 평지의 중간 지형을 말하
는데, 높은 산지가 해체되면서 만들어진다. 북쪽에 자리한 북한산과 북악산의 산
줄기가 불광천과 중랑천을 만나 완만한 구릉지로 변모한 것이 대표적이다. 강남지
역은 우면산과 구룡산, 대모산처럼 300m도 안 되는 구릉 지대가 대부분이다.

　서울의 발달 초기에 주요 시가지는 구릉지과 구릉지 사이의 골짜기를 따라 발
달하였다. 이러한 지형적 특성으로 주요 시가지를 잇기 위해 구릉지를 통과하는
자동차 터널을 많이 만들 수밖에 없었다. 남산터널이나 우면산터널이 대표적이다.

　주말이면 서울에 있는 대부분의 산들은 등산객들로 넘쳐난다. 서울은 어디에
서든지 지하철을 타고 한 시간만 달리면 가볍게 산책할 수 있는 산을 만날 수 있
기 때문이다. 서울을 찾는 외국인들도 대도시에 이렇게 많은 산들이 존재한다는

도봉산은 화강암으로 이루어진 돌산이다. 도봉^{道峯}은 이곳에서 조선 개국의 길을 닦았다고 해서 붙여진 이름이다.

사실에 깜짝 놀랐다며, 도봉산, 북한산, 관악산, 북악산 등에 감탄했다는 신문기사를 접한 적이 있다. 외국의 대도시들은 대부분 평야에 자리 잡는 경우가 많아서 서울처럼 산이 많은 경우는 보기 힘든, 그야말로 놀랄 만한 일인 것이다.

서울의 산은 그 모양도 제각각이다. 어떤 산은 바위가 그대로 드러나는가 하면, 또 어떤 산은 흙이 많아서 나무가 빼곡하다. 산지를 이루는 암석이 화강암이냐 편마암이냐에 따라 달라지는 것이다. 서울 강북에는 바위가 봉우리처럼 드러난 산지(바위산)가 많다. 도봉산, 북한산, 수락산, 불암산, 북악산,

우면산은 편마암으로 이루어진 흙산이다. 흙산은 숲이 울창하게 우거진 경우가 많다.

인왕산 등이 모두 그러하다. 바위산은 화강암으로 이루어져 있는 경우가 많다. 화강암이 오랜 세월에 걸쳐 비바람에 의해 깎이고 쪼개지면 모래가 많이 만들어진다. 이 때문에 화강암 산지는 수분이 부족하여 나무가 울창하게 자라기 어렵다. 우리가 강북에 있는 산에서 소나무 등 침엽수를 주로 만나는 이유가 여기에 있다.

반면 강남에는 편마암으로 이루어진 산지가 많다. 편마암은 줄무늬가 들어가 있는 암석으로, 우리나라에서 가장 흔하다. 편마암 산지는 오랜 세월에 걸쳐 비바람에 깎이고 쪼개져 점토처럼 입자가 고운 물질이 쌓여 흙산을 이루는 경우가 많다. 우면산과 대모산이 대표적이다. 화강암 산지와 달리 편마암 산지는 수분이 충분하고 흙이 많아 식물이 잘 자라기 때문에 참나무 등 활엽수를 많이 볼 수 있다.

서울의 대표적인 자연경관으로 한강을 빼놓을 수 없다. 서울을 강북과 강남으로 나누는 한강은 양수리에서 남한강과 북한강을 만나 서쪽으로 흘러가다가 팔당을 지나면서 점차 물의 흐름이 느려진다. 그래서 하천 연안에는 많은 흙과 모래가 쌓인다. 잠실, 여의도, 난지도 등이 대표적인 모래섬이다.

옛날에 한강은 지방에서 올라오는 여러 물자를 운반하는 교통로였다. 조선 시대에는 용산, 마포, 서강나루터에 수백 척의 배가 붐볐다. 구한말까지도 한강에 각종 생활용품이나 목재를 싣고 다니는 배들을 볼 수 있었다. 한강변에는 인천의 소금배가 한강을 타고 올라와 소금을 싣고 내렸던 창고도 있었다. 염창동鹽倉洞이 바로 그런 소금 창고가 있었던 곳이다. 오늘날에는 상류에 댐이 많이 건설되고, 도로나 철도 등 육상 교통수단이 발달하면서 이러한 기능이 쇠퇴하였다. 대신 서울 시민들의 식수를 제공하고, 생활하수를 처리하는 기능이 부각되었다.

서울의 하천은 한강을 포함해 대략 35개다. 이 하천들은 여름철에 비가 많이 내릴 때마다 자주 범람하였다. 이러한 범람은 홍수 피해를 유발하기도 하지만 주변에 비옥한 평야를 만들기도 한다. 서울은 근대화가 되기 전까지만 해도 논이 많았다. 50여 년 만에 대부분 사라졌지만, 최근까지도 송파구 장지동이나 중랑구 신내동, 강서구 마곡동 등지에는 논이 남아 있었다. 그 가운데 강서지역은 김포평야로 불리던 한강 유역의 대표적인 농경지역이었다. 강서구에 있는 화곡동禾谷洞의 한자

한강 주변에 발달한 평야는 과거에 대부분 농경지였으나 지금은 아파트단지가 들어선 곳이 많다.

를 풀이하면 '볏골'이 된다. 이름만으로도 벼농사의 오랜 역사를 알 수 있다. 그러나 지금은 그 논들이 다 메워지고 아파트와 빌딩이 빼곡히 들어차 있다.

서울의 지형 조건은 지난 600여 년 동안 사회경제적 변화를 수용하면서 한 나라의 수도 역할을 할 수 있는 밑거름이 되었다. 분지 안에 넓게 자리한 평지와 구릉지는 시가지를 넓히는 데 유리하였다. 한강은 천만 명이 넘는 서울 시민들에게 식수를 제공하는 동시에 농업 및 공업용수를 제공해 주었다. 분지를 둘러싸고 있는 도봉산과 북한산, 관악산 등은 과거에는 방어기능을, 오늘날에는 도시의 과도한 팽창을 억제하고 환경을 정화하는 역할을 하고 있다. 특히 북한산은 흔히들 서울의 허파라고 말한다. 우리나라 국립공원 가운데 가장 작지만 품고 있는 사람은 가장 많기 때문이다. 도시의 심각한 대기 오염이나 산성비, 끊이지 않는 과다한 등산객들을 상대하느라 지쳐 있지만, 북한산은 늘 푸르다.

불교 경전에 인드라망 이야기가 나온다. 인드라망은 각각의 그물코마다 보석이 달려 있는 무한히 큰 그물을 말하는데, 그 보석들은 서로의 빛을 받아 다시 서로를 비춘다고 한다. 곧 세상의 모든 만물은 그물코처럼 서로 얽혀 있다는 것이다. 산, 구릉지, 하천, 풀 한 포기, 참새 한 마리 등 모든 물체 혹은 생명체 하나하나가 모여 수많은 그물코를 만들어낸다. 어느 것도 하찮은 것은 없다. 인간도 물론 예외는 아니다. 한 코라도 빠지면 그물이 망가지고 전체 그물은 빛을 잃게 된다. 우리의 서울도 거대한 인드라망이다. 산, 하천, 이름 모를 나무 한그루도 하찮게 여겨서는 안 된다. 그런데 인간이나 동식물에 대해서는 많은 사람이 관심을 갖지만, 그 밑바탕이 되는 산, 구릉지, 하천 등과 같은 지형에 대해서는 소홀히 대접해 온 것이 사실이다. 서울이라는 거대한 그물이 더욱 더 빛을 발하려면 인간, 동식물뿐만 아니라 그 밑바탕이 되는 지형에 대해서도 소중히 생각하는 마음이 필요하다.

바람길을 따라 서울을 바꾸다

서울은 한반도의 가운데에 있어서, 기후도 중간적인 특성이 나타난다. 제주도나 남부지방에 비하면 연평균 기온이 낮고, 개마고원을 중심으로 한 북부지방보다는 연평균 기온이 높다. 북부지방에 비하면 여름철에 더 덥고 겨울철에는 더 따뜻한 셈이다.

서울도 우리나라의 다른 지역과 마찬가지로 여름과 겨울에 상반되는 계절풍의 영향을 받는다. 즉, 겨울철에는 시베리아 쪽에서 북서계절풍이 불어와 추운 편이다. 1960~70년대까지만 해도 겨울철에 꽁꽁 언 한강에서 썰매를 끌던 아이들을 많이 볼 수 있었다. 1980년~1990년대에는 겨울 기온이 점점 상승하면서 한강의

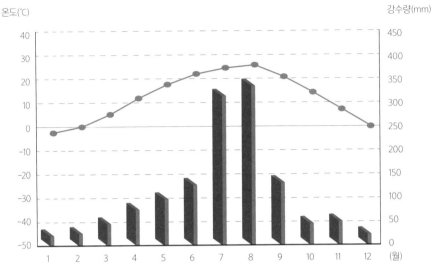

온도(℃)   강수량(mm)

서울의 연평균 기온은 약 12.2℃고, 강수량은 약 1,344mm다. 〈기상청〉

물이 어는 것을 보기 어려웠다. 하지만 2012년 들어 서울은 다시 맹추위와 전쟁
중이다. 추위에 따른 에너지 소비 급증으로 공공기관에서는 난방온도 낮추기 운동
을 벌이고 내복을 입도록 유도하는 방송광고까지 내보내고 있다. 혹자는 지구온난
화로 북극의 빙하가 녹으면서 찬 공기가 우리나라가 위치한 중위도 지역까지 내려
왔기 때문이라고 한다. 반면, 여름철에는 태평양 쪽에서 남동 혹은 남서계절풍이
불어와 열대기후 못지않은 무더위가 나타난다. 그리고 장마와 태풍 등의 영향으로
전체 강수량의 70% 이상이 6~9월에 집중된다.

   서울은 뉴욕, 런던, 도쿄 등과 마찬가지로 인구 천만 명이 넘는 세계적인 대도시
다. 대도시들은 인구가 증가함에 따라 주거지, 상업지, 공장부지 등이 많아지면서
상대적으로 녹지 면적은 줄어들게 된다. 반면에 각종 냉난방 기구에서 뿜어져 나

오는 많은 열과 자동차 등에서 배출하는 매연 및 각종 대기오염 물질 등으로 기온이 점차 상승하게 된다. 이렇게 주변지역에 비해 도시지역의 기온이 상대적으로 높아지는 현상을 열섬^{Heat Island}이라고 한다.

아래의 〈서울의 기온 분포도〉를 보면, 도심으로 갈수록 기온이 높아지고 외곽지역으로 갈수록 낮아진다. 특히 영등포, 양천 등 서쪽지역과 청량리 중심의 강북지역, 그리고 서초, 강남지역 등에서 기온이 높게 나타난다. 이들 지역은 녹지보다 주거지나 상업지가 많고 교통량도 많다. 외곽지역은 북한산이나 관악산과 같은 숲이 있어서 그늘을 많이 만들어주기 때문에 상대적으로 기온이 낮다.

원래 개나리나 진달래와 같은 봄꽃은 제주도에서부터 먼저 피기 시작해서 점차 북상한다. 그런데 서울의 기온이 상승하면서 이러한 봄꽃의 개화 시기가 매우 빨라지고 있다. 또한 남부지방에서나 흔히 볼 수 있었던 대나무나 탱자나무 등이 서

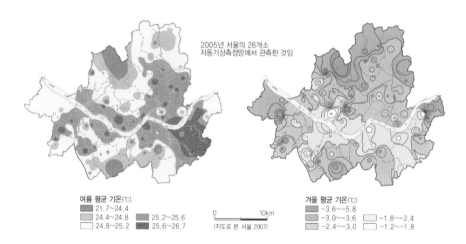

2005년 서울의 26개소 자동기상측정망에서 관측한 것임

여름 평균 기온(℃)
21.7~24.4
24.4~24.8
24.8~25.2
25.2~25.6
25.6~26.7

0   10km

(지도로 본 서울 2007)

겨울 평균 기온(℃)
-3.6~-5.8
-3.0~-3.6
-2.4~-3.0
-1.8~-2.4
-1.2~-1.8

서울의 여름과 겨울 기온 분포를 보면 외곽지역에 비해 한강 주변의 주요 상업지역의 평균 기온이 높음을 알 수 있다. 외곽지역에 비해 도심 혹은 강남지역의 상업지역에서 냉난방시설을 많이 사용하고 교통량이 많기 때문이다. 〈서울시정개발연구원, 『지도로 본 서울 2007』, 법문사, 2008년〉

울에서도 잘 자란다는 신문기사도 심심치 않게 보도되고 있다. 머지않아 서울 도심의 가로수로 열대지역의 상징인 야자수를 볼 수 있을 지도 모른다. 하지만 이러한 기온 상승과 더불어 붉은등점박이 매미와 같은 열대 해충들이 늘어나면서 각종 식물들이 잘 자라지 못하거나 말라리아와 같은 열대 질병들이 나타나기도 한다.

열섬현상과 더불어 매년 여름이면 서울은 '잠 못 이루는 밤'이 계속되고 있다. 한여름 밤에 한강변에 텐트를 치고 더위를 식히거나 잠을 자는 사람들이 많다는 신문기사도 흔하다. 이제는 꽤 친숙한 용어로 자리 잡은 열대야熱帶夜,야간 최저기온이 25도 이상인 날의 밤때문이다. 이는 지난 40여 년간 진행된 도시개발의 후유증 가운데 하나다. 열대야는 한낮에 강한 열을 받은 콘크리트 빌딩이나 아스팔트 도로에서 밤에도 계속 열이 뿜어져 나오기 때문에 발생한다.

밤낮을 가리지 않고 뜨거워지는 서울의 여름철 기온을 낮추기 위해 다양한 대책들이 나오고 있다. 과거에 도로나 주차장 등을 만들기 위해 복개했던 하천을 다시 원래 상태로 되돌리거나 녹지를 늘리는 방법 등이 대표적이다. 1930년대부터 조금씩 복개하여 도로로 쓰였던 청계천은 2005년에 다시 시민의 하천으로 되돌아왔다. 이러한 청계천 복원으로 바람이 원활히 소통되면서 주변지역의 여름철 평균 기온이 약 1℃ 정도 내려가고, 대기오염도 조금은 완화되었다고 한다. 기존에 잘 활용되지 않았거나 자투리 땅들도 녹지나 공원으로 바뀌고 있다. 기온 상승의 주범인 콘크리트 고층 건물들도 변하고 있다. 자연 친화적인 건축자재를 사용하거나 건물 옥상에 작은 분수대를 만들고 나무를 심는 등 녹화사업을 벌여 건물의 기온을 낮추기도 한다.

예전엔 남산의 케이블카를 타고 서울타워에 자주 올라갔다. 서울타워에서 도심을 바라보며 "여기는 경복궁, 저기는 남대문" 식으로 맞히면서 즐거워했던 기억이 있다. 하지만 요즘엔 맑은 날 서울타워에 올라가도 서울 시내를 뚜렷이 보기 어렵다. 뿌연 매연이 도심을 뒤덮고 있기 때문이다. 도시 내에서 바람의 방향은 오염물질의 이동과 밀접한 관련이 있다. 바람이 정체되는 지역은 각종 먼지나 대기오염 물질이 모여 있게 마련이다.

서울의 바람은 길을 잃었다. 우후죽순 들어선 빌딩들이 곳곳에서 바람을 막고 있다. 아파트나 업무용 빌딩과 같이 무질서하게 들어선 고층건물로 인해 바람의 방향이 바뀌기도 하고, 건물에 막혀 바람의 속도가 느려지기도 한다. 그래서 여름 한낮에 아스팔트로 데워진 열기가 밤까지도 밖으로 빠져나가지 못하고 갇히게 되어 열대야 현상이 심해진다.

오염된 도시에서 차갑고 신선한 공기를 운반해주는 바람의 역할은 매우 중요하다. 바람의 순환은 주변의 공기를 정화시키고 더운 공기를 식혀 도시를 쾌적하게 만들어

도심을 관통하여 흐르는 청계천은 훌륭한 바람길이다. 산에서 내려오는 시원한 바람이 하천을 따라 시내까지 연결된다면 도심의 하늘이 더 맑아질 것이다.

건물 옥상에 조성된 작은 숲은 건물을 시원하게 하며, 회색빛 콘크리트에 지친 사람들에게 녹색의 시원함을 선사한다.

준다. 길이나 도로는 사람에게만 필요한 것이 아니다. 바람도 지나갈 수 있는 길이 필요하다. 열은 바람에 취약하다. 아무리 뜨겁더라도 찬바람이 지나가면 식는다.

때문에 열섬현상이나 대기오염을 줄일 수 있는 좋은 방법 중의 하나가 바로 바람길을 만드는 것이다.

서울은 북한산, 인왕산, 우면산, 관악산 등 크고 작은 26개의 산이 도시 외곽을 둘러싸고 있다. 이로 인해 서울의 바람은 한강을 따라 형성되는 바람길이 매우 우세하다. 그리고 한강의 지류인 북쪽의 중랑천과 남쪽의 탄천을 따라 대부분의 바람이 이동한다. 한강에서 불어오는 바람이 바람길을 통해 도심까지 잘 연결될 수 있다면 열섬현상은 물론 대기오염을 낮추고 시민들에게 상쾌한 바람까지 제공할 수 있다. 바람길 조성은 생태축의 연결과 맥을 같이 한다. 서울의 생태축이 각종 녹지와 하천, 산지지역으로 그물망처럼 잘 연결된다면 바람 또한 길을 잃지 않고 갈 수 있다.

서울은 지난 100년 동안 평균 기온이 약 2.4℃ 상승했다. 지구온난화와 열섬현상으로 뜨거운 도시가 되고 있다. 지금과 같은 고밀도 개발이 계속 진행된다면, 앞으로 기온 상승은 더욱 심화될 것이다. 토머스 프리드먼은『코드 그린─뜨겁고 평평하고 붐비는 세계』에서 기후 변화와 관련하여 개구리 이야기를 하였다. 들통에 개구리를 넣어 매시간 아주 조금씩 온도를 높이면 개구리는 밖으로 튀어나올 생각을 하지 않는다. 들통 안의 온도에 점차 적응하다가 마침내 죽음에 이르는 것이다. 매우 복잡하고 붐비고 점점 뜨거워지는 서울이라는 들통에 살고 있는 우리는 개구리와 다른 결말을 맺게 되기를 바란다.

2.

서울의 기틀, 한양

● 양희경

개천에서 한양 나다

서울은 선사시대 이래 줄곧 주목 받아온 땅이지만, 한 나라의 수도로서 역사적으로 크게 부각된 것은 조선의 한양천도 이후다. 한양천도의 중심에는 청계천이 있다. 청계천은 인왕산·북악산의 남쪽 기슭에서 시작된 흐름과 남산의 북쪽 기슭에서 시작된 흐름이 만나서 중랑천으로 흘러든다.

청계천은 서쪽에서 동쪽으로 흐르는 하천이다. 한강이 태백산맥에서 시작해 황해로 흘러들 때까지 대체로 그 흐름이 서쪽을 향하고 있음을 생각하면, 한강의 지류인 청계천의 물길은 본류와는 정반대인 셈이다. 즉, 한강이 서울을 감싸 안고 동東에서 서西로 흐르는 외수外水임에 비해, 청계천은 서西에서 동東으로 흐르는 서울의 내수內水인 셈이다.

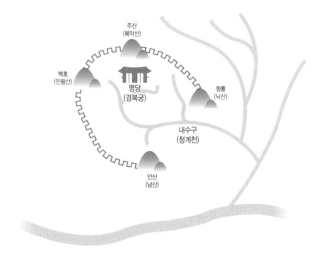

주산
(북악산)

명당
(경복궁)

백호
(인왕산)

청룡
(낙산)

내수구
(청계천)

안산
(남산)

풍수지리에서 명당은 뒤에 주
산이 있고, 그 산이 좌측과 우
측에 위치한 산과 연결되어야
한다. 남쪽은 터져서 하천이 흐
르고, 그 앞에는 안산이 있어야
한다. 한양은 이러한 조건을 잘
갖춘 명당이다.

고려 말까지 청계천은 여름 한철, 장마철이나 홍수 때가 아니면 얕고 좁다란 개천에 불과했다. 그러나 조선 태조가 나라를 세운 후 청계천 유역 분지에 새로운 수도를 정하면서 상황은 달라졌다. 이름뿐인 하천에 준천사^{濬川司, 조선 영조 때 청계천을 준설하고 각}_{종 오물을 처리하기 위해 설치한 기구}까지 설치하고 치수를 관리해야 하는 중요한 하천으로 부각된 것이다.

청계천 분지는 풍수지리 관점에서 보면 주산(북악산), 청룡(낙산), 백호(인왕산), 안산(남산), 내수(청계천)의 요소를 잘 갖추었다. 산지에 둘러싸인 도성은 방어에 유리하였다. 청계천은 규모가 작아 조선시대의 토목기술로도 쉽게 홍수의 피해를 막을 수 있었다. 또한 광교, 수표교와 같은 다리를 축조하기에도 유리하였다.

청계천 분지는 화강암으로 이루어져 있다. 화강암은 오랜 세월동안 비바람에 부스러지게 되면서 빗물이나 강물에 의해 쉽게 침식된다. 청계천 분지도 이러한 과정을 거쳐 평야가 만들어졌다. 청계천의 규모에 비해 주변의 평지는 넓고 비옥한 편

북악산에 남아 있는 서울 성곽은 능선을 따라 축조되었다.

이었다. 오늘날의 종로, 을지로가 바로 여기에 해당된다.

　도성은 분지 주변을 둘러싸고 있는 산지들의 능선을 따라 만들어졌다. 산 능선의 가장 낮은 지점에는 동대문, 남대문 등을 포함한 8개의 성문이 세워졌다. 이들 성문은 성곽으로 폐쇄된 도성 안팎을 연결하였고, 도성 안의 시가지가 확산되는 출구 역할을 하였다.

　도성 안의 길은 주변 산지로부터 청계천으로 유입되는 여러 지류를 따라 형성되었다. 경복궁에서 종로에 이르는 남북 방향의 육조거리와 경희궁에서 동대문에 이르는 종로, 그리고 종로에서 남대문에 이르는 남북 방향의 거리가 대표적이다. 이처럼 우리 조상들은 성곽을 쌓을 때도, 길을 낼 때도 산 능선이나 물길을 이용하는 등 주어진 자연 조건을 크게 훼손하지 않았다.

청계천은 한양의 삶을 나눈다

도성 안의 구조도 자연환경의 영향을 크게 받았다. 도성 안을 나누는 기준선은 청계천과 종로였다. 청계천은 서에서 동으로 흘렀고, 이와 평행하게 종로는 동대문과 서대문을 연결하는 도로였다. 북악에서 응봉으로 연결되는 산지 일대에는 먼저 궁궐, 종묘, 사직단이 자리 잡았고, 그 주변에는 권문세가들의 저택이 들어섰다. 소위 북촌이라 불리는 양반촌을 형성하였다. 오늘날 삼청동, 가회동, 계동 일대다. 북촌 일대는 마을 뒤쪽에 산이 있고 앞쪽에 청계천이 흘러 전형적인 배산임수^{背山臨水}형태를 띠었다. 뒤쪽의 산지는 겨울철에 차가운 북서계절풍을 막아주어 따뜻하고 배수가 잘 되었다. 자연스럽게 마을의 집들은 남쪽을 향하게 되었다. 남향집은 햇볕이 잘 들고 통풍이 잘 되어 사람이 살기에 유리하다.

북촌에서도 경복궁 서쪽의 인왕산 부근에는 상대(우대)라 하여 양반 중에서도 세도가들이 모여 살았다. 인왕산과 같은 화강암 산지 주변은 경사가 완만하고 물이 맑다. 화강암이 오랜 세월에 걸쳐 부스러지게 되면 모래가 많이 만들어지기 때문에 배수가 잘 되어 택지 개발에 유리하다.

청계천의 남쪽은 북쪽과는 사뭇 다르다. 자연적인 조건도 북쪽에 비하면 좋지 않았고 거주하는 사람들의 신분도 낮았다. 지대가 낮아 주거조건이 열악한 청계천 남쪽의 광희문, 동대문, 왕십리 일대에는 평민이나 하급 군인, 노비계층 등이 살고 있어 하대라 하였다. 이곳에 살던 하급 군인들이 1882년에 일본의 신식 군대 도입과 민 씨^氏 정권에 저항하면서 임오군란을 일으키게 된다. 남산의 북사면은 남촌(오늘날 남산동 일대)이라 불렸다. 양반의 자손이기는 하나 권문세가가 아니거나 현직에 있지 않은 양반들이 주로 거주하였다.

여름철 집중호우가 내릴 때마다 홍수 피해가 매우 컸던 청계천 주변은 조선 전

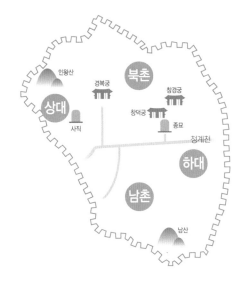

한양은 청계천 유역을 중심으로 조성되었다. 청계천
의 북쪽은 부유한 양반들이, 남쪽은 가난한 서민들
이 주로 살았다.

기에는 주민들이 거주하지 않았다. 그러나 임진왜란과 병자호란 이후 피폐된 농촌
의 유민들이 서울로 들어와 열악한 주거조건임에도 불구하고 청계천 주변에 정착
함으로써 가난한 사람들의 주거지역이 되었다.

인간사 새옹지마塞翁之馬라고 했던가. 북촌의 양반들도 일제강점기에 접어들면서
점차 몰락하게 된다. 철저한 신분계급의 사회였던 조선의 몰락은 그들에게는 엄청
난 충격이었다. 북촌의 양반들 역시 점차 세력을 잃으면서 돈벌이가 없어지자 하나
둘 조상대대로 내려오던 집안의 보물들을 내다팔아 생계를 유지해야 했다. 그래서
가까운 동네에 골동품 가게들이 점차 늘어나게 되었고, 그게 바로 북촌 아래 오늘
날의 인사동으로 발전하게 된다.

청계천 북쪽의 종로일대는 하천에서 약간 떨어져 있어 비가 많이 내리더라도 홍
수 피해가 적었다. 때문에 시전市廛, 상설시장이 설치되는 등 상권의 중심을 이루어 중인

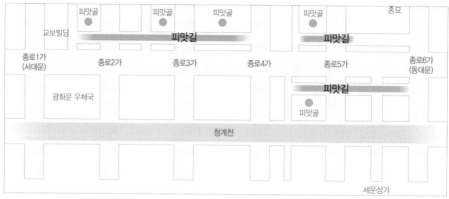

피맛골 위치도

이나 상인들이 주로 거주하였다. 종로 1가에서 종로 6가까지 큰길 양쪽으로는 한 두 채의 집을 지나면 좁다란 골목이 있었다. 신분이 낮은 사람들은 종로를 지나다 가 가마를 탄 고관대작을 만나면 걸음을 멈추고 그 행차가 다 지나갈 때까지 엎드려 있어야 했다. 당시에 이를 피하기 위해 좁다란 골목인 피맛길을 만든 것이다. 흔히 피맛길과 피맛골이라는 두 용어가 섞여서 사용되고 있지만 그 의미는 서로 다르다. 피맛길이란 피맛골의 중심축을 이루는 좁고 긴 도로를 일컫는 말이고, 피맛골은 피맛길을 포함하여 그 양쪽에 늘어선 점포와 가옥을 총칭한다. 차츰 시간의 지체와 번거로움을 피하려고 많은 사람이 피맛골의 좁은 골목을 이용하게 되었는데, 오늘날 재개발이 되긴 했으나 아직도 해장국, 빈대떡, 막걸리, 생선구이 등을 파는 서민 대상의 음식점과 선술집이 많이 남아 있다.

3.

서울의 확장, 하천 개발

● 양희경

넝쿨내는 도시가 되고

봉준호 감독의 SF영화 〈괴물〉에서 괴물의 은신처는 여러 개의 기둥이 빼곡히 박혀 있는 원효대교 북단의 하수도였다. 이곳은 예전에 넝쿨풀이 많아 넝쿨내라 불리던 곳이다. 하천법 상 서울시의 35개 하천 중의 하나로 등록되어 있으며, 오늘날에는 만초천으로 불린다. 예전에는 이곳에 게가 많이 살았다고 한다. 게는 한밤 불빛을 보고 따라 나오는 습성이 있다. 일제강점기에는 만초천에서 횃불을 이용한 게잡이가 하도 많아, 냇물에서 빛이 났다고 한다. 그래서 욱천旭川이라고도 했다. 그러나 그 많던 게들은 오늘날 넝쿨내에서 찾아볼 수 없다. 빛이 나던 하천은 이제 복개하여 한줌의 햇빛조차 볼 수 없게 됐다. 일제강점기에 일본인들은 만초천에 제방을 축조하고 저습지를 개간하여 택지를 조성하였다. 그리고 일본인 취락 밀집지역

옛날에 넝쿨풀이 많아 넝쿨내라 불렸던
원효대교 만초천 주변

으로 탈바꿈시켰다. 이곳이 바로 오늘날의 신용산이다.

일제강점기에는 서양의 토목 기술이나 전차와 같은 새로운 교통수단이 도입되어 한양의 모습이 많이 바뀌게 된다. 또한 농촌에서 올라온 사람들과 1910년 한일합병 이후 우리나라에 들어온 일본인들로 도시에 사람이 넘쳐났다. 이로 인해 시가지는 청계천 유역을 벗어나 한강을 넘어 영등포 일대까지 크게 확대되었다. 일본인 거주지역은 도성에서 가장 먼저 변모하였다. 도로 개수공사가 실시되었고, 상수도 시설도 갖춰졌다. 전차도 연결되어 도심과의 교통도 편리해졌다.

과거 한강 연안은 하천의 물이 넘쳐서 홍수 피해가 컸다. 때문에 홍수 대피시설이 없던 옛날에는 사람들이 많이 살지 못했다. 특히 1925년 을축년에 일어난 대홍수는 그 피해가 엄청났다. 한강 연안의 영등포, 뚝섬, 풍납, 잠실, 송파 일대가 모두 물에 잠겼으며 사망자만 400여 명에 이르렀다. 한강 연안의 땅을 주거지로 이용하려면 홍수 피해를 줄일 수 있는 시설이 필요했다. 또한, 일본은 1930년대에 중국이나 러시아를 침략하기 위한 발판으로 우리나라를 활용하기 위해서 공업화를 서둘렀다. 이에 필요한 공업용지와 주택용지를 확보하기 위해 하천 주변의 저습지를 개간해야 했다. 이를 위해 많은 인력을 투입하여 하천변에 인공제방을 쌓게 된다. 한강의 북쪽 연안을 따라서는 뚝섬에서 마포에 이르는 구간에, 한강의 남쪽 연안을 따라서는 노량진에서 염창동에 이르는 구간에 인공제방을 쌓아 배후의 저습지가 도시화되었다.

하천 주변은 아파트단지가 되고

1945년 광복과 더불어 서울의 인구는 급격히 증가했다. 해외에서 귀국한 동포들, 한국전쟁으로 인한 월남인과 피난민, 농촌의 피폐로 인한 이농민들의 유입 때문이었다. 이들은 하천변이나 산비탈에 무허가로 판잣집이나 천막집을 짓고 살았다. 청계천과 중랑천 주변이나 한강변의 이촌동처럼 주거지역으로 부적합한 상습 수해지역과 남산의 해방촌처럼 경사진 산지사면에도 무허가 판자촌이 들어섰다. 이들은 일거리가 주로 도심에 있었기 때문에 도심에서 멀리 벗어날 수 없었다. 이로 인해 도심 주변 지역인 창신동과 낙산동 및 숭인동 등에도 달동네가 형성되었다.

급격히 증가하는 서울 인구를 수용하고 불량주택 문제를 해결하기 위해서 새로운 택지개발이 시급하였다. 서울의 택지개발은 주거조건이 좋고 개발이 용이한 구릉지대부터 시작하였으나, 늘어나는 토지수요를 감당할 수 없었다. 이로 인해 1970년대 이후에는 막대한 자본투자와 대규모 토목 공사를 바탕으로 하천 주변의 저습지를 개발하게 되었다. 초기에는 한강의 지류인 안양천이나 중랑천 주변의 소규모 저습지부터 시작되었다. 주거지역의 터는 흙을 쌓아서 높였고, 지류와 한강 본류가 만나는 곳에는 수문을 설치하여 홍수 때 한강의 물이 지류로 역류하는 것을 막았

제방을 따라 청계천변 판자촌(소정동 74번지)이 조성되어 있다. 〈청계천문화관 제공(기증자: 노무라 모토유키)〉

다. 또한 하천 주변의 상습 침수지역에는 빗물 배수펌프장을 마련하여 홍수 때 하
천 지류에 고인 물을 한강 본류로 퍼냄으로써 홍수 피해를 줄였다. 1970년대에 처
음 설치된 빗물 배수펌프장은 이후에도 계속 증설되어 현재는 약 111개에 이른다.
빗물 배수펌프장이 많은 것만 봐도 한강 주변지역에 얼마나 많은 홍수가 발생했는
지를 알 수 있다.

　황해는 밀물과 썰물의 수위 차이가 매우 크다. 때문에 밀물 때마다 바닷물이 한
강을 거슬러 역류하는 경우가 많았다. 이렇게 바닷물이 하천을 거슬러 역류할 때
비마저 많이 내리면 어김없이 홍수가 발생하곤 하였다. 한강 하류에 인접해 있는
안양천 하류의 저습지도 이러한 바닷물의 영향을 받는 곳이어서, 배수가 불량해

2012년 서울시 구별 빗물 배수펌프장 분포
〈서울시 수해예방정보〉

개간에 어려움이 많았다. 안양천변의 저습지가 본격적으로 개발된 것은 구로동과 가리봉동 지역에 한국수출공업단지가 들어선 1960년대 중반부터다.

양천구의 목동 일대도 과거 여름철에 비가 많이 내릴 때마다 안양천이 범람하여 홍수 피해가 컸다. 때문에 초기에는 무허가의 불량주택만 계속 늘어나고 있었다. 그러나 1980년대 초반에 목동 개발사업이 시작되어 대규모 신시가지가 조성되었다. 초기에는 상습 침수지역이라는 이미지가 강해 입주 희망자가 별로 없었다. 그러나 오늘날에는 고층아파트가 밀집해 있고 교육 여건이 좋아서 안양천 유역에서 가장 뛰어난 주거조건을 갖춘 지역이 되었다.

중랑천 주변에도 여름철에 비가 많이 내릴 때마다 하천의 물이 넘쳐서 만들어진 평야가 넓게 나타난다. 가장 대표적인 지역이 노원구 상계동에서 하계동에 이르는 마들평야이다. 지하철 7호선의 마들역도 마들평야에서 유래된 이름이다. 이곳은 과거에 벼농사를 많이 했던 곡창지대였다. 그러나 1985년에 상계동과 중계동 일대

잦은 범람지역이었던 중랑천 주변도 시가지 개발이 시작되면서 아파트단지로 변모하였다.

가 택지개발 지구로 지정되면서 본격적인 시가지 개발이 시작되어 초대형 규모의 아파트단지로 변모하였다.

한강 본류 주변의 하중도 지역도 여름철 집중호우가 내릴 때마다 자주 침수되었다. 때문에 사람이 살기 어려웠을 뿐만 아니라 작물 재배조차 힘들었다. 한강의 대표적인 하중도인 여의도는 1916년에 우리나라 최초의 비행장이 있던 곳이다. 1960년대 초반까지만 해도 여의도는 홍수가 나면 물에 잠기는 큰 모래밭에 가까웠다. 1967년 박정희 대통령과 김현옥 당시 서울 시장의 추진으로 여의도 개발계획이 세워지고, 1968년 밤섬 폭파를 시작으로 110여 일 만에 섬을 두르는 약 7km의 강둑이 완공됐다. 이 강둑이 바로 윤중제다. 윤중제를 바탕으로 홍수 걱정을 덜게 된 여의도는 국회의사당과 각종 방송국, 63빌딩 등이 들어서면서 서울의 정치·문화적 중심지가 되었다.

하천의 물길을 바꾸어 강남을 만들다

한강은 서울 땅을 강북과 강남으로 나눈다. 1960년대까지만 해도 강남은 별 볼일 없는 땅이었다. 잠실은 뽕나무밭, 압구정동은 배나무 밭이었다. 그러나 용산구 한남동과 강남구 신사동 사이를 잇는 한강의 네 번째 다리인 제 3한강교(오늘날의 한남대교)가 1969년 완공되면서 강남은 서서히 그 땅의 의미가 새롭게 부각되기 시작했다. 강남 개발은 하천의 물길을 바꾸고 저습지를 메워 만든 현대적 토목기술의 극치를 보여준다.

강남 개발의 대표적인 예가 송파구松坡區다. 과거의 송파구에 있던 언덕뼈은 아마도 모래땅인 데다 소나무가 무성하였을 것이다. 오늘날 송파구 잠실은 재개발로 고층아파트가 하늘을 찌를 듯 곳곳에 서 있지만, 원래는 지금의 광진구 자양동 쪽에 붙어 있던 땅이었다. 한강 북쪽에 붙어 있던 잠실은 조선시대 때 강북과 떨어지게 된다. 이때 북쪽에 새로 흐르게 된 내를 새내新川江, 신천강라 하고, 남쪽의 한강 본류는 송파강이라 불렀다. 그러나 1971년 잠실을 개발하면서 당시 광진교 쪽에서 흘러오는 한강을 신천강으로만 흐르도록 하고, 송파강을 막아 물길을 끊었다. 한강의 본류였던 송파강의 흔적은 석촌호수에서 엿볼 수 있다.

하천의 흐름이 바뀐 것은 한강만이 아니다. 한강의 지류인 양재천과 탄천은 강남 개발과 함께 여러 차례 그 모습이 바뀌었다. 강남구와 서초구는 한남대교와 경부고속도로 건설을 계기로 시가지 개발이 촉진되었다. 이 지역은 높은 산이 별로 없고 평지와 낮은 구릉지로 이루어져 비교적 개발이 용이하였다. 낮은 구릉지대는 주로 고급 단독주택지역으로, 평지는 대규모 고층아파트단지로 개발되었다. 이에 비해 양재천과 탄천 하류지역은 침수의 위험이 있기 때문에 주변의 구릉지대에 비해 상대적으로 개발이 늦었다. 강남 8학군 1번지로 알려진 대치동만 해도 과거에는 강물이 자주 범람하여 농사조차 안 되던 땅이었다. 1970년대 후반에 탄천과 양재천에 제방이 축조된 후에야 개포동과 대치동 일대가 고층아파트단지로 개발되었다.

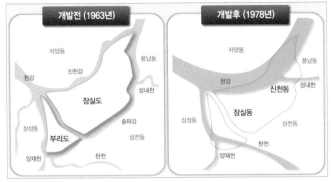

개발전 (1963년)	개발후 (1978년)

개발전 (1963년): 자양동, 신천강, 풍납동, 한강, 성내천, 잠실도, 삼성동, 송파강, 부리도, 삼전동, 양재천, 탄천

개발후 (1978년): 자양동, 풍납동, 한강, 신천동, 성내천, 잠실동, 삼성동, 삼전동, 탄천, 양재천

1970년대에 잠실은 아래쪽 한강 물길을 막으면서 육지화 되었다. 과거에 한강이 흘렀던 흔적은 오늘날 석촌호수로 남아 있다.

양재천의 운명은 더 극적이다. 양재천은 애초 관악산 물이 동북쪽으로 굽이쳐 한강으로 직접 흘러드는 한강의 지류였다. 1970년대 초 벌인 수로변경공사로 물길이 바뀌면서 탄천의 지류가 됐고, 그런 채로 다시 30여 년을 흘러왔다. 양재천은 1970년대 후반 강남이 영동지구 구획정리사업을 하기 전까지만 해도 자연스럽게 휘고 꺾이는 곡류 하천이었다. 하지만 아파트단지가 들어선 이후 직선 형태의 밋밋한 하천이 되었다. 1990년대 후반부터 진행된 하천복원사업에 의해 양재천은 다시 원래의 구불거리던 물길을 일부 되찾게 되었다.

양재천은 그 폭이 50m 정도 되는 작은 개천이지만, 우리나라 최고의 부촌으로 알려진 강남을 사정없이 둘로 나눈다. 하천 북쪽 마을은 신사동, 압구정동, 논현동, 청담동, 삼성동, 대치동이고, 남쪽은 우면동, 포이동, 세곡동, 율현동, 내곡동이다. 논배미마을이라 불렸던 논현동과 안골마을이었던 남쪽 내곡동 사람들의 삶이 애초부터 달랐을 리 없다. 하지만 지난 40여 년 동안 진행된 강남 개발은 두 지역 사람들의 신분을 바꿔버렸다. 양재천을 경계로 북쪽에는 수십 억 원씩 하는 아파트나 빌라들이 즐비하지만, 남쪽에는 보금자리 주택이나 비닐하우스촌 등 가난한 서민들의 주거지가 몰려 있다.

과거 조선시대나 일제강점기에는 지형적 조건이 좋은 산지의 산록대나 낮은 구릉지대가 고급 주택지로 각광받았다. 그러나 지금은 토목기술 및 건축기술의 발달로 과거에는 거의 버려져 있었던 저습지가 고급주택

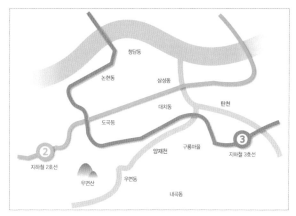

양재천은 한강으로 바로 흘러들어가는 하천이었으나, 강남지역 개발과 더불어 물길이 바뀌어 탄천으로 흘러든다. 양재천을 사이에 두고 북쪽은 이른바 부촌을 형성하고 있지만, 남쪽은 가난한 이들의 보금자리가 많다.

지로 탈바꿈하였으니 세월이 무상하다. 현재 서울에서 미개발지로 남아 있는 지역은 개발제한구역의 자연녹지에 해당하는 곳뿐이다. 개발제한구역은 서울의 외곽을 에워싸고 있는 녹지를 중심으로 지정되어 있다. 서울 시가지의 마지막 한계선인 셈이다. 개발제한구역으로 지정되어서 각종 개발이 금지되어 있는 지역을 제외하면 서울에서 개발이 가능한 지역은 거의 시가지로 변모하였다. 개발제한구역이 모두 해제된다면 어떤 일이 벌어지게 될까.

제 2장

왕조의 공간에서
근대 도시로

▲소실되기 전(왼쪽)과 복원 중(오른쪽)인 남대문

▲경성역으로 불렸던 구 서울역사(왼쪽)와 2004년 신축한 민자서울역사(오른쪽)

남대문과 서울역

● 한지은

근대 서울의 변화를 상징적으로 보여주는 장소가 남대문과 서울역이다. 500년이 넘게 서울을 굳게 지킨 성곽은 신문물의 등장과 함께 대부분 사라졌다. 그 당시 엄청난 속도로 성곽을 가로지르는 전차궤도와 도로가 놓이면서, 당시 조선 왕도의 정문이었던 남대문 주변의 성곽이 해체되었다. 남대문은 더 이상 닫힌 대문이 아니라 '경성의 대출입문'으로, 조선의 신문명 신풍조가 모두 들어오는 곳'이 되었다.

1900년 한강철교가 개통되고, 최초의 철도인 경인선이 연천교 부근의 '남대문 정거장'에 정차하면서 서울역의 시초가 되었다. 이어서 경부선과 경의선이 연이어 개통되어 새로운 역사 건물이 지어지는데, 철도사업을 주도하던 남만주철도주식회사는 경성역이 일본과 조선, 만주를 연결하는 세계적인 교통망에서 '한반도의 현관이자, 식민지 경영의 관문'이 되기를 기대했다. 당시 경성역이었던 구 서울역사는 1925년 도쿄대학 교수였던 츠카모토 야스시塚本靖의 설계로 지어졌다. 건설 당시 '동양 제 1역은 도쿄역, 동양 제 2역은 경성역'이라 불릴 정도의 위용을 자랑했으며, 지붕의 돔 양식과 독특한 외관, 유료화장실에 이르기까지 수많은 화제를 낳았다. 2004년에 현재의 민자서울역사가 신축되면서 지금은 사적으로 지정, 복합문화공간으로 활용되고 있지만 80여 년이나 대도시 서울의 출입문으로 서울의 첫인상을 좌우한 장소였다.

1.

왕조의 도시, 한양

● 이현군

도성 안의 한양을 만나다

태조 이성계가 1394년에 한양으로 도읍을 옮기면서부터 수도 서울은 시작됐다. 도읍^{都邑}이란 말뜻부터 살펴보면 한양과 서울이 다른 의미의 도시임을 쉽게 알 수 있다. 현재의 시^{City} 개념과 유사하게 사용되던 말은 '읍^邑'이었다. '읍'은 사람이 네모난 성곽 아래 엎드린 모습에서 따온 것으로 전해진다. 그 범위를 좀 더 확장하면 '국^國'이 되는데 '국' 또한 성곽 안에 사람이 사는 모습에서 따온 것이라 전한다. 둘 다 공통적으로 성곽이 들어간다. 옛 도시는 성곽이 도시의 기본 형태임을 알 수 있다. '읍' 중에서 대표적인 곳을 일컬어 '도읍^{都邑}'이라고 한다. '도^都'와 '읍^邑'의 차이는 종묘가 있느냐 없느냐에 있다. 종묘는 역대 국왕의 신위^{神位}를 모신 곳, 왕가의 정통성을 상징하는 곳이다. 종묘가 있는 곳은 도읍이 되고, 없는 곳은 그냥 읍이 된다.

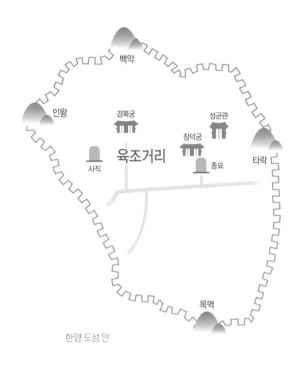

백악

인왕   경복궁   성균관

사직   육조거리   창덕궁

종묘   타락

목멱

한양 도성 안

이 도읍에 성城이 들어서면 도성都城이 되는 것이다. 따라서 한양은 땅 이름, 지명이고, 이곳에 성을 쌓으면 한성, 이곳의 행정구역 명칭은 한성부가 된다.

　서울과 달리 한양의 모습은 성곽, 도성이 중요한 도시 구조물로 자리하였다. 성을 쌓으면 자연스럽게 공간이 도성 안과 밖으로 구분되는데, 중요한 건물은 도성 안에 들어섰다.

　그렇다면 도성 안에서 가장 중요한 건물은 무엇이었을까? 궁궐과 종묘, 사직, 시장이다. 궁궐은 왕조시대의 임금이 살면서 나라를 다스리는 곳이고, 종묘는 국왕의 신위를 모신 곳이다. 사직은 농업사회의 경제적 기반을 다지기 위해, 토지와 곡식의 신神에게 제사를 지내던 곳이다. 시장은 도시 기능을 위해 필수적인 곳이다.

이렇게 궁궐, 종묘, 사직, 시장, 성곽의 위치가 정해지면 도시의 기본 틀이 잡힌 셈이 된다.

한양을 좁게 보면 북악산의 남쪽을 일컫는 말이다. 조선시대 또 다른 도읍 후보지였던 무악은 무악(안산) 남쪽, 신촌 일대를 일컫는다. 만약 무악을 도읍지로 정했다면 신촌 일대에 궁궐, 육조거리, 종로가 들어섰을 것이다.

한양을 도읍터로 정하고도 주산을 북악산으로 할 것인지, 인왕산으로 할 것인지 하는 논쟁이 있었다. 북악의 서쪽에 위치한 인왕산을 주산으로 했다면 궁궐은 동쪽을 바라보았을 것이고, 육조거리와 종묘·사직의 위치가 달라졌을 것이다.

북악산을 주산으로 해서 도읍을 정하였기에 그 남쪽에 경복궁이 들어서고, 광화문·세종로 일대에 관아거리인 육조거리가 들어선 것이다. 옛 도성제도에는 궁궐의 왼쪽에 종묘, 오른쪽에 사직을 두는 '좌묘우사左廟右社'의 원칙이 있었다. 그 원칙에 따라 종묘와 사직의 터가 정해진 것이다. 또한 궁궐 앞에는 조정을 두고 뒤에는 시장을 두는 '전조후시前朝後市'의 원칙이 존재하였다. 그래서 경복궁 앞에는 의정부, 한성부와 함께 행정실무를 담당하는 이호예병형공吏戶禮兵刑工, 육조六曹가 들어선 것이다. 시장은 경복궁 뒤가 좁아 세울 수 없었다. 그래서 종로에 육의전六矣廛이 동서로 길게 들어선 것이다.

그럼 성곽은 어디에 들어설까? 경복궁 뒤쪽의 북악, 서쪽의 인왕, 남쪽의 목멱산(남산), 동쪽의 타락산(낙타산, 낙산)을 연결하여 만든 것이 한양 도성이다. 전통적 도성 모형은 네모 반듯하거나 원형으로 짓는 것이 원칙이었다. 중국의 도성은 평지성이므로 이 형태가 가능하지만, 한반도의 도읍은 산을 끼고 강을 두고 만들어 왔다. 원칙보다는 자연 조건에 부합되게 만들어 온 것이다. 실제 한양 도성은 네 산의 산줄기를 이어 만들었기 때문에 네모도 원형도 아니다. 대체로 긴 타원형의 형태를 띠고 동서보다 남북의 길이가 더 긴 모양이 되었다. 중국 도성의 모양을 따온 것이 아니라 우리 환경에 맞게 도읍을 세운 것이다.

　도성이 만들어지면 성문城門이 세워진다. 동대문(흥인지문), 서대문(돈의문), 남대문(숭례문), 북문(숙정문) 등 4대문이 들어서고, 중앙에는 보신각이 세워진다. 유학을 중심 이념으로 하는 신진사대부가 세운 나라가 조선이므로, 인의예지신仁義禮智信 명칭이 들어가게 된다. 또한 유교적 이념을 표현한 대표적인 기관, 공자의 사당이며 교육기관인 문묘文廟(성균관)가 도성 안에 들어섰다.

　길은 궁궐과 성문을 중심으로 만들어진다. 궁궐 앞 현재의 광화문 앞 세종로가 가장 중요한 도로가 된다. 남북으로 난 이 도로와 만나는 길이 도성의 동서를 연결하는 길인 종로가 된다. 종로는 동대문과 서대문을 이은 길이 된다. 또 하나의 큰 길은 종로에서 남대문으로 나가는 길이다.

도성 밖의 한양을 만나다

그럼, 성 밖의 모습은 어떠했을까? 한양을 넓은 범위로 본다면 한강의 북쪽에서 북한산까지다. 그 가운데 핵심부에 도성이 들어선 것이다. 동대문에서 중랑천까지, 서대문에서 사천(홍제천)까지, 북악산에서 북한산까지는 한성부에 속하긴 하지만 도성이 아닌 성 밖 지역이었다. 성 안은 궁궐, 종묘, 사직, 문묘가 들어선 공간이다. 도읍이라는 상징성과 지배이념을 표현하는 장소들이 배치된 곳이다. 이에 비해 성 밖은 농사를 짓고, 교역을 하여 도성을 보필하는 지역이었다.

　조선시대 한양에서 농사를 짓던 대표적인 장소는 하천을 끼고 있었다. 여름 장마기간 동안 자주 침수되는 지역이 옛 농업지역으로 볼 수 있다. 한양 성 밖의 대

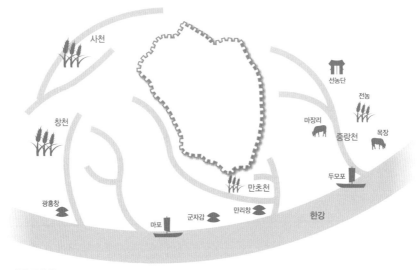
한양 도성 밖

표적인 하천은 중랑천, 사천(모래내, 홍제천), 창천, 만초천이다. 조선시대 지명인 중 량포에서 따온 명칭인 중랑천은 현재 동부간선도로와 평행하게 흐른다. 중랑천의 동쪽은 중랑구, 서쪽은 동대문구, 한강과 합류되는 지점은 성동구다. 이 일대가 대 표적인 농사지대다. 동대문구의 전농동과 제기동은 임금이 직접 농사 시범을 보이 던 적전籍田과 선농단에서 제사를 지내던 곳이다. 그 남쪽의 성동구 용답동과 마장 동, 광진구 일대는 농사와 함께 목축을 하던 곳이다. 중랑천을 따라 비옥한 토지 가 있어 농사짓기에 유리하였으며, 풀이 쉽게 자라 말을 키우던 장소였다. 한양대 와 건국대 일대도 농사와 목축에 유리한 환경을 가지고 있었다. 과천으로 경마장 이 이전하기 전에는 뚝섬에 경마장이 있었고, 뚝섬 이전에는 신설동에 있었다. 옛 경마장 자리는 현재 서울숲이 되었고, 마장동馬場洞에는 축산물시장이 남아 있어 옛 경관을 짐작하게 한다.

전철 2호선 지선이 지나가는 신답, 용답은 논畓이 있던 곳임을 암시한다. 조선시대부터 농사지역이었던 이 일대는 일제강점기에 동양척식주식회사에서 농지로 재정비한 곳이기도 하다.

서쪽에는 홍제천(사천) 유역과 마포구의 창천 일대가 대표적인 농사지역이었다. 홍제천(사천)은 북한산에서 발원하여 상명대 앞을 지나 월드컵경기장과 난지도 사이를 통해 한강에 합류되는 하천이다. 내부순환도로 아래를 흐르는 이 하천의 동쪽이 망원동이다. 망원동은 망원정에서 유래하였는데, 선유도공원에서 북쪽을 보거나 강변북로를 따라가면 보이는 정자다. 현재 정자는 새로 복원된 것인데, 임금이 도성 서쪽의 농사 상황을 살피기 위해 나왔다가 머무는 장소였다. 창천은 현재 복개하여 그 흔적을 쉽게 찾을 수 없지만 창천동, 창천초등학교, 창전동 등 관련 지명이 남아 있다. 이 근처에 광흥창이 있었고, 창고 근처에 있던 천川이라 해서 창천으로 불렸다.

또한, 지금은 복개된 하천인 만초천(욱천) 일대가 농사짓기 좋은 장소였다. 만초천은 무악(안산) 아래에서 발원하여 현재의 서울역 뒤쪽을 지나 숙명여대 앞을 거쳐 원효대교까지 연결되었던 하천이다. 긴 유로를 가진 이 하천변, 현재의 청파동에서 원효대교 인근지역은 농사에 유리한 조건을 갖춘 곳이다.

조선시대 교역은 한강을 끼고 이루어졌다. 한강은 충주의 남한강과 강원도에서 발원한 북한강이 양수리에서 만나 서쪽으로 흐르는 강이다. 도성 남쪽을 흘러 김포, 강화, 서해로 연결되는 긴 강이다. 한양이 도읍으로 선정된 이유 중 하나도 큰 강을 끼고 있다는 점이었다.

한강 유역은 한반도 교역의 중심지에 해당한다. 바닷길과 강길을 통해 운송되는 물품은 한강변을 종착지로 하였고, 이곳에서 교역이 이루어졌다. 북한강과 남한강을 따라 운송된 물품은 도성의 동쪽 뚝섬에 내려졌다. 뚝섬과 두모포(동호대교)가 경상도, 충청도, 강원도에서 들여온 물품의 거래처가 되었다. 도성 서남쪽의 마포, 용산, 서강은 서해를 통해 들여온 상품의 종착지였다. 전라도, 충청도, 경기도 해안의 바닷길을 통해 들여온 것이다. 그래서 용산의 군자감, 만리동의 만리창, 마포의 광흥창 등의 창고가 이 일대에 들어섰다. 군자감은 용산전자상가, 만리창은 숙대 뒤편 효창공원 근처, 광흥창은 6호선 광흥창역 근처에 있었던 물류 중심지였다.

도성 안이 도읍이라는 명분을 중시한 공간이었다면, 성 밖은 경제활동을 담당하던 공간이었음을 알 수 있다. 성 안과 밖, 두 개의 분리된 세계가 공존하는 도시가 한성부였다.

한성부, 서울의 기초가 되다

이처럼 서울시의 경계는 산과 강으로 이루어져 있다. 북쪽 경계는 북한산이 되고 남쪽 경계는 관악산이 된다. 동쪽 경계는 중랑천의 동쪽 아차산이 되고, 서쪽은 홍제천(사천) 서쪽 난지도가 된다. 서울이 처음 수도가 된 것은 조선을 건국하면서부터다. 고려의 수도였던 개경에서 한양으로 도읍을 옮긴 것이 현재 수도 서울의 출발이라고 할 수 있다.

한양에 도성을 쌓은 후 행정구역 명칭이 한성부漢城府가 되었다. 현재 서울은 한강 이남과 이북을 아우르는 지역이지만 한성부의 행정적 범위는 한강 이북에 국한되었다. 현재 서울 속에 옛 한양이 있는 셈이다. 한성부는 한양 도성 안팎 약 10리 지역인 성저십리를 포함한 지역이었다. 현재 서울의 강변북로, 동부간선도로, 내부

순환도로를 연결한 범위가 옛 한성부
의 범위와 대략적으로 일치한다. 현재
서울은 25개구로 이루어져 있지만, 한
성부는 동·서·남·북·중부, 즉 5부部
로 이루어졌다. 한성부 주변 군현은 양
주, 고양, 광주, 과천, 시흥, 양천이었
다. 한성부의 동북쪽은 경기도 양주였
고 서쪽은 고양이었다. 한강 이남지역
은 모두 경기도 범위에 포함되는 지역
이었다.

경기 서울 위치도

　서울 행정구역 변화에 큰 영향을 미친 시기는 1914년, 1936년, 1943년, 1949년,
1963년이다. 1910년 경술국치로 인해 조선이 일제식민지가 되었다. 이후 1914년 일
제는 행정구역을 개편한다. 여러 개의 군현을 하나의 군으로 통합하는 것이었다.
1914년 3월 1일 행정구역 통폐합으로 이전에 양주였던 중랑천 동쪽의 광진구, 중
랑구, 노원구 등이 경기도 고양에 포함된다. 한성부에 포함되었던 현재의 은평구도
경기도 고양군에 편입되었다. 일제강점기 행정구역 개편의 또 다른 특징은 경성부
가 경기도에 포함되고 범위가 축소된 점이다. 따라서 경성부는 한성부보다 좁은 범
위가 된다.

　경성부의 범위가 처음 한강과 그 이남으로 확장된 때는 1936년이다. 여의도와
한강 이남의 경기도 시흥이었던 영등포 일대가 경성부에 편입되면서 한강 이북에
국한되었던 행정구역에 변화가 생긴 것이다. 현재의 관악구, 동작구, 영등포구는
한강 이남에서 경성부에 가장 먼저 편입된 지역이다.

경성에서 구區 명칭이 등장한 것은 1943년이다. 경성부에서 구區제를 실시하면서 종로구, 중구, 동대문구, 용산구, 성동구, 영등포구, 서대문구가 1943년 4월에, 마포구는 1944년에 신설되었다. 옛 도성 안이었던 지역은 현재 청계천을 기준으로 북쪽의 종로구와 남쪽의 중구로 나누어진다. 역사·문화적으로 볼 때 청계천의 북쪽이 조선시대 중심이었다. 따라서 궁궐, 종묘, 사직, 종로를 포함하는 지역에 중심이 되는 '중구中區'라 이름 붙여야 할 것 같은데, 이곳은 종로구가 되었고 남쪽이 중구가 되었다. 이것은 일제강점기에 처음 구 명칭이 붙여졌기 때문이다. 일본 사람들에 의해 만들어진 시가지, 그들의 중심지는 청계천 남쪽이었다. 그래서 중구는 청계천 남쪽에 이름 붙이고 조선 사람들의 중심지에는 길 이름을 따서 종로구로 만든 것이다. 그리고 동대문 동쪽은 동대문구, 도성의 동쪽은 성동구, 서대문 밖은 서대문구로 이름 붙였다.

조선시대 한성부는 중앙직할이었으나 일제강점기에 경성부로 개칭되면서 경기도에 편입되었다. 그리고 광복 이후 군정법령 제 106호(1946년 9월 18일)에 의해 서울특별시로 승격되면서 다시 경기도로부터 분리되었다. 현재의 25개 구는 해방 이후에 분화分化된 것이다.

1948년에 남한 단독 정부가 수립되면서 서울의 행정경계에도 변화가 생겨났다. 중랑천 동쪽지역인 뚝섬 일대가 서울에 편입된 것은 1949년 8월 15일이다. 편입 당시의 행정구역 명칭은 경기도 고양군 뚝도면이었다. 당시에는 잠실도 고양군 뚝도면에 포함되는 지역이었다.

이후 서울 행정구역이 큰 변화를 맞은 시기는 1963년 1월 1일이다. 1963년은 박정희 대통령이 취임한 해다. 1963년에 현재 서울시에 해당하는 한강 남쪽 대부분지역이 서울시에 편입되었다. 이후 서울의 서북쪽에 해당하는 고양군 신도면 구파

발리, 진관내리, 진관외리가 서울의 행정구역에 편입되고(1973년 7월 1일), 서남쪽의 광명시 철산동, 하안동, 소하동, 광명동 일부와 고양시 지축동 일부가 서울에 편입(1995년 3월 1일)되면서 현재 서울시의 행정범위가 형성되었다.

　이처럼 행정구역 측면에서 볼 때 서울은 한강 남쪽까지 포함된 도시인 반면 한양은 한강 이북에 있었던 도시다. 서울은 현재의 도시인 반면, 한양은 과거의 도시며 현재 서울에서 그 흔적을 찾을 수 있을 뿐이다.

2.

외국인과 외국문물의 유입

● 이현군

지킬 수도 개방할 수도 없는

서울시청 앞 서울광장 동쪽에 웨스틴조선호텔이 있다. 밖에서 보면 기와지붕이 보이고, 호텔 안을 들어가면 제단이 보인다. 환구단圜丘壇 또는 황단皇壇, 원구단圓丘壇,圓壇 등으로 불리는 제단이다. 조선 초기에 잠깐 이곳에 원구단이 있었다가 사라지고, 고종대에 다시 만들어진 제단이다. 이 제단은 하늘에 제사를 지내는 곳이다. 제후 국은 원칙적으로 하늘에 제사를 지낼 수 없다. 천자 또는 황제가 통치하는 제국만이 하늘에 제사를 지내는 환구단을 가질 수 있다. 국호를 조선에서 대한제국으로 바꾼 것이 고종대이고, 고종은 왕에서 황제로 신분을 바꾸었다. 이 장소는 조선이 제국으로 바뀌었음을 선포하는 상징적 의미를 지니는 곳이었다. 따라서 고종황제 즉위식은 이 환구단에서 거행되었다. 이는 정치적으로 그리고 상징 의례 측면에서

웨스틴조선호텔에는 조선시대 하늘에 제사를 지내던 환구단이 있다.

중국과의 관계 단절을 의미하는 것이었다.

서양세력이 한반도에 들어오기 이전 조선의 대외관계는 중국, 일본, 여진족 중심으로 이루어졌다. 중국 사신이 홍제원(홍제동)을 거쳐 무악재(고개)를 넘어오면 조선 임금은 모화관에 마중을 나갔다. 이때 중국 사신을 맞이하던 문이 영은문이었다. 영은문은 1895년에 철거되고, 독립문으로 바뀌었다. 중국 사신을 맞이하여 연회를 베풀던 모화관은 독립관으로 이름을 바꾸었다. 중국 사신이 도성 안에서 묵었던 장소가 태평관(태평로)이었고, 임진왜란 때 태평관이 불탄 이후에 중국사신이 묵었던 곳이 웨스틴조선호텔 자리다. 영은문에서 독립문으로, 모화관에서 독립관으로 변경하고, 환구단에서 고종이 황제 즉위한 것은 기존 중국과의 관계 단절을 의미하였다. 일본 사신은 동평관(인현동), 여진족 사신은 북평관(동대문)을 숙소로 하였다.

1863년 고종이 즉위한 이후 외국 세력은 계속 조선의 개방을 요구하였다. 프랑스 함대가 양화진에 나타나 한강 수심을 측량(1865)하였고, 독일인 오페르트는 대원군의 생부인 남연군의 묘를 도굴하기도 하였다(1867). 프랑스인 선교사를 처형한 일을 빌미삼아 일어난 병인양요(1866)와 미국함대 제너럴셔먼호로 인한 신미양요(1871) 이후 척화비를 세워 쇄국정책을 강화했지만, 시대적 흐름은 거스를 수 없었다.

일본과의 강화도조약(1876) 이후 조선은 미국, 영국, 독일, 이탈리아, 러시아, 프랑스, 청국 등과 조약을 체결하기에 이른다. 결국 양화진(1883)과 용산항(1884)이 개항장, 개시장이 되었다. 갑신정변(1884), 임오군란(1882) 등의 정변이 발생하고 서울 상인들이 외국 상인의 철거를 요구(1887, 1889)하기도 했지만, 더 이상 조선은 쇄국으로 일관할 수 없었다.

개방과 쇄국정책의 딜레마 과정에서 외국인은 이 땅에 흔적을 남겼다. 천주교 신자들은 유교 사회인 조선에 들어와 박해를 받거나 처형을 당하기도 했다. 그들을 기념한 장소가 절두산의 천주교 성지다. 이곳은 병인박해 때 희생된 프랑스 신부와 한국의 신자들을 기념하여 성역화한 장소다. 옛 양화진, 현재의 당산철교 아래에 자리 잡고 있다. 바다를 통해 한양으로 들어오는 통로에서 중요한 거점 역할을 하던 곳이 양화진이다. 서해에서 한양으로 들어오는 초입에 해당하는 곳이 강화도다. 강화도 동쪽, 해안을 따라 형성된 돈대들(초지진, 광성보, 갑곶돈대)은 서양 세력이 조선으로 들어오던 길목을 지키던 장소다. 이곳을 거쳐 한강 입구에 진입하면 문수산성을 만난다. 병인양요 때 프랑스 군대와 치열한 전투를 벌였던 곳이다. 이곳을 지나면 한양까지 배를 통해 바로 들어올 수 있었기 때문이다. 문수산성을 지나 행주산성 앞을 거쳐 양화진에 내리면 그곳이 한양이었다. 양화진은 한양에서 서해로 진출하는 거점이자 서대문 밖 한강의 주요거점이 되었던 곳이었다. 양화진에서 내리면 비로소 한양에 당도하게 되는 것이다. 양화진의 천주교 성지가 갈등의 현장이라면, 근처 합정동 외인묘지는 외국 문물을 수용한 결과물이라 할 수 있다. 이곳에는 13개국 480여 명의 외국인이 안장되어 있다. 개화기 당시 조선에 들어왔던 주요 인사로, 당시 《대한매일신보》를 창간한 토마스 베델Ernest

옛 한강의 양화진 나루터 근처에는 현재 절두산 순교성지가 조성되어 있다.

양화진의 외국인 선교사 묘원은 개화기에 한국으로 와서 이 땅에 묻힌 외국인들을 위한 묘지다.

Thomas Bethell, 고종이 세운 왕립영어학교의 초대 교사였던 헐버트Homer Bezaleel Hulbert 등의 무덤이 있다. 이들은 죽어서도 본국으로 돌아가지 않고 한국 땅에 묻히기를 원했던 사람들이다.

개화기의 흔적, 정동을 찾아

이제 외국 세력이 조선 어느 곳에 터를 잡았는지 살펴보자. 구한말의 중심 궁궐 근처에 자리 잡지 않았을까? 그렇다면 덕수궁 근처를 찾아봐야겠다. 서울역사박물관에서 답사를 시작해보자. 옛 경희궁 자리에 세워진 박물관에 들어가면 서울의 옛 지도와 서울의 변천과정을 보여주는 시각자료가 많이 있다. 이곳에서 옛 모습을 상상한 다음 정동 쪽으로 걸어가며 주위를 둘러보자.

박물관에서 나와 서쪽으로 조금 걸어가면 복원해놓은 경희궁의 정문, 흥화문이 보인다. 이 문은 현재 남쪽을 바라보지만, 원래는 동쪽을 향해 서 있던 문이다. 일제가 궁궐을 파괴한 자리에 서울고등학교를 세웠고, 궁궐의 정문인 흥화문은 이토 히로부미의 사당인 박문사로 옮겨 갔다. 이후 박문사가 없어지고 그 자리에 신라호텔 영빈관이 들어서면서 흥화문은 영빈관의 정문으로 사용되었다. 경희궁 복원공사가 이루어진 다음에야 흥화문은 다시 돌아올 수 있었지만, 어색하게 남쪽을 바라보게 됐다. 서쪽으로 가다보면 강북삼성병원이 나오는데, 그 안에 김구 선생이 암살당했던 경교장이 있다. 좀 더 서쪽으로 가면 경기감영 자리였던 적십자병원이 있지만, 우리가 가야할 길은 건너편 정동 방향이다.

강북삼성병원 앞 횡단보도 근처가 옛 서대문 자리다. 조선시대 도성 성문 중에서 복원되지 않은 두 곳이 돈의문(서대문)과 소의문(서소문)이다. 서울시에서 2013년까지 서대문을 복원할 계획이라고 발표하였다. 옛 성곽의 철거는 새로운 교통수단인 전철의 등장, 시가지 확산 등과도 연관되지만 도성都城의 성城과 성문城門이 사라짐을 의미하기도 한다. 성벽과 성문이 사라지면 더 이상 도성이 아니게 되는 것이다. 사라진 성문 자리에서부터 이제 개화기의 중심부로 들어가자.

정동에 들어서 천천히 걷다보면 먼저 관립법어학교 표지석을 만난다. 법어法語학

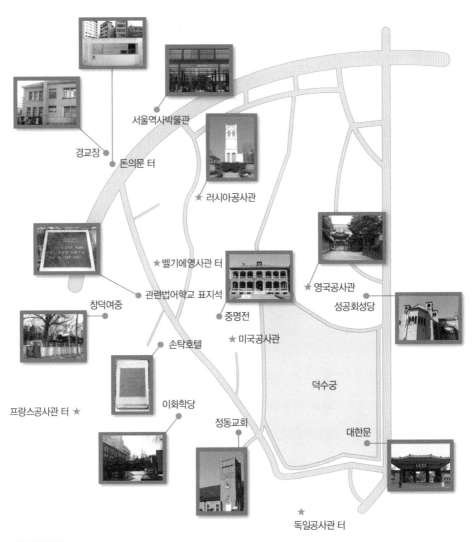

서울역사박물관

경교장

돈의문 터

러시아공사관 ★

벨기에영사관 터 ★

관립법어학교 표지석

창덕여중

손탁호텔

프랑스공사관 터 ★

이화학당

중명전

★ 미국공사관

영국공사관 ★

성공회성당

덕수궁

정동교회

대한문

★
독일공사관 터

▲정동 일대 지도

구한말 러시아공사관 전경 〈서울특별시사편찬위원회, 『사진으로 보는 서울 1』, 2002년〉

교는 프랑스어를 가르치던 곳이다. 옛 프랑스공사관이 있던 자리에 현재 창덕여자중학교가 있다. 이화여자고등학교는 옛 지도에 이화학당으로 표시되어 있고, 이화100주년 기념관은 당시 사교클럽이었던 손탁호텔이 있던 곳이기도 하다. 이화여고 맞은편, 한때 선교사 알렌의 집터이기도 했던 예원학교 뒤편으로 가면 러시아공사관, 아관俄館이 있던 자리가 나온다. 아관파천(1896)이란 고종이 거처를 이곳(아관)으로 옮겼음을 의미한다. 일본인들이 경복궁에 난입하여 명성황후를 시해한 을미사변(1895) 이후, 불안한 정국 속에서 국왕이 외국대사관으로 옮겨서 1년이나 머물다가 경운궁(덕수궁)으로 환궁(1897)한 것이다. 참 서글픈 일이다.

　좀 더 남쪽으로 가면 중명전이 나온다. 덕수궁의 별채로 왕실도서관으로 사용되다가 고종의 집무실, 외국사신 알현 장소 등으로 이용됐다. 이곳에서 을사조약(1905)이 체결되었다. 일제강점기에는 경성구락부로, 해방 이후에도 외국인들의 사교장으로 이용되었다. 중명전을 나와 동남쪽 정동길을 걷다보면 정동교회가 나온다. 옛 지도에 례배당으로 표시된 곳이다. 미국 북감리교 선교사인 아펜젤러가 1885년에 세운 것으로, 한국 최초의 개신교회다. 정동교회 근처 배재공원은 옛 배재학당(배재고등학교)이며, 교회 맞은편은 미국공사관이 있었고, 덕수궁 북쪽에는 영국공사관이 있었다. 영국공사관 근처에는 영국 국교인 성공회성당이 있다. 서울 성공회성당은 코오프 주교가 1922년에 착공하여 1926년에 완공한 건물이다. 중심 궁궐 주변에 배치된 구한말의 외국 공사관들은 마치 서양 세력이 한반도를 포위한 당시 상황을 반영한 듯하다. 구한말의 중심지인 정동에서 돌담길을 지나 덕수궁 대한문 앞에 서면 서울시청이 보인다. 일제강점기인 1926년에 완성된 경성부 청사였던 곳이다.

새로운 시대, 새로운 문물, 새로운 생활양식

외국 세력의 한반도 진입은 물질문명과 생활양식에도 영향을 미쳤다. 이전에 보지 못했던 증기선이 마포와 인천 간에 운행(1888)되기 시작하였고, 새로운 통신 수단인 전신電信이 도입(1896)되었다. 가로등이 등장(1897)하였고 한성은행(1897)이 생겼으며 한성전기회사가 세워졌다(1897). 서대문과 청량리 간에 궤도가 만들어졌고, 전차가 다니기 시작(1899)하였다. 인천과 노량진 사이에 철도가 개통(1899)되었고, 한강에는 철교(1900)가 만들어졌다. 이러한 일련의 변화는 이전과 다른 방식으로 일상 생활이 전개될 것임을 암시하는 것이다.

물질문명의 변화와 함께 교육, 종교, 문화의 측면에서도 변화가 생겨났다. 서당에서 배우거나 학당을 거쳐 성균관에서 이루어졌던 교육체계와 내용이 바뀌었다. 한성사범학교 관제 공포와 소학교령 반포(1895)는 기존 교육 시스템의 변화를 보여준다. 유교, 불교, 무속 중심의 종교 활동도 서양 선교사들의 진입으로 변하게 된다. 도성 안 어느 곳에서나 보였던 남산 아래 종현鍾峴. 명동성당 앞 고갯길에 천주당(현 명동성당, 회현방 예배당)이 들어선 것이다. 조선시대 도성 안은 종묘와 사직, 문묘(성균관), 왕실의 제사 공간만 들어설 수 있는 장소였다. 도성 어디에서도 쉽게 볼 수 있는 높은 언덕에 천주교성당이 들어섰다는 것은 당시 사람들에게 문화적 충격이었다. 명동 천주교성당은 1898년 5월에 완성되었지만, 이보다 먼저인 1892년에 약현성당이 완성되었다. 서소문 밖 고개인 약현藥峴. 현재의 중림동에 건립된 이 성당은 한국 최초의 서양식 벽돌건물이기도 하다. 북감리교 선교사 아펜젤러는 정동교회를 세우면서 근대식 교육기관인 배재학당을 세우기도 했다. 이화학당 또한 기독교 정신을 토대로 한 여성 교육을 목적으로 세워졌다.

지금은 상상할 수 없는 풍경이 개화기에 있었다. 에밀 마아텔의 『회고기록』을 보면 미국공사관을 지키는 새까만 얼굴에 하얀 치아를 드러내고 있는 흑인 병사가 구경거리였음을 알 수 있다. 조선인들은 처음에 무서워하다가 양과자를 자주 던져주는 이들에게 익숙해져 갔다. 서울에 낯선 사람들이 등장하면서 유언비어들도 생겨나게 된다. 박경룡의 『정동, 역사의 뒤안길』을 보면 "외국인들이 어린아이를 잡아다가 요리를 해 먹으며 눈은 사진을 만드는 데 쓴다"라든가 "부인은 유방을 떼어다가 연유煉乳를 만들어 먹는다" 등의 이야기가 있었음을 알 수 있다.

배재학당과 이화학당의 풍경도 현재 학교와 달랐다. 배재학당의 남학생들은 도포에 갓을 쓰고 다녔다. 개교할 당시 학생이 없었으므로 아펜젤러가 희귀한 담배를 제공한다고 선전하여 학생들을 모았는데, 학생이 늘자 금연령을 내리고 담배를 주지 않아 학생들이 동맹휴학을 벌였다는 일화도 있다.

여자는 가르칠 필요가 없다는 당시 분위기 속에서 이화학당의 첫 번째 입학생은 영어를 배워 명성황후에게 접근하여 권세를 누리려던 고위 관리의 소실 김 씨 부인이었다. 김 씨 부인이 석 달 만에 포기하고 돌아간 다음, 두 번째 학생은 가난한 집 어린아이였다. 학당에서 공짜로 먹여주고 재워주고 입혀준다니까 들어온 것이다. 세 번째 학생은 버려진 여인의 네 살 난 딸이었다. 초창기 이화학당 학부모들은 "딸을

한국 최초 서양식 벽돌건물인 약현성당

조선 근대식 교육기관인 배재학당

서양 도깨비한테 팔아넘긴 년" 소리를 듣기도 했고 학생들은 이름도 없이 '퍼스트 First', '세컨드 Second', '써드 Third' 등으로 불리기도 했다고 한다. 또한, 초창기 선교사들이 성찬식을 거행할 때 떡과 포도주를 나누어 주면서 "이는 내 살이요, 내 피라"라

고 하는 걸 몰래 엿들은 사람들은 실제로 사람의 살과 피를 먹는 걸로 오해하기도 하였다고 나온다.

이상한 소문과 오해는 이제까지 접해보지 못한 세계를 마주하면서 생겨난 것이라 할 수 있다. 이제 조선 백성은 자신들의 의지와 상관없이 낯선 사람, 낯선 종교, 낯선 문화, 낯선 생활방식을 접하게 된 것이다.

3.

교통수단이 도시를 바꾸다

● 이현군

성곽은 무너지고 전차가 달린다

구한말과 일제강점기 이전의 한반도 교통로는 한양 도성을 중심으로 형성된 체계였다. 한성부는 도성 안과 밖이 성문을 통해 연결되는 체계였다.

성 안 대로大路는 궁궐과 성문을 연결하는 방식으로 구성되었다. 경복궁 광화문에서 황토현(세종로)을 연결하는 큰길은 동대문과 서대문을 이어주는 종로와 연결된 구조였다. 종로는 청계천의 광통교를 통해 남대문과 연결되었다. 궁궐, 종로, 동대문과 서대문, 남대문이 도성 안 대로의 주요 경로였다.

성 밖의 길은 성문에서 출발하는 구조였으며, 역과 원은 중간 거점 역할을 하였다. 남대문에서 출발한 길은 청파역과 이태원을 거쳐 한강과 남부지방으로, 동대문에서 시작하는 길은 보제원과 노원역을 통해 동북부지방으로 전관원을 거쳐 동

한양에서 전국으로 연결되는 9대로 경로

남부지방으로, 서대문에서 시작된 길은 홍제원을 통해 서북부지방으로 연결되었다. 한양 도성을 중심으로 8대로 또는 9대로를 통해 전국으로 연결되는 구조였다. 남부지방으로 가기 위해 거쳐야 하는 한강에서는 나루津, 鎭, 渡가 교통의 중심지에 해당한다. 요약하면 기존 교통체계의 특징은 성 안과 밖의 분리, 걷거나 말이 다닐 수 있는 육상교통망인 전국대로의 형성, 나루와 포구를 활용한 수운 체제로 볼 수 있다.

그러나 성 안과 밖의 분리 체제는 성곽과 성문이 파괴되면서 사라지게 되었다. 전차 또는 철도를 이용한 육상교통망의 변화도 한양에서 전국으로 연결된 기존 8대로 또는 9대로 경로에 변화를 가져왔다. 증기선의 도입과 한강의 교량 건설은 나루 중심의 수운에 변화를 주었다. 성곽은 1899년 서대문과 청량리 사이를 오가는 전차가 개통되고, 1900년 종로와 용산을 잇는 전차 궤도가 부설되면서부터 파괴되었다.

조선시대에는 도성都城이 중요한 상징경관이지만, 시가지 확장과 교통의 측면에서는 성벽은 장애요소가 된다. 서대문과 청량리 전차 노선에서는 서대문과 동대문 주변의 성곽이 장애가 되고, 종로와 용산을 잇는 전차 노선에서는 남대문 주변의 성곽이 장애가 되었다. 1907년은 일본 황태자의 조선 방문이 있던 해이다. 일본 황태자가 조선의 상징인 남대문 아래를 고개 숙여 통과할 수 없다는 논리 하에 남대문의 해체가 논의되었다. 그러나 남대문은 철

파괴된 동대문의 옹성 〈서울특별시사편찬위원회, 『사진으로 보는 서울 2』, 2002년〉

동대문 부근의 전차 운행 〈서울특별시사편찬위원회, 『사진으로 보는 서울 4』, 2005년〉

거하지 않고, 남대문 북쪽 성벽을 철거하여 도성 안에 새 도로를 놓는 방향으로 정리된다. 1907년은 성벽처리위원회가 설립되어 활동한 시기이기도 하다. 한성부 도시 체계의 핵심인 성곽의 처리 방안을 논의하는 기구였는데, 1908년 내부內部의 지방국地方局과 토목국土木局으로 업무를 이관할 때까지 활동한 기구였다. 처음 전차가 도입된 1899년과 1900년이 부분적으로 성문 근처의 성벽이 해체된 시기라면 1907년과 1908년은 대대적으로 성벽이 해체된 시기이다. 1907년 일본 황태자 입국에 따른 남대문 북쪽 성곽 해체에 이어 1908년에는 남대문 남쪽, 동대문 북쪽, 오간수문 근처, 서소문 부근의 성곽이 파괴되었다. 서소문은 1914년에, 서대문은 1915년에, 혜화문은 1939년에 사라졌으며 서대문과 서소문은 아직도 복원되지 않았다.

한 시대를 풍미했던 전차는 1968년에 멈췄고, 그 자리를 지하철이 대신하게 되었다. 1974년 8월 15일부터 지하철 1호선이 개통되었다. 청량리와 서울역 사이에 처음 운행된 지하철은 옛 전차 노선을 기초로 하였다.

철도가 지나간 도시, 새로운 중심지가 되다

도보와 역마 중심의 체제는 신작로新作路와 철도 부설로 바뀌게 되는데, 일상생활에 더 큰 영향을 미친 변화는 철도의 부설로 볼 수 있다. 1899년 경인선(제물포-노량진), 1905년 경부선(서울-초량), 1906년 경의선(용산-신의주), 1912년 군산선(군산-익산), 1914년 호남선(대전-목포)과 경원선(용산-원산), 1918년 대구선(대구-영천), 1930년 장항선(천안-장항)과 수여선(수원-여주), 1931년 금강산 전철(철원-내금강), 1935년 동해남부선(부산진-포항), 1936년 전라선(익산-여수), 1937년 수인선(수원-남인천)과 동

1900년 용산역 풍경 〈서울특별시사편찬위원회, 「사진으로 보는 서울 1」, 2002년〉

해북부선(안변–양양), 1939년 경춘선(청량리–춘천), 1940년 영동선(철암–묵호항), 1942년 중앙선(청량리–경주), 1943년 경의선 복선(서울–신의주) 등이 해방 이전에 부설된 철도다.

철도 건설은 새로운 중심지를 등장시켰다. 새로운 중심지는 옛 한성부 성 밖 지역과 서울 밖 지방 도시로 나누어 볼 수 있다.

서울의 새로운 중심지로는 노량진, 청량리, 용산(신용산) 등을 들 수 있다. 노량진은 나루를 통해 한강을 건넌 다음 삼남지방으로 연결되는 옛 대로의 중심지였다. 노량진이 철도 교통의 중심지가 된 것은 경인선 부설에 의해서였다. 1899년 처음 경인선이 만들어질 때는 한강 남쪽의 노량진과 인천 제물포를 연결한 노선이었다. 이 노선은 한강철교가 1900년에 만들어진 이후 한강 북쪽 서울역까지 연결되었다. 노량진은 우리나라 철도가 처음 놓인 교통의 중심지였고, 이후 경부선을 비롯

경인철도 개통식 〈서울특별시사편찬위원회, 『사진으로 보는 서울 1』, 2002년〉

한 한강 남쪽으로 연결되는 철도는 모두 노량진을 경유하게 된다.

청량리는 1899년 서대문–종로–동대문–청량리를 연결하는 전차가 등장하면서 새로운 교통의 중심지로 부상한 곳이다. 옛 한양 도성 안을 지나는 노선이 성 밖 청량리까지 연결된 것이다. 한반도 동쪽지역으로 연결되는 기차가 청량리를 경유하게 되면서 교통의 중심지가 되었다. 한반도 동북부 원산으로 연결되는 경원선, 춘천으로 연결되는 경춘선, 경주로 연결되는 중앙선 등이 모두 청량리를 경유한다.

조선시대 용산은 한강변이었으나, 철도의 부설로 신용산, 용산역이 새로운 중심지로 등상하였다. 한반도 시북부지역인 신의주로 연결되는 경의선, 동북부 지역인 원산으로 연결되는 경원선의 출발지가 용산이었다. 주요 간선 철도인 경부선, 경인선 등도 용산을 경유하면서 철도 교통의 중심지가 되었다.

철도의 등장은 수운교통의 기능을 약화시켰지만, 지방도시에 새로운 중심지를 만들었다. 대표적인 도시가 대전이다. 현재 대전광역시는 조선시대 공주, 회덕, 진잠, 연산 등의 관할 영역이 합해져 만들어진 곳이다. 현재 대전광역시에서 서쪽 부분은 공주목, 동쪽은 회덕, 서남쪽은 진잠의 관할 구역이었다. 1901년 경부선 대전역이 설치되면서 교통의 중심지로 급부상한 지역이라 할 수 있다. 경부선 대전역이 설치되고 호남선의 분기점이 되면서 충청도의 중심지가 공주에서 대전으로 변하게 된 것이다.

조선시대 대로大路(68쪽 참조)의 종착지를 보면 한반도 동북부는 의주, 서북부는 경흥(서수라), 동해안은 평해와 동래, 남해안은 통영, 서해안은 강화와 충청수영(보령), 제주 등이었다. 조선시대에도 중요한 도시였던 수원과 대구는 철도교통에서도 여전히 중요한 지역이었다. 수원은 경부선, 수여선, 수인선 등이 지나는 지역이었고, 대구는 경부선, 대구선 등이 지나면서 중요한 역할을 하였다. 그 밖의 지역에서는 옛 대로의 종착지가 더 이상 교통의 중심지 역할을 하지 못했다.

한편, 새로운 항구도시가 중요하게 부각되었다. 일본은 식민지 지배전략에 따라 철도를 건설하였다. 이에 동해안과 서해안에 항구도시가 새롭게 형성되었다. 그 대표적인 도시가 인천이다. 제물포까지 경인선이 건설되고 수인선이 등장하면서, 서해와 서울 경기를 잇는 중요한 항구가 된 것이다.

서해안을 따라서는 군산, 목포, 장항, 여수 등이 새로운 중심지가 되었다. 군산은 군산선, 목포는 호남선, 장항은 장항선, 여수는 전라선으로 연결되었다. 동해안에는 원산, 포항, 안변, 양양, 묵호항, 경주 등이 철도로 연결되었다. 원산은 경원선, 포항은 동해남부선, 안변과 양양은 동해북부선, 묵호항은 영동선, 경주는 중앙선으로 연결되었다. 옛 중심지가 동래였던 부산은 초량까지 경부선이, 부산진까지 동해남부선이 연결되면서 새로운 도시로 성장하였다.

4.

경성의 핫 플레이스,
진고개

● 한지은

21세기 명동거리에서

2013년 명동거리는 한국을 찾은 일본인 관광객들로 넘쳐난다. 상점마다 내걸린 일본어 광고판, 낯선 화장과 옷차림의 아가씨들은 이곳이 마치 외국인듯 이국적인 분위기를 내뿜는다. 불과 100여 년 전에 이곳은 일본인 거리로 불렸다. 그 거리를 오늘날 다시 일본인들이 가득 메운 모습에, 그리고 한국어보다 더 크게 적힌 일본어 광고판에 불편한 마음을 토로하는 사람들도 있다.

 1920~30년대 혼마치本町와 진고개에 즐비했던 일본인 상점과 백화점을 누비던 이른바 '모던껄Modern Girl'과 '모던뽀이Modern Boy'를 바라보던 당시 서울 사람들의 마음도 이러했을까. 화려하지만 낯선 그들의 모습을 선망하는 한편, 식민지 조국의 비극적 현실에 무심한 그들에게 따가운 시선을 보냈으리라. 오늘날 서울에서 가장 상업적

1914년부터 서울 중구 충무로 일대를 '본정통'이라 불렀다. 〈서울역사박물관 제공〉

현재 명동거리에는 한국어보다 크게 적힌 일본어 광고판이 넘쳐난다.

인 도시, 명동에서 옛 사람들의 시선이 다시금 느껴지고 있다.

식민지와 '모더니티^Modernity'라 불리는 근대성을 동시에 겪은 이른바 '탈식민주의^Post-Colonialism' 국가들이 직면하는 공통적인 문제가 있다. 바로 식민지 시기의 근대적 경험이 종종 이견이나 갈등의 대상이 되곤 한다는 점이다. 이러한 갈등은 특히 근대적 도시경관, 그 중에서도 상업 및 소비문화공간을 둘러싸고 나타나는 경우가 많다. 이는 식민지 시기에 생산의 문제는 수탈과 그것의 폭력성과 불가분의 관계를 맺고 있는 반면, 외부에서 유입된 새로운 문화와 그에 대한 소비의 문제는 개인의 취향과 문화적 선택이라는 해석의 여지를 만들어 주기 때문일 것이다. 즉, 한편에서는 근대적 상업공간의 형성과 그에 대한 소비문화의 유행을 식민주의의 현실을 외면하는 방종과 무책임의 결과로 폄하한다. 반면, 다른 편에서는 근대적 소비문화를 형성하고 적극적으로 향유한 소위 '모던껄'과 '모던뽀이'들을 우리나라 최초로 근대성을 몸소 실현한 근대인으로 평가하곤 한다.

따라서 오늘날 근대 서울의 소비공간을 찾아가는 과정은 누군가에게는 식민지 시기 제국의 유력자와 협력자의 전유물이자 전통적 경관의 파괴를 통해 이룩되었던 비극적 역사의 장소를 기억하는 일일 게다. 그러나 또 다른 누군가에게는 카페와 극장, 댄스홀과 백화점을 활보하며 근대적 도시의 자유와 문화를 만끽하기 시작한 최초의 근대인들을 현재로 불러내는 일일 것이다.

우리나라 최초 외국상인은?

서울의 근대적 상업공간의 형성을 파악하고자 할 때 주요 관심의 대상은 전통 상업공간이 언제 어떻게 근대 공간으로 전환 혹은 계승되었느냐는 문제일 것이다.

즉, 장시場市와 같은 전통적인 상업공간이 어떤 방식으로 사라지거나 변화하였는지, 이러한 과정에서 외부의 힘에 대응하려는 민족의 자발적인 노력이 어떻게 표출되고 좌절되었는지를 파악하는 일이다.

그러나 난해한 학문적 논의를 잠시 접어두고 보면, 조선 후기부터 시작된 상업 환경의 변화라는 내부적 요인과 개항과 불평등조약의 체결이라는 외부적 요인으로 인해 구한말 한성부의 상업공간은 새로운 면모를 갖추게 된다. 전통적 장시가 동대문·남대문시장과 같은 근대적 상설시장으로 변모하였을 뿐 아니라, 무엇보다 외국 자본으로 만들어진 새로운 상업공간들이 속속 등장하게 된 것이다.

특히 1876년 강화도조약 이후, 서울에는 청국과 일본 상인 중심의 새로운 상업공간이 빠르게 늘어났고, 이는 서울 사람들의 생활을 크게 바꾸어 놓았다. 이러한 청국과 일본 상인의 급성장은 무역·유통 및 생산의 불평등으로 인한 파행적 경제구조에서 비롯된 것이었다. 우리의 주력 수출품은 값싼 쌀과 대두大豆 등 농산물이 대부분이었던 것과 대조적으로, 청과 일본 등지에서 대량으로 수입된 외국 공산품이 일상품으로 사용되기 시작한 것이다. 그 대표적인 예로, 청과 일본에서 들여온 옥양목玉洋木 등의 면직물이 크게 인기를 끌면서 우리나라 재래 무명베는 쇠퇴하기 시작하였다.

구한말 서울에서 가장 먼저 자리를 잡은 것은 일본이 아닌 청국 상인들이었다. 원래 이들은 임오군란의 진압을 위해 조선으로 파견된 청나라 군대를 따라 들어온 군역상인軍役商人이었다. 우리나라 최초의 외국 상인이었던 청상들은 1883년 청국공관이 낙동駱洞, 지금의 명동 2가에 들어서면서 수표교 일대와 명동, 남대문 등지에 자리를 잡았다. 해외에서 들여온 직물, 피혁과 잡화 등을 판매하면서 청국 상인들은 한동안 번성하였지만, 1894년 청일전쟁의 패배 이후에 위축되기도 했다. 그러나 광

경성의 북촌과 남촌

무3년(1899)에 청국공사관이 다시 돌아오면서, 이내 활기를 되찾았다.

청국 상인들과 달리 일본 상인들은 주로 남산 주변과 진고개 일대에서 장사를 시작했다. 초반에는 이들의 힘이 청국 상인들에 비해 약했다. 임오군란과 갑신정변을 겪은 1893년 당시 일본 상인이 828명, 청국 상인이 1,254명이었다는 기록으로도 확인할 수 있다. 그러나 을사조약 이후 일본 상인이 폭발적으로 증가하기 시작하는데, 1910년에 이미 그 수가 34,468명에 달했다. 처음에는 진고개 등지에 형성된 일본인 상점이 수십 호에 불과했지만, 청일전쟁 이후에는 그 수가 계속 증가하여 현재의 명동과 남대문 일대를 아우르게 되었다. 더욱이 강점 이후에는 현재의 회현동과 을지로 북창동지역의 대부분, 심지어 종로 일대까지도 일본 상점이 확대되었다.

수표교와 명동 일대의 청국인 상점들과 진고개에 늘어선 일본인 상점들에서 팔기 시작한 외국의 진귀한 물건들은 당시 조선인들을 현혹하기에 충분했다. 또한 이것은 종로 시전市廛 중심으로 형성된 전통시장의 권위가 무너지기 시작하였음을 보여주는 것이었다. 이때 전통적 상업공간과 새로운 상업공간이 만들어내는 경관의 차이는 그 시각적 상징성이 매우 컸다. 조선인과 일본인, 종로와 진고개의 대비는 이제 식민도시 경성京城의 얼굴이 되었다.

백화점의 첫 등장

> 진고개! 진고개!! 판국이 기우러지자 이름까지 바뀐 진고개!는 지금은 조선의 상권商權을 독차지하는 곳이다. 육충으로 하늘을 찌를 듯이 솟아있는 삼중정三中井의 대상점, 조선 사람의 손님을 끌어들이기로 제일인 대백화점인 평전상뎜平田商店, 대자본大資本을 가지고 조선 전도 상계를 풍비하려는 삼월왕국三越王國의 작은 집인 삼월오복점을 비롯하야 좌우로 총총히 들어선 일본인의 상점, 들어서 보면 휘황찬란하고 으리으리하며 풍성풍성한 품이 실로 조선 사람들이 몇 백 년을 두고 만들어 놓았다는 북촌 일대에 비하야 얼마나 장한지 견주어 말할 배 못 된다. (⋯) 그래서 한 번 가고 두 번 가는 동안에 어느덧 이 진고개의 찬연한 광경에 흘리게 되는 것이다. 종로 네거리 우리 동포들의 상점지대로부터 북촌 일대의 휑뎅그렁하게 빈 듯하며 어두침침한 그것에 비하야 모든 사람의 눈을 현혹케 하야 말하지 않는 그 광경에 우리는 우리 정신精神까지도 전부 거기에 빼앗기고 마는 것이다. (⋯) 아! 그러나 그네들이 이로 인하야 조선의 살림이 죽어가는 사람의 피 마르듯 조선의 피가 말려드는 것을 꿈엔들 생각할 수가 있으랴? 아! 이 무서운 진고개의 유혹!! 조선의 살림은 이 진고개 유혹의 희생犧牲이 되고야 말 것인가⋯⋯.
>
> – 정수일,〈진고개, 서울맛·서울〉,《별건곤》제23호, 1929년

'백화점'이라는 단어는 'Department Store'의 번역어로 일본에서 처음 만들어졌다.

옛 미츠코시백화점 〈서울역사박물관 제공〉

미츠코시백화점은 오늘날 신세계백화점으로 바뀌었다.

인터넷 쇼핑만으로도 수천 가지 상품을 집 앞까지 받아볼 수 있는 지금에야 겨우 백가지 물건을 판매하는 백화점百貨店의 말에 담긴 자부심이 조금은 호들갑스럽게 느껴질 수도 있겠다. 그러나 가게 앞에 물건 몇 개를 늘어놓고 손님을 기다리던 전통 상점과 달리, 수많은 물건을 눈앞에 전시하고 고객이 원하면 그 자리에서 바로 살 수 있는 백화점의 판매방식은 당시 사람들에게는 상상 이상의 즐거움을 주는 '치명적 유혹'이 아닐 수 없었다.

오늘날에는 백화점의 매출을 주로 '명품'이라 불리는 고가 상품들이 담당하지만, 당시 백화점의 주요 취급 상품은 잡화, 그 중에서도 포목이었다. 우리나라 최초 백화점 또한 옷감을 의미하는 일본어 고후쿠吳服에서 유래한 '오복점'이라 불리던 포목점에서 시작된 것이었다. 본래 포목과 잡화를 취급하던 일본인 상점들이 1920년대 후반부터 다양한 상품을 판매하기 시작하면서 백화점으로 변모하게 되었다. '백화점'이라는 명칭은 1920년대부터 경성에 진출해 있던 히라타本田, 지금의 충무로 1가 대연각빌딩상점이 1926년 히라타백화점으로 이름을 바꾸면서 최초로 등장했다. 그러나 본격적인 백화점식 판매는 미츠코시三越 오복점에서부터. 이는 일본 미츠코시백화점 경성지점으로 1930년에 지하 1층, 지상 4층으로 건설되었는데, 오늘날 신세계백화점 본관 건물이다. 1920년에 지금의 롯데백화점 영플라자 자리에 조지아丁子屋백화점이 들어서고, 같은 해 충무로에는 미나카이三中井백화점이 영업을 시작하는 등 오늘날의 명동과 충무로 일대에는 일본계 백화점들이 경쟁적으로 운영되기 시작했다.

이들 백화점들은 일본인에 의해 경영되는 일본계 백화점들이었고, 당시 '일본인 거리'라 불리던 본정과 진고개 등지에 집중되어 있었다. 그러나 이들 백화점의 주요 고객은 서울에 살고 있는 일본인들만은 아니었다. 1920년대 말 미츠코시백화점

판매금액의 절반 이상은 조선인에 의한 것이었을 정도로 부유한 조선인들에게도 인기가 높았다.

흥미로운 점은 당시에도 백화점은 단순히 물건을 파는 곳 이상을 의미했다는 사실이다. 채만식의 소설 『태평천하』를 보면 "우리 저기 미쓰꼬시 가서 난찌 먹구 가요?"라는 문장이 등장한다. 바다를 건너 온갖 새로운 상품들과 신기하고 이국적인 음식들이 가득한 백화점에서 '난찌Lunch'를 즐기는 것이야말로 '남들과는 다른' 세련되고 근대적인 생활을 싱징하는 것이 되었다고 할까. 당시 남촌의 백화점은 혼마치를 어슬렁대는 사람들을 가리키는 '혼부라本ぶら, 긴자 산책을 패러디해 혼마치 산책을 이르는 말'라는 속어가 등장했을 정도로 매혹적인 장소였다.

남촌의 일본인 거리가 이처럼 백화점들로 성업 중이었던 것과 대조적으로 가뜩이나 열세에 있던 북촌의 상업가는 더욱 위축되었다. 상당수 조선인들은 여전히 종로를 중심으로 하는 기존의 상권을 애용하였지만, 휘황찬란한 외관과 상품의 다양함을 자랑하던 일본 백화점들은 이미 서울을 찾는 지방 관광객들에게 한 번씩은 구경해보아야 할 명소가 되었을 정도였다. 이처럼 당시 서울 사람들에게 남촌의 일본 백화점의 매혹은 무기력하기만 한 북촌 조선인의 현실을 더욱 부각시키고 있었다.

마침내 1930년대 초 북촌의 중심인 종로에도 조선인이 경영하는 동화와 화신백화점이 들어섰다. 1932년 동화백화점이 화신백화점(박흥식)에 경영권을 양도하면서 화신백화점은 유일한 조선인 백화점이자 조선 자존심의 상징으로 떠오른다. 신문지상에서도 남촌의 미츠코시와 북촌의 화신은 두 업체의 경쟁이 아니라 일본인과 조선인의 경쟁으로 그려졌다.

조선은행, 경성우체국 등 당시 식민도시 경성의 대표적 건물들과 마주보고 자

해방 이후 한동안 종로의 명물로 여겨졌던 화신백화점(위, 서울 역사박물관 제공)은 1987년 철거되었지만, 그 자리에 '삼성종로 타워(옆)' 건물이 신축되어, 강남의 포스트모던한 마천루들과 경쟁하는 강북의 랜드마크로서 자리하고 있다.

리한 미츠코시백화점은 대형 쇼윈도와 엘리베이터, 옥상정원까지 갖추고 있었다. 이러한 압도적인 경관에 화신백화점도 다양한 방식으로 대응했다. 화신백화점은 1935년의 대화재로 큰 피해를 입었지만, 이듬해인 1936년 6층 규모의 서관건물을, 1937년에는 엘리베이터와 에스컬레이터를 갖춘 지상 6층, 지하 1층의 신관건물을 신축하여 화려하게 재기하였다.

화신백화점의 신관은 조선인 건축가가 설계하였을 뿐 아니라 당시 조선인이 건축한 최대 건축물이었다. 특히 6층 옥상에는 동양 최대 규모라는 '화신전광뉴스판'을 설치하여 종로 대로를 오가는 사람들에게 새로운 소식들을 전했다. 백화점의 내부 또한 상당히 화려했는데, 1층 내부는 대리석으로 장식되었고 분수대와 새와 동물을 구비한 옥상정원도 유명했다.

이처럼 북촌 조선인 거리의 상징경관이 된 화신백화점의 명성과 더불어, 당시 조선 최대 부자라 불리던 친일 거부巨富 박흥식의 성공담은 근대판 '성공시대'로 언론에 회자되었다. 조선인의 자존심을 지켜내는 '민족자본'의 미담으로 그려지기도 했다. 그러나 해방 직후 반민특위(반민족 행위 특별 조사 위원회)가 최초로 구속한 인물이 박흥식이었음을 상기해보면, 화신백화점이 상징하는 식민지 시기 소비와 문화의 근대성은 그 자체로 민족의 수난을 딛고 이루어진 것이었음은 부정할 수 없을 것이다. 동시에 그것은 식민지의 질곡과 근대성의 경험을 동시에 겪은 대부분의 탈식민지의 근대적 공간과 그 주인공들의 슬픈 자화싱이기도 하다.

명동의 주인공들을 만나다

다시 2013년 명동거리에는 고풍스러운 분위기의 건물 하나가 눈길을 끈다. 지금은

1936년 '명치좌' 극장(위, 서울역사박물관 제공)과 우여곡절 끝에 2009년 재개장한 오늘날 명동예술극장(옆).

'명동예술극장'으로 불리는 이 건물은 본래 1936년 명치좌^{明治座}라는 이름의 극장으로 세워졌다. 해방직후 미군정 시기에는 국제극장으로 불리다가 1950년대부터 서울시의 시공관^{市公館}으로 사용되었다. 1960년대에 '명동국립극장'으로 변경되어 서울의 문화적 중심지이자 명동을 상징하는 대표적 문화예술공간으로 명성을 떨쳤지만, 1973년 남산에 국립극장이 개관되면서 문을 닫았다. 특히 1990년대에는 철거될 위기에 처하기도 했으나, 시민사회의 노력으로 2003년 정부가 건물을 사들여 복원하고 2009년 '명동예술극장'이라는 이름으로 재개장하였다. 파란만장한 역사를 간직하고 근 70여 년간 명동을 지켜온 이 이국적인 외양의 건물은 명동거리를 주름잡았던 왕년의 주인공들을 기억하고 있을까?

신문기사나 잡지, 흑백사진과 영화 등을 통해 기억의 조각들을 맞추다보면 과거 이 거리의 주인공들에게는 몇 가지 공통적인 이미지들을 발견하게 된다. 식민지 시기 보통사람의 몇 달치 월급에 달하는 양장을 차려입고 커피와 째즈^{Jazz}를 즐기던 짙은 화장의 '모던껄'과 중산모와 회중시계로 멋을 낸 '모던뽀이'. 한국 전쟁 이후 결핍과 가난 속에서도 예술을 사랑하며 품위를 잃지 않아 '명동백작'이라 불리던 예술가들 모두에게 소비는 단순히 물건을 사는 행위가 아니라 자신의 취향, 심지어 라이프 스타일을 드러내는 행위였다는 점이다.

유행의 최전선에 서 있으며, 매혹적이면서 동시에 불경했던 이들은 소비공간에 극적인 분위기를 부여한다. 동시에 임울한 식민지 시기에도, 심지어 전후의 페허 속에서도 소비를 통해 남과 다른 누군가가 되고자 하는, 일종의 근대성이 존재했음을 보여주는 것이다. 더욱이 요즈음에야 인사동이나 홍대 주변, 삼청동과 청담동에 이르기까지 장소의 독특한 문화적 분위기를 판매하는 곳이 많지만, 1980년 대까지만 해도 명동은 생존을 위한 소비가 아닌 소비행위가 곧 문화로 여겨질 수 있는 거의 유일한 장소였다.

1920~30년대 명동의 카페들은 커피나 재즈 등 새롭고 이국적인 문화를 향유하는 문화적 장소였다. 동시에 이곳에서는 취향이 비슷한 사람과 어울릴 수 있었고, 때로 부모에 의한 결혼이 아니라 근대적 사랑방식인 '연애'가 이뤄지는 사교의 장이 되기도 했다. 한편 1950~60년대 명동의 막걸리집 '은성'은 변영로 시인과 박인환 작가, 가수 나애심과 수필가 전혜린 등이 모이는 단골집으로 유명했다. 명동은 가난한 예술가들이 모여 술과 음악, 문학의 낭만을 논하는 예술적인 장소였다.

명동의 주인공이 예술가만은 아니었다. 공장에서 똑같이 만들어낸 기성복이 보편화되기 이전인 1980년대까지만 해도 명동의 양장점과 구두점은 서울 멋쟁이들의 최신 유행 패션을 책임졌다. 정치적 암흑기에도 명동 음악다방이나 라이브카페는 청바지에 통기타를 입은 젊은이들의 탈출구가 되어 주었다.

이처럼 암울한 식민지의 현실 속에서도, 해방 이후 빈곤과 정치적 암흑기에도 명동거리에서의 소비는 단순히 필요를 충족하는 행위가 아니라, 문화적 취향이나 라이프 스타일을 드러내는 적극적인 수단이었다. 이를 근대성이라 부를 수 있다면 명동의 소비공간들은 우리나라 최초의 근대적 장소라 할 수 있을 것이다.

제 3장

거대해지는 서울

▲ 국회의사당, 증권사, 방송사 등이 들어선 여의도 모습   ▼1985년 준공 당시 동양 최고층 건물이었던 대한생명 사옥(63빌딩)

여의도

● 한지은

　여의도는 '너나 가져'라는 뜻으로 이름 붙여졌을 만큼 쓸모없는 모래벌판이었다. 그러다 1916년 활주로와 격납고 등을 갖춘 간이비행장이 건설되고, 1922년 우리나라 최초의 비행사인 안창남이 비행 행사를 가지면서 유명해졌다. 해방 이후 공군과 미군 등에 의해 사용되던 여의도비행장이 환골탈태하여 새 모습을 갖추게 된 것은 1968년 한강의 홍수를 막기 위한 윤중제輪中堤 축조 및 신개발 사업이 착수되면서부터다. 즉 여의도에 제방을 쌓아 택지를 마련하고 섬과 마포와 영등포를 연결하는 교량을 건설하는 계획이 마련되면서 여의도는 개발시대 서울의 주요 무대로 등장한 것이다.

　처음 계획이었던 여의도 공영개발이 포기되면서, 80만 평에 이르는 거대한 평지인 여의도는 1만 평 단위로 매각되어 각종 개발에 이용되었고, 이로써 여의도에는 개발시대 한국의 주요 정치·경제·문화적 장소들이 집중되었다. 1972년 세계 최대의 장로교회인 여의도 순복음교회가 들어섰고, 1975년에는 여의도 서쪽 끝 여의도동 1번지에 국회의사당이 완공되었다. 증권거래소와 증권사들에 이어서, KBS와 동양방송(현 KBS 제2방송국), MBC 등의 방송사가 속속 들어섰다. 그 외에도 직주근접職住近接, 직장과 주거가 가까운 것을 실현하기 위해 최초의 단지형 고층아파트인 시범아파트를 비롯하여 삼익·은하·대교·한양아파트 등 대규모 아파트 군이 형성되었다. 무엇보다 개발시대 여의도의 대표적 상징은 '63빌딩'이라 불리는 대한생명 사옥일 것이다. 1985년 지하 3층, 지상 60층의 규모로 건설된 이 건물은 준공 당시에는 동양 최고층 건물로 유명했다. 태양 광선의 방향과 시간에 따라 변화하는 유리로 만들어진 외벽 모습과 한강에 드리워진 그림자는 '한강의 기적'을 만들어 낸 개발시대 서울의 자랑스러운 얼굴이었다.

1.

나루, 다리로 변하다

● 이현군

한양의 길목, 나루

한강을 끼고 형성된 한양은 땅 위의 길과 함께 강길, 바닷길을 통해 전국으로 연결되는 도시였다. 남한강은 충청도에서 시작되고, 북한강은 강원도에서 시작되어 양수리에서 만난다. 이후 한양 남쪽을 지나 김포와 강화를 거쳐 서해로 들어가게 된다. 따라서 한양의 동쪽은 강과 연결이 되고, 서쪽은 바다와 연결이 된다.

남한강과 북한강을 통한 수운은 충청도 내륙과 강원도를 한양과 연결시켰다. 남한강과 북한강은 양수리에서 합류되므로 도성의 동쪽으로 들어오게 된다. 따라서 강을 이용한 물류의 종착지는 도성 동남쪽의 뚝섬나루터와 두모포나루터가 된다. 서해의 뱃길은 강화와 김포를 거쳐 1차 종착지인 양화진나루를 지나 최종 종착지인 마포, 용산, 서강에 도착한다.

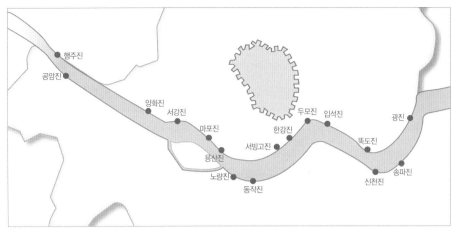

조선시대 한강의 나루터

한양 도성은 한강 이북에 위치하므로 남부지방과 연결되려면 한강을 건너야 했다. 한강에 근대식 교량이 생기기 전에는 나루터가 강의 남쪽과 북쪽을 연결하는 주요 루트였다. 한강의 서쪽에서 동쪽으로 양화나루, 서강나루, 마포나루, 노량진, 동작진, 서빙고진, 한강나루, 삼전도, 광진 등이 있었다. 양화진은 인천·강화로 연결되는 나루였고, 서강나루는 영등포를 지나 인천으로 가는 경로에 있었다. 마포나루에서 노량진나루를 건너면 시흥이었고, 동작진을 건너면 과천에 이르렀다. 서빙고와 한강진은 용인·광진을 건너면 광주로 연결되는 길과 만난다.

다리의 등장, 한강을 걷다

나루터 중심의 교통은 철도가 개통되면서 변화를 가져왔다. 1899년 처음 개통된 경인선은 한강 남쪽의 노량진과 인천(제물포)을 연결한 노선이었다. 배가 아닌 철도를 통해 한강 남쪽과 북쪽이 연결된 것은 1900년 한강철교가 준공되면서부터다. 1900년 당시 서울역은 서대문 근처 이화여고 인근지역이었는데, 이곳과 노량진이 철도로 연결된 것이다.

철도가 아니라 걸어서 한강을 건널 수 있게 된 것은 1917년 한강인도교가 준공되면서부터다. 이 다리가 현재의 한강대교다. 근대식 교량 이전에 일시적으로 있었던 다리는 배다리, 즉 주교^{舟橋}였다. 현재의 한강대교 남쪽 상도터널 동쪽에 보이는 용양봉저정은 노량진의 행궁이었다. 국왕의 안전을 위해 한강에 배다리를 설치하여 건넌 후 용양봉저정에서 잠시 쉬었다 갔다. 궁궐에서 남대문을 지나 이곳을 거쳐 동작, 남태령, 과천, 인덕원, 수원 화성을 가는 경로에 있던 다리였다. 예부터 노량진 일대는 교통의 중심지였다. 그래서 이곳에 한강인도교가 들어선 것이다. 한국 전쟁 당시, 한강 북쪽의 서울과 남쪽의 경기도를 단절시키기 위해 이 다리를 폭파했다. 북한군이 육로를 통해 서울 남쪽으로 갈 수 있는 통로가 한강인도교였다. 한강인도교는 9. 28 서울 수복 이후 1차선이 복구되었다가 1954년에 완전히 복

제1한강교인 한강대교

한강 남쪽으로 보이는 용양봉저정

구되었다.

　지금은 한강에 여러 다리가 생기고 각각
의 이름으로 불리지만, 예전에는 제 1한강
교, 제 2한강교, 제 3한강교로 불렸다. 제 1
한강교는 한강인도교였다가 1984년 이후 한
강대교로 이름이 바뀐 다리다. 제 2한강교
는 현재 양화대교다. 양화진은 나루의 기능

제 2한강교인 양화대교

도 있었지만 군사적 기능을 하는 진鎭이었
다. 양화대교에서 당산철교 아래까지 그 범
위에 포함되었다. 조선시대에 김포와 강화
를 가려면 양화나루를 건너야 했다. 남대문
이나 서대문을 나와 아현을 지나 잠두봉(절
두산 천주교 순교성지) 옆 양화나루를 건너야
했다. 선유봉(선유도) 남쪽을 지나 서쪽으로

제 3한강교인 한남대교

가면 김포, 통진을 거쳐 강화로 연결된다.
또한 인천으로 가는 경로 중 하나이기도 했
다. 도성과 경기 서남부를 연결하는 교통상
의 요지에 위치한 나루가 양화나루고, 이곳
에 제 2한강교가 들어선 것이다. 1962년에
착공하여 1965년에 준공되었다.

　제 3한강교는 현재 한남대교다. 1966년에
착공하여 1969년에 준공되었다. 한남대교

조선시대 한양 도성과 경기도 광주를 이었던 광나루를 계승한 광진교

서쪽에 있던 한강진은 나루와 군사주둔지를 겸하던 장소다. 한강나루는 도성 광희문에서 나와 용인으로 통하는 경로에 위치한다. 현재는 경부고속도로와 연결되는 다리가 한남대교다. 경부고속도로는 1968년에 착공하여 1970년에 준공되었다. 경부고속도로 준공 이전에는 제 1한강교(한강대교)가 서울과 남부지방을 연결하는 주통로였으나, 이제는 제 3한강교라 불렸던 한남대교가 중심통로가 되었다.

제 1·2·3한강교와 더불어 한강에는 광진교도 있었다. 천호대교 동쪽의 광진교는 1934년에 착공하여 1936년에 준공된 다리다. 광진구 광장동과 강동구 천호동을 잇는 이 다리는 옛 광나루(광진)를 계승한 것이다. 광나루(광진)는 서울 도성과 경기도 광주를 잇는 나루터였다. 한양 도성에서 광주를 가기 위해서는 광희문 또는 동대문을 나와 왕십리를 지나 중랑천을 건너야 했다. 중랑천의 살곶이다리를 지나 뚝섬을 거쳐 광나루에서 강을 건너면 경기도 광주 땅이었다. 조선시대 광주는 현재 송파구, 강동구, 하남시, 성남시, 광주시 일대를 포함한다. 1963년 1월 1일을 기준으로 현재 송파구와 강동구가 서울시에 포함되기 전, 광나루를 건너면 광주 땅이었다. 제 2한강교였던 양화대교(양화나루)가 한강을 건너 도성의 서남부로 연결되는 통로였다면, 광진교(광나루)는 도성의 동남부로 연결되는 통로였다.

늘어나는 한강 다리, 서울을 바꾸다

한강에 여러 다리가 생긴 것은 교통수단의 변화와 관련이 깊다. 서울의 교통수단에서 빼놓을 수 없는 것이 철도와 지하철이다. 한강철교는 경인선이 등장하면서 인도교와 별도로 만들어진 다리다. 잠실철교와 당산철교는 서울 강남과 강북을 연결하는 순환선인 지하철 2호선이 지나는 길이다. 강도 변하고, 교통수단도 변하고,

한강의 다리와 나루터

서울도 변하면서 서울에 여러 다리가 새롭게 생겨난 것이다.

1963년에는 서울의 행정구역이 한강 남쪽지역까지 대폭 확대되었다. 이때는 한 강 일대와 강남 개발이 이루어진 시기이기도 하다. 1960년대 개발의 역사를 간략 히 살펴보자. 한강택지 매립공사(1962년), 한강도로와 제방공사(1963)를 시작으로 여 의도와 영동지구 개발이 이어진다. 1967년에 한강개발 사업이 시작되면서 여의도 윤중제와 여의도 건설공사가 시작되었다. 이와 더불어 1968년에는 밤섬이 폭파되 었다. 1960년대 후반과 1970년대 초반은 예전 경기도였던 한강 이남지역이 주택지 로 변모되는 시기이기도 했다. 1968년에는 한강택지 분양이 있었고, 1970년에 영동 지구개발이 시작되었다. 태평로에 있었던 국회의사당이 여의도로 이전한 것은 1975 년이었다.

1970년대에는 마포대교(1970), 잠실대교(1972), 영동대교(1973), 반포대교(1976), 천 호대교(1976), 잠실철교(1979) 등의 다리가 만들어졌다. 마포대교는 마포에서 여의도를 잇는 다리고, 잠실대교는 뚝섬에서 잠실을 연결한 다리다. 영동대교는 청담동, 반포대교는 잠원동, 천호대교는 풍납동과 연결된다. 여의도와 강남이 개발되면서 한강에 여러 다리가 만들어졌음을 알 수 있다.

1980년대에는 서울 인구가 증가하면서 여러 다리들이 새로 등장한다. 성산대교 (1980), 원효대교(1981), 당산철교(1983), 동작대교(1984), 동호대교(1984), 올림픽대교 (1989) 등이 연이어 등장하였다.

1980년대는 한강 남북의 도로를 정비하는 시기이기도 했다. 한강 북쪽의 강변북 로는 1988년 구간별로 나누어진 도로를 통합하여 강변대로로 정비하였다가, 1997 년에 명칭을 강변북로로 바꾸었다. 강변북로와 함께 한강 남북의 다리를 잇는 올림 픽대로는 1982년에 착공하여 1986년에 완공하였다. 1980년대에 한강을 따라 북쪽 은 강변북로, 남쪽은 올림픽대로가 형성되었음을 알 수 있다.

1990년대 이후에는 내부순환도로, 서울외곽순환고속국도가 만들어지고 서울의 생활권이 확대되면서 새로운 다리들이 대거 등장한다. 성수대교(1997)는 내부순환 도로와 동부간선도로를 연결하는 한강 남쪽과 통하는 다리다. 강동대교(1991)와 김포대교(1997)는 외곽순환고속도로가 지나는 다리다. 팔당대교(1995), 신행주대교 (1996), 방화대교(2000), 가양대교(2002), 일산대교(2008), 미사대교(2009) 등은 서울 의 생활권이 점점 넓어지고 경기도에서 서울로의 접근성이 좋아지고 있음을 보여 준다.

2.

운명이 엇갈린 한강의 섬

● 심승희

서울의 낯선 공간, 섬

대도시 서울을 가로지르는 한강에는 섬이 있다. 영화 〈김씨 표류기(2009)〉의 이해준 감독은 한강 다리를 지나다 문득 시야에 들어온 무인도 밤섬이 너무 낯설었다고 한다. 결국 '저 섬에 사람이 살고 있다면 어떨까?'라는 상상이 시나리오의 모티브가 되었다. 이처럼 서울 같은 대도시에 사람이 살지 않는 섬이 있다는 사실은 우리에게 무척 낯선 일이다.

조선 숙종대 노론의 중심인물이었던 이세백은 도성을 떠나 한강 저자도로 거처를 옮긴 이유를 다음과 같이 말했다고 한다.

"지금은 멀리 가고 깊이 들어가는 것이 상책인데, 멀고도 깊이 가기가 쉬운 일이 아니네, 집에 백 살 가까운 노친이 계시므로, 멀리 떠날 수도 없는 데다 이 사람의 병든 마음이 번번이 일어났다가 그치고 하기를 무시로 하므로, 이제까지의 경험으로 보건대 집 아이가 의약을 대느라 분주할 것이므로, 이런 상황은 역시 고민하지 않을 수 없구면. 이런 까닭에 가까운 곳에서 머뭇거리고 있는데, 저자도의 한 구역은 비록 서울에 가깝지만 상당히 외진 듯한 데다가, 선영에 성묘하러 오는데도 편하므로 최상책은 아니지만 이런 계책을 내는 것이네."

이처럼 대도시 서울의 가운데쯤 자리 잡고 있는 한강의 섬은 매우 이질적인 공간이다. 엄연히 서울의 땅이면서도 고립되고 한적해서 눈에 띄지 않는 곳! 그래서 카드빚에 쫓겨 한강으로 투신한 〈김씨 표류기〉의 주인공은 여의도 고층빌딩이 코앞에서 올려다 보이는 밤섬에서 로빈슨 크루소가 될 수 있었다. 밤섬의 김 씨는 온전히 자신의 육신만을 이용해 새의 배설물에서 밀 종자를 추려내 씨 뿌리고 김매고 추수해서 마침내 자장면을 만들어 먹고야 마는 원시 자급자족을 실현한다.

그러나 밤섬과 달리 여의도는 다리가 놓이면서 더 이상 섬이 아닐 뿐더러, 휘황하고 육중한 고층빌딩이 들어선 땅이 되었다. 이처럼 서울 한강에는 섬 아닌 섬들과 여전히 섬인 섬들이 존재한다. 이런 섬들은 어떻게 다른 운명을 갖게 됐을까?

모래톱과 섬, 그 대단한 차이

겸재 정선은 생전에 한강 주변의 경관을 많이 그렸다. 서울에서 나고 자랐을 뿐만 아니라 말년에 양천(현 서울시 강서구와 양천구 일대) 현감으로 재직하면서 일과 여가를 한강변에서 보냈기 때문에, 그의 한강 사랑은 깊었을 것으로 짐작된다. 정선의 〈금성평사錦城平沙〉는 현재 난지도 일대인 금성산 주변의 모래톱을 그린 것이다. 모래톱이린 말에는 손톱, 발톱저럼 모래가 고정되어 있지 않고 조금씩 자란다는 의미가 담겨 있다. 강이든 바다든 물이 흐르는 곳에서는 반드시 침식·운반·퇴적 작용이 일어난다. 이 과정에서 형성되는 퇴적지형 중 하나가 모래톱이다. 쉼 없는 강의 퇴적작용 때문에 홍수 시 물의 범람을 막거나 배가 다닐 수 있는 물길로 이용하기 위해서는 시기적절하게 강바닥을 파내는 준설浚渫 작업이 이루어져야 한다.

퇴적작용은 강물의 유속이 느린 곳에서 활발히 이루어진다. 따라서 한강 본류와 지류가 만나 유속이 느려지는 지점에 모래톱이나 모래섬이 잘 발달한다. 예를 들어 중랑천과 한강 본류가 만나는 곳에 뚝섬과 저자도가, 사천(모래내)과 한강이 만나는 곳에 난지도가 위치한다. 또한, 모래톱은 유량과 물길의 흐름에 따라 끊임없이 변화한다. 한강의 주요 포구인 용산강의 기능이 점차 마포강이나 서강으로 옮겨간 이유도 용산강 앞에 모래톱이 지나치게 커지면서 배가 드나들기 어려워졌기 때문이다.

모래톱이 성장해 단단해지면 식생植生, 일정한 장소에서 모여 사는 특유한 식물의 집단이 자라게 된다. 그러면 식생의 뿌리가 모래알을 단단히 고정시키면서 유동적이던 모래톱은 점차 안정된 섬이 된다. 이를 하천 안에 형성된 섬이라 해서 하중도河中島라 부른다. 하중도 중에는 갑작스러운 유로 변경으로 육지에서 분리되어 섬이 되는 경우도 있다. 잠실섬이 그 예다. 또한, 일부 하중도는 거주와 농사가 가능할 만큼 안정적이지만, 사실상 대부분의 하중도는 육지처럼 안정된 모습을 유지하지 못한다.

1861년에 제작된 김정호의 〈경조오부도〉에 여의도와 율도(밤섬)가 하나의 섬으로 그려진 이유도 물이 많으면 두 개의 섬으로 갈라졌다가 물이 줄면 하나의 섬으로 연결되었기 때문이다. 이처럼 섬은 모래톱에 비해 상대적으로 안정적일 뿐, 여전히 물에 의해 끊임없이 변화한다. 이러한 유동성으로 자연 하천 상태로 남아 있던 조

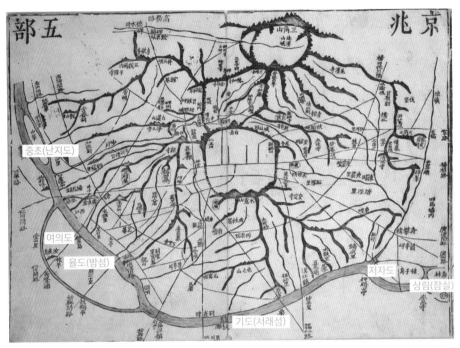

왼쪽부터 보면 중초(난지도), 여의도, 율도(밤섬), 기도(현재는 사라지고 인공섬 서래섬이 됨), 저자도(현재 사라짐), 상림(잠실)이다. 〈김정호, 『경조오부도』, 1861년, 서울대 규장각한국학연구원 소장〉

선시대의 한강에는 수많은 모래톱과 섬들이 생겨났다 사라졌다 했다.

하지만 근대에 이르면 섬과 모래톱은 법적 지위 면에서 엄청나게 달라지고, 그에 따라 운명도 엇갈리게 된다. 하천은 개인 소유가 될 수 없고 국가가 관리해야 하는 공공재다. 모래톱은 그 유동성 때문에 하천으로 분류되지만, 섬은 안정성 때문에 지적도에서 지번을 갖는 토지로 분류된다. 따라서 섬은 개인 소유가 될 수 있다. 그러나 어떤 것이 섬이고, 어떤 것이 모래톱인지 판단하기는 쉽지 않다.

그 대표적인 사례가 1970년대에 벌어진 저자도 소송 사건이다. 당시 현대건설은

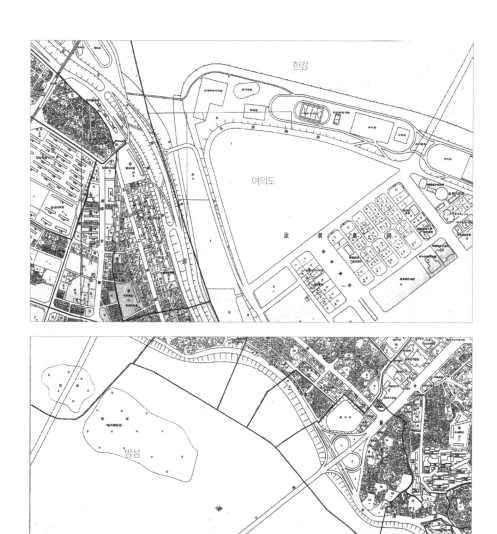

지번이 있는 여의도(위)와 지번이 없는 밤섬(아래) 〈중앙지도문화사, 『서울특별시지번약도 1989년판』〉

압구정동 일대의 한강 범람원을 택지로 만들기 위해 인근 저자도를 파괴해 매립토로 썼다. 그러자 저자도의 땅 소유주가 손해배상 소송을 냈다. 10년에 걸친 소송 결과, 저자도는 개인 소유의 섬이 아니라 하천, 즉 모래톱이라는 판결이 나왔다. 그 근거로 17년간 이 일대 수위측정치를 들었다. 섬이라면 지속적으로 또는 해마다 1~2회 이상 완전히 물에 잠기는 일이 되풀이되어서는 안 된다는 것이었다.

이처럼 모래톱은 공공公共 공간인 하천이지만, 섬은 사적私的 공간으로서 경제적 가치를 가질 수 있다. 이는 자본주의 경제가 급속히 확대되고 심화되는 근대화 시기의 서울에서 중요한 의미를 갖게 된다.

한강의 섬, 사라지거나 육지가 되거나

오른쪽 지도에서 보듯이 물의 흐름에 따라 끊임없이 모래톱과 섬이 생겨나고 변형되던 과거의 한강에 비해 현재의 한강은 매우 단조롭다. 1960년대 노량진 강변 마을에서 유년 시절을 보낸 미술평론가 김진송은 『기억을 잃어버린 도시』에서 다음과 같이 한강의 모래톱을 기억한다.

"기억의 모래톱은 눈이 부시도록 희다. 모래톱은 매년 달라졌다. 큰물이 질 때마다 범람하는 한강물의 양에 따라 모래톱은 넓어지기도 하고 좁아지기도 했다. 강변의 모래톱을 따라가면 닿지 않는 곳이 없었다. 모래 위로 파랗게 나온 갈대숲을 지나고 들풀이 빼곡히 들어찬 둔치를 따라 동쪽으로 한강철교까지 서쪽으로 신길동과 영등포까지 모래사장은 끝이 없었다. 강 건너의 풍경도 다르지 않았다."

그러나 현재 서울의 한강에서 김진송이 기억하는 모래톱은 거의 발견할 수 없다. 대신 고수부지高水敷地, 둔치, 한강시민공원 등의 이름으로 불리는 직선형으로 고정된 단단한 시멘트 블록의 땅이 보인다. 섬 또한 마찬가지다. 선유도, 밤섬, 여의도, 노들섬, 인공섬인 서래섬뿐이다. 한눈에 보아도 한강은 인위적 변형을

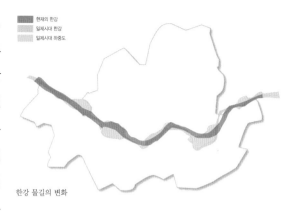

현재의 한강
일제시대 한강
일제시대 하중도

한강 물길의 변화

상당히 겪었음을 알 수 있다. 평균 하폭 900m에 달하는 거대한 한강을 인위적으로 변형하려면 엄청난 경제적·기술적 투자 없이는 불가능하다. 그렇다면 이러한 대규모 투자를 유도한 것은 무엇이었을까?

전근대인 조선시대에도 한강에 인위적 변형을 가하긴 했다. 태종대에 수운 교통의 편리함을 위해 한강에서 남대문까지 연결하는 운하 건설이 논의됐으니 말이다. 물론 실제 시도되지는 않았으나, 한강변의 나루가 원활히 기능하도록 소규모의 준설 작업은 이루어졌을 것으로 추측된다. 한강의 범람을 막기 위한 제방 건설도 필요했겠지만, 조선시대에는 한강에 제방을 쌓는 사업은 시도되지 않았다. 때문에 한강변의 취락들은 주기적으로 침수 위험에 처했을 것이다.

한강의 범람을 막기 위한 제방 건설은 일제강점기 때부터 시작되었다. 특히 1925년 '을축년 대홍수'를 겪고 난 뒤 본격화되었다. 경원선 철도가 지나는 한강변의 옥수동 일대는 철로가 제방 역할까지 겸했다. 서울 인구가 급격히 증가하면서 사대문을 넘어 한강변까지 취락 밀도가 높아지자, 이 일대 침수 피해를 막기 위한 한강 제방 건설은 더욱 긴급한 일이 되었다. 그러나 1960년대 후반에 한강 제방 축조가

▲을축년 대홍수 시 노량지역〈서울특별
시사편찬위원회, 『사진으로 보는 서울
2』, 2002년〉

◀1926년 경원선 철로 1:5만 지도. 한강
의 제방 역할을 하는 경원선 철도가 오
늘날 한남역, 옥수역, 응봉역 등으로 전
철화 되었다. 〈조선총독부, 『일만분일
조선지형도집성』, 백서방, 1985년〉.

본격화되기 전까지 제방이 건설되있던 곳은 신용산과 원효로, 노량진, 영등포 등 일본인들이 집중적으로 개발한 일부 지역으로 한정되었다. 이 시기에 한강인도교를 건설하면서 모래톱에 제방을 쌓아 중지도^{中之島. 현재의 노들섬}라는 인공섬이 만들어져 유원지로 이용되었다.

하지만 1960년대에 들어 본격적인 근대화를 시작한 서울이 급격하게 성장하면서, 홍수로 인한 침수 피해 말고도 보다 적극적으로 토지부족 문제를 해결하려는 수단으로 한강변에 제방을 쌓기 시작했다. 이 과정에서 모래톱과 섬을 없애거나 육지에 붙여버리는 육속화^{陸屬化}가 진행되었다. 이러한 변화는 여의도의 윤중제 공사나 동부이촌동, 압구정, 반포, 구의, 잠실 등지의 공유수면매립공사를 통해 이루어졌다. 공유수면매립공사란 바다, 하천, 호소^{湖沼} 등과 같은 국가 소유의 수면을 매립하여 토지를 조성하는 사업이다.

한강의 공유수면매립공사는 기존의 제방보다 한강 쪽으로 더 나아간 곳에 높고 단단한 제방을 쌓아 새로운 땅을 만드는 사업이었다. 이렇게 생겨난 모래땅에 아파트 같은 건축물을 지으려면 엄청난 양의 흙을 퍼 날라 다져야 한다. 이 때문에 투자가치가 있는 규모가 큰 섬은 육속화 될 섬으로 선택되고, 작은 섬들은 육속화될 섬을 다질 흙으로 바쳐졌다. 그 결과 여의도, 난지도, 잠실섬은 육속화되었고, 저자도, 밤섬의 일부 등은 사라졌다.

이름을 가졌던 섬들도 이렇게 희생되었다면, 이름 없이 존재했던 수많은 모래톱의 희생은 말할 것도 없다. 다른 섬이나 모래톱의 희생으로 육속화된 섬들은 난지도처럼 쓰레기장으로, 여의도처럼 금융, 정치, 방송 등 업무중심지역으로, 잠실처럼 대규모 아파트단지 등으로 이용되면서 폭증하는 서울의 토지 수요에 부응했다.

여의도와 밤섬의 운명

이 과정을 여의도와 밤섬의 사례로 좀 더 상세히 살펴보자. 여의도와 밤섬은 유량이 많을 때는 두 개의 섬이었다가 유량이 적어지면 하나의 섬이 될 정도로 언제나 침수 위험이 있는 땅이었다. 그래서 이곳은 예부터 서울의 주변적 기능을 담당하였고, 주변 계층이 거주하는 공간이었다. 조선시대에 여의도는 목축장으로, 밤섬은 뽕밭으로 이용되었다.『조선왕조실록』에도 이 섬 주민들의 좋지 못한 풍속을 개량해야 한다는 기록이 남아 있다. 좋지 못한 풍속이란 족친혼, 개방적인 성생활 등이었는데, 이런 풍속이 성행하는 이유를 "섬의 사면이 모두 물이고, 인접한 마을이 없어 사람들의 이목이 미치지 않기 때문"이라고 했다. 당시 추상같은 유교적 교리도 한강의 섬에는 닿을 수 없었던가 보다. 일제강점기에는 여의도에 경마장과 비행장이 들어섰다. 그러나 침수 피해 때문에 경마장은 신설동으로, 다시 뚝섬으로, 현재의 과천으로 이전하였고, 여의도 비행장은 1958년 김포공항으로 이전하였다.

1960년대 말부터 강력한 반공정책 속에서 유사시를 대비하여, 강북에 집중되었던 서울의 주요 시설을 강남으로 이전하려는 정책이 실시되면서 한강개발이 본격화되었다. 이때 여의도 윤중제 공사가 핵심 사업으로 부각되었다. 윤중제輪中堤란 하중도에 쌓는 둘레둑을 말하는데, 이러한 공사를 통해 침수 위험에 있던 여의도를 안전한 땅으로 만들어 이용하려는 목적이었다. 실제로 당시 정권은 여의도에 국회의사당, 서울시청, 대법원 등 핵심 기능들을 이전시키려는 계획을 세웠다. 폭 20m, 높이 16m의 둘레둑을 쌓는 데 필요한 골재 채취를 위해 여의도에서 가까운 양말산과 밤섬을 희생시켰다.

당시 밤섬에는 700년간 대대로 거주해온 주민들이 살고 있었다. 6·25전까지는

▲여의도 윤중제 〈국가기록원 제공〉 ▼1964년의 밤섬 〈서울특별시사편찬위원회, 『사진으로 보는 서울 4』, 2005년〉

밤섬의 희생으로 안정화된 여의도는 오늘날 서울의 부도심 지역이 되었다.

150여 가구가 살고 있었다고 한다. 1968년 여의도 윤중제 공사 당시에는 62가구 443명이 뽕나무·약초 재배, 어업, 배 만들기 등을 생업 삼아 살고 있었다. 이들은 서울 마포구 서강동 15통이라는 주소까지 갖고 있는 당당한 밤섬 주민이었지만, 밤섬 폭파계획 때문에 창전동으로 집단 이주해야만 했다. 이들은 창전동 집단 이주지에 가서도 강변마을 사람들의 전통 신앙인 부군당을 지어 부군당제를 지냈다.

주민들의 강제 이주 후 해체되었던 밤섬은 공사완료 후 일부 남아 있던 섬 주위로 토사가 퇴적되고 식생들이 자연적·인공적으로 조성되면서 생태환경이 복원되기 시작했다. 이후 도심의 철새도래지와 서식지로서 1999년에 서울시의 제 1호 생태·경관 보전지역으로 지정되어 일반인의 출입이 금지되고 있다. 이 때문에 영화 〈김씨 표류기〉도 실제로는 밤섬에서 촬영하지 못했다고 한다. 영화 속 주인공이 자신만의 천국 밤섬에서 경찰들에게 무자비하게 쫓겨나는 이유도, 이곳에 거주하는 것 자체가 불법이라는 이유 때문이었다.

밤섬의 희생으로 안정화된 여의도는 당초 계획처럼 시청이나 대법원이 이전하지는 않았지만, 국회의사당을 비롯하여 금융·업무·방송국 등 고차서비스 지구, 여의도 시범아파트 등 고급 주거지구 등이 형성되면서 서울의 부도심 지역으로 부상했다.

한때는 한 몸이었던 두 섬의 운명은 이처럼 극단적으로 대비되었다. 하지만 두 섬에 있어 공통점이 있다면, '생태'라는 테마와 긴밀한 인연이 있다는 것이다. 밤섬이 서울 최초의 생태·경관 보전지역이 되었다면, 여의도 역시 샛강생태공원을 갖게 되었다. 원래 여의도 윤중제 공사 시 여의도와 남쪽 신길동 사이의 샛강을 메워 육지화할 것인지를 고민했다고 한다. 그러나 홍수 피해를 줄이기 위해 샛강을 남겨두었는데, 여의도 샛강생태공원은 1997년 국내 최초의 생태공원이 되었다.

한강의 섬은 우리의 공원이 될 수 있을까

서울은 한강의 인위적 변형을 통해 금싸라기 같은 땅을 얻게 되었지만, 잃은 것도 있었다. 한강의 모래톱은 아주 오래전부터 서울 사람들의 자연공원으로, 놀이터이자 쉼터였다. 한강의 드넓은 모래톱은 반대편 공격면攻擊面에 형성된 절벽과 그 위에 자리 잡은 망원정이나 낙천정 같은 운치 있는 정자와 더불어 한강의 아름다운 풍경이자 유원지가 되어 주었다.

하지만 1960~70년대의 공유수면매립공사 이후 한강변은 높은 제방과 제방을 따라 놓인 도로로 가로막히거나, 제방 안쪽에 아파트나 사무실 같은 고층 건물들

1960년대 한강 개발 이전에 겨울철 한강에서 시민들이 스케이트를 타는 모습 〈국가기록원 제공〉

이 자리 잡으면서 걸어서 한강에 다가가기가 쉽지 않아졌다. 점차 한강은 비싼 값을 치루고 들어간 한강변 고급아파트 베란다나 고층 빌딩 스카이라운지에서 여유 있게 조망하거나, 한강 다리를 지나는 전철이나 버스 안에서 바라다볼 수 있는 풍경으로 저 멀리 존재하게 되었다.

접근성과 친수성親水性의 상실이라는 한강개발의 부작용은 1980년대 아시안게임과 올림픽을 유치하면서 한강종합개발사업을 통해 해결하려 했다. 이것이 제방건설 중심의 1960~70년대 1차 한강개발에 뒤이은 2차 한강개발이다. 이때부터 한강은 단순히 가용토지可用土地, 국토 면적 중 주거용 및 산업용 등으로 실제 이용 가능한 땅의 잠재자원이라는 시각에서 벗어나 '물의 공원'이라는 기능이 강화되었다. 2차 한강개발의 주요사업은 유람선이 다닐 수 있도록 강바닥을 고르게 하고, 일정 수위를 유지하는 저수로 정

잠실대교 아래 건설된 잠실수중보. 오늘날 한강변은 도로와 시민공원만 보일 뿐 모래톱은 사라졌다. 한강 역시 수중보의 건설로 호수처럼 잔잔하다. 〈권혁재, 『남기고 싶은 지리 사진들』, 법문사, 2007년〉

비와 수중보 건설, 유량에 따라 물에 잠길 수 있는 둔치(고수부지)를 시민공원으로 조성하는 사업, 김포공항에서 잠실까지 강변을 따라 논스톱으로 연결되는 올림픽 도로 건설 등이었다. 그 결과 한강변에는 한강시민공원 12곳과 반포대교와 동작대 교 사이에 인공섬인 서래섬, 유람선이 다니는 물의 공원이 탄생하였다. 이후 여의 도 한강시민공원은 국회의사당 인근이라는 상징성과 지하철로 바로 연결되는 유일 한 한강시민공원이라는 이유 때문에 집회와 시위의 단골장소가 되었다.

하지만 둔치를 시민공원으로 조성하기 위해 강과 땅이 만나는 하안河岸에 콘크리 트 블록을 씌우고, 한강물을 가둬두기 위해 상류와 하류 두 곳에 수중보를 만들면 서 물고기의 이동과 새의 서식을 어렵게 했다. 1985년에 완공된 잠실수중보는 서울 의 상수원 확보 목적을 겸했기 때문에, 지금도 수질 관리를 위해 잠실수중보 아래 쪽 구간에서만 일반인의 낚시를 허용하고 있다. 반면 김포시의 신곡수중보는 바닷 물의 역류를 막고, 유람선을 띄우는 데 필요한 수위를 맞추기 위해 건설되었다. 이 2개의 수중보가 한강을 고수위의 거대한 호수로 만들면서 모래톱들이 물속에 잠

한강의 인공섬인 새빛둥둥섬 조감도

기계 되었다.

이처럼 1980년대 2차 한강개발로 한강은 공원의 기능을 강화했다. 이후 1990년대 들어서 한강 주변은 공원이 가진 생태학적·미학적 가치를 본격적으로 추구하기 시작했다. 1997년 국내 최초 여의도 샛강생태공원이 탄생했으며, 쓰레기장이었던 난지도는 하늘거리는 식물들로 가득한 하늘공원으로 변신했다. 정수장이 있던 선유도는 정수시설을 재활용한 습지식물 위주의 생태공원으로 바뀌었고, 밤섬은 철새와 되살아나는 모래톱으로 주목받기 시작했다. 뚝섬은 경마장에서 골프장으로, 다시 사슴이 뛰노는 생태공원인 서울숲으로 재탄생했다.

특히, 이명박 전 서울시장의 청계천 복원사업에 이어 오세훈 전 서울시장은 청계천보다 큰 규모의 한강 르네상스 사업을 추진했다. 한강으로의 접근성을 높이기 위해 잠수교를 보행자 전용 다리로 변신시키거나, 수륙양용木陸兩用 교통수단을 개발하여 수상교통을 강화하거나, 장기적으로 경인운하와 연계하여 서울을 항구도시로 만든다거나, 노들섬을 오페라하우스 등이 입지한 문화콤플렉스로 만든다거나, 새빛둥둥섬이라는 거대한 인공섬까지 띄운다는 내용이 그것이다.

이 일련의 사업은 1970년대 매립공사나 1980년대 한강종합개발사업에 비해 교통수단이자 미학적 가치를 가진 자원으로서 한강의 특성을 강화하려는 것이었다. 하지만 막대한 예산낭비와 환경문제를 유발할 전시성 사업이라는 비난이 끊이지 않았고, 상당 부분은 현재 좌초 상태에 있다. 그뿐 아니라 이 과정에서 발생한 난지도 하늘공원 골프장 건설 논란, 노들섬 오페라하우스 건설 논란, 새빛둥둥섬에서 해외명품 브랜드 모피쇼 행사 논란 등은 '한강의 섬들을 어떻게 활용해야 특정 계층만을 위한 것이 아닌 진정한 공공성을 확보할 수 있는가'라는 문제를 보여 주었다.

사회과학적인 의미에서 섬Island이라는 단어는 배제를 시키든, 배제를 당하든 간에 주변으로부터 고립된 영역을 의미한다. 경제적 양극화가 심화되고 있는 현대 도시 공간 속에서는 지속적으로 '사회적 섬'들이 형성되고 있다. 빗장도시Gated City, 성채도시Walled City라는 신조어는 섬의 또 다른 이름들이다.

그러나 자연물인 한강의 섬은 숨 막힐 듯 치열한 대도시의 부동산시장에서 한 발 떨어진 공공 공간으로서의 성격이 강하다. 그래서 육지의 수많은 섬들 속에 고립된 사람들이 찾아와 편안히 숨 쉴 수 있는 공간이 되어 줄 수 있다. 그러기 위해서는 자동차가 없어도, 비싼 입장료를 내지 않아도 누구든 쉽게 찾아와 머물 수 있어야 한다. 한강과 한강의 섬이 바로 그런 곳이길 바라는 희망이 무모한 것일까?

3.

서울은 커지면서
얼굴을 바꾼다

● 심승희

서울의 성장과정을 보려면

서울이란 거대도시의 성장과정을 들여다보고 싶을 때 무엇을 지표로 삼아야 할까? 도시와 농촌을 구분하는 기준이자, 중소도시와 대도시를 구분하는 기준은 인구다. 도시의 성장을 가장 잘 보여주는 지표 또한 인구다. 인구는 도시의 규모를 가장 정확하게 보여준다. 하지만 인구만으로 그 도시의 생김새나 거기서 살아가는 사람들의 모습을 상상하기는 어렵다. 세계에서 인구가 가장 많은 도시들의 순위를 확인하는 것은 그 자체로 흥미롭다. 하지만 그 순위만으로는 도시의 구체적 모습이 떠오르지 않는다. 도시들의 양적 순위를 매기기 위해 각 도시가 지닌 얼굴, 속살, 성격 등을 완전히 무화시켜버리기 때문이다.

　도시에서 살아가는 사람들의 모습으로 그 도시의 양적·물리적 확대를 상상할

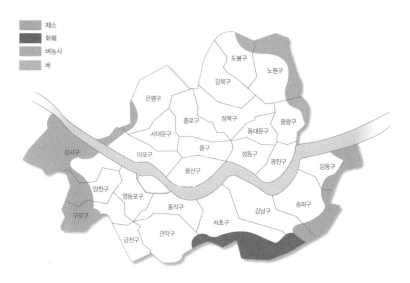

채소
화훼
벼농사
배

도봉구
노원구
강북구
은평구
종로구
성북구
중랑구
서대문구
동대문구
중구
강서구
마포구
성동구
광진구
강동구
용산구
양천구
영동포구
동작구
강남구
송파구
구로구
서초구
금천구
관악구

2011년 서울의 농업지역 분포도 〈서울특별시 농업기술센터〉

수 있게 해주는 지표가 있다면, 그 도시의 생생한 개성과 함께 대부분의 도시가
가지는 보편적 특성도 이해할 수 있을 것이다. 그래서 그 지표를 낯선 도시에 적용
해보고 상상하고 확인해보는 것도 도시 여행의 즐거움 중 하나일 것이다.

도시 인구가 늘어나면 늘어난 인구를 수용하기 위한 주택, 교통, 각종 편의시설
이 늘어난다. 이 과정에서 필연적으로 도시의 영역이 확대된다. 영역이 확대되면
기존 시설들의 재배치가 이루어지는데, 일부 시설은 기능적 효율성을 위해 바깥쪽
으로 이전해야 한다. 그런 대표 시설물이 연탄공장 같은 공해유발 공장, 쓰레기 매
립지, 농수축산물 도매시장, 시외·고속 터미널 등이다. 따라서 영역 확장으로 이
전해 나간 시설물의 경로를 추적해 가다보면 우리는 도시의 성장으로 바뀐 도시의
얼굴을 들여다볼 수 있다.

이 시설들이 서울의 성장에 따라 언제 어떻게 어디로 이전했는지 조사하던 중

서울 강남구 지곡동 쟁
골 마을에 가면 비닐하
우스에서 농사 짓는 모
습을 볼 수 있다.

흥미로운 자료를 발견했다. 거대도시 서울에서 농사짓고 사는 사람들의 존재다. 가
장 최근의 「서울통계연보」에도 버젓이 농가인구, 농지 면적, 농업 생산물 등 농업
통계가 포함되어 있다. 비록 그 규모가 줄어들고 있긴 해도 엄연히 서울 안에는 농
민과 농경지가 자리 잡고 있다.

1961년 「서울통계연보」를 살펴보면, 서울시 전체 농가인구가 6,837호고, 이중 종
로구에 55호, 용산구에 83호의 농가가 있었다. 농가인구가 가장 많은 구는 성동구
로 1,797호의 농가가 있었고, 그 다음으로 영등포구에 1,398호의 농가가 있었다. 확
실히 당시에도 중심부는 농가인구가 적고, 외곽에 위치한 구에 농가인구가 많았
다. 1965년에는 종로구의 농가인구가 3호로 줄더니, 1970년 통계에서 종로구의 농
가가 완전히 사라졌다. 용산구의 농가인구도 3호로 있으나마나한 수치로 줄어들
었다. 반면 성동구와 영등포구는 각각 4,911호, 4,282호로 1961년에 비해 3배 정도
증가했다. 이는 인근 경기도의 농촌지역이 서울시로 편입되었기 때문이다. 그래서
1970년 서울시 전체 농가인구 역시 11,222호로 크게 늘었다. 하지만 1975년에는 농

가인구가 6,446호로 반이 줄었으며, 2011년에 3,541호의 농가가 서울 안에 존재한다. 1961년 서울의 전체 가구 중에서 농가가 차지하는 비율은 1.4%였는데, 2011년 0.08%로 줄어든 것이다. 하지만 1961년 당시에도 이미 서울은 농가인구의 존재가 미미하고, 철저히 도시화된 곳이었음을 알 수 있다. 거대 도시화된 현재 서울에 아직까지 농업지역이 남아 있는 이유는 이들 농지의 대부분이 그린벨트 등으로 묶여 도시적 토지 이용이 제약받고 있기 때문이다.

서울의 달라진 얼굴, 연탄공장과 쓰레기 매립지

연탄공장과 쓰레기 매립지는 얼핏 보면 아무 관계가 없을 것 같지만, 1960~80년대 서울의 역사에서는 밀접한 관련이 있다. 이 시기 연탄은 도시민들의 난방과 취사에 중요한 에너지원이었다. 연탄은 부피가 크고 무거울 뿐만 아니라 운반 시 파손 위험이 커서 운반비가 많이 든다. 때문에 초기 연탄공장은 소비지 가까이에 입지하는 경향을 보였다. 비싼 비용을 들여 각 가정으로 배달된 연탄은 연탄재가 된 뒤에도 부피가 줄지 않고 소각도 안 되기 때문에 처리 문제가 상당히 심각할 수 있다. 「1976 서울시정개요」에 따르면 당시 연탄재는 전체 가정 쓰레기의 80%를 차지했다. 하지만 다행히도 당시 연탄재는 쓰레기가 아니라 재활용 자원이었다.

당시 서울은 늘어나는 주택 및 시설 수요를 위해 한강변의 저습지를 매립하여 택지를 조성하고자 했는데, 연탄재가 매립 자재로 요긴하게 쓰였던 것이다. 그래서 한강변 저습지였던 청담동, 압구정동, 잠실, 방배동, 장안동, 구의동은 쓰레기 처리장이 되어 연탄재를 이용한 매립공사를 거쳐 택지로 조성될 수 있었다. 대규모 종합 쓰레기 처리장으로 조성된 한강변의 저습지 난지도 역시 연탄재를 이용해 초기

1975년 서울시 쓰레기 종말처분장

처분장명	면적 (단위:평)
잠실처분장	30,000
청담처분장	30,000
방배동처분장	10,000
압구정동처분장	10,000
장안동처분장	20,000
구의택지처분장	65,000
계	165,000

출처:서울시정개요

1975년 서울시 쓰레기 종말 처분장 분포도

매립 기반을 다졌다. 현재 월드컵공원 내 서울디자인갤러리에서는 해발고도 90여 m에 이르는 난지도 쓰레기산의 단면도 모형을 전시하고 있는데, 1960~80년대 쓰레기 단층은 연탄재가 상당 부분을 차지하고 있음을 확인할 수 있다.

연탄 수요에 부응하기 위해 서울에는 많은 연탄공장이 들어섰다. 우리나라 굴지의 연탄생산업체인 대성연탄이 마장동에 들어서고, 왕십리에 공장을 준공한 때가 1959년이었다. 1961년에는 208개가, 1965년에는 154개의 연탄공장이 서울 안에 있었다. 하지만 우리나라의 에너지 소비가 점차 석유, 가스 등으로 전환되면서 연탄 소비량이 줄어드는 추세를 보이자, 연탄공장 역시 그 수가 줄었다. 그 결과 1970년 서울의 연탄공장은 54개로 줄었다. 바로 이 해에 대성연탄이 신도림동 영등포

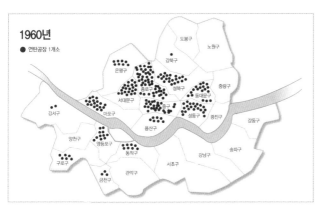

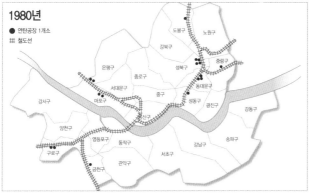

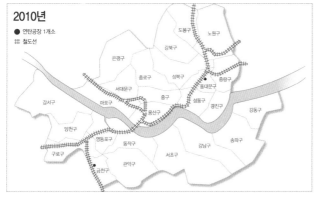

서울시 연탄공장의 분포 변화 〈김정
숙·장영진, 「서울시 연탄제조업의 입
지 특성과 정부 정책의 영향」, 『한국
지역지리학회지』, 2011년〉

신이문동에 있는 삼천리 연탄공장

공장을 준공했다. 1971년에는 총 40개의 연탄공장 중에서 도심부인 종로구와 중구에는 각각 2개밖에 남아 있지 않고, 동대문구, 성북구(분구되기 전이므로 중랑구도 포함), 영등포구 등에 그나마 상당수 분포해 있었다. 이들 지역에 연탄공장이 위치한 이유는 삼척, 정선, 문경 등 서울 동쪽에 위치한 탄광지역에서 중앙선, 경원선 철도를 통해 석탄을 실어 와야 했기 때문이다. 이 때문에 철도를 끼고 있지 못한 도심의 소규모 연탄공장들은 사라지고, 점차 철도 인근에 넓은 부지를 차지한 연탄공장들이 경쟁력을 갖게 되었다. 특히 동대문구와 성북구에 걸친 석관동, 상봉동, 이문동 일대에는 동원연탄, 삼천리연탄, 대성연탄 등 연탄공장들이 밀집했다. 1986년 상봉동의 평범한 주민이었던 박길래 씨가 진폐증 판정을 받은 것도 이곳에 위치한 삼표연탄 망우공장 저탄장에 쌓아둔 석탄가루가 원인이었다. 이 사건은 우

문래동 공장 너머로 옛 대성 연탄공장 부지에 들어선 복합쇼핑몰 디큐브시티가 보인다

리나라 최초의 공해병 피해보상 소송사건으로, 1989년 국내 최초 공해병 환자로
판결 받았다.

연탄공장은 서울의 확장으로 인한 이전 압력 이외에도 환경오염 유발시설의 이
전 압력, 석유나 가스로의 에너지 소비변화 속에서 꾸준히 감소했다. 1992년에는
대성연탄 왕십리 공장도 폐쇄되었다. 현재 서울에 남은 연탄공장은 단 2곳으로, 동
대문구 이문동 삼천리연탄과 금천구 시흥동의 고명산업이다.

이처럼 우리 주변에서 연탄공장은 사라져 가고 있다. 소규모 연탄공장들은 흔
적도 없이 사라져버렸지만, 대규모 연탄공장은 넓은 부지와 편리한 교통 등 때문에
높은 개발 잠재력을 남기고 사라졌다. 그래서 2002년 폐쇄된 신도림동의 대성 연탄
공장은 2011년 8월 백화점, 호텔, 아트센터 등이 들어선 복합쇼핑몰 디큐브시티로

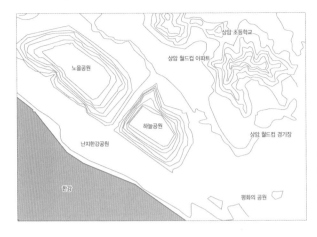

상암 초등학교
상암 월드컵 아파트
노을공원
하늘공원
난지한강공원
상암 월드컵 경기장
한강
평화의 공원

난지도 하늘공원과 노을공원은 본래 쓰레기를 쌓아 다진 인공산이기 때문에 보통 산과는 달리 등고선 모양이 규칙적이고 정상부가 평평한 특이한 모양을 띠고 있다.

변신했다. 망우역 인근 삼표연탄 부지 역시 뜨거운 재개발 열기를 불태우고 있다. 마지막 남은 2개의 연탄공장도 대규모 재개발 예정지에 포함되어 있다.

연탄공장은 사라지고 있지만, 쓰레기 매립지는 덩치를 키운 채 외곽으로 이전했다. 그러나 결과적으로 연탄공장처럼 쓰레기 매립지 또한 우리 눈에 잘 띄지 않게 되었다. 쓰레기 매립지가 외곽으로 이전한 이유는 기존 압구정동, 잠실, 방배동, 구의동 같은 한강변 저습지의 매립이 완료되어(120쪽 지도 참조) 아파트 건설 등 본격적인 시가지화 과정이 진행되었기 때문이다.

이에 따라 연중 상당 기간은 한강에 잠기는 땅이자 서울의 서쪽 끝에 위치한 약 89만 평의 난지도를 1978년부터 대규모 쓰레기 매립지로 이용하기 시작했다. 이때는 구의, 청담, 방배, 장안동 쓰레기 처분장 등과 함께 소규모 쓰레기 처분장으로 이용되었다. 1978년부터 1980년까지는 구의동, 상계동, 난지도 이렇게 3개의 쓰레기 처분장이 사용되었는데, 난지도의 처분량이 압도적으로 많았다. 1981년부터는 다른 소규모 쓰레기 처분장의 매립이 종료되고, 난지도만이 대규모 쓰레기 매립지로 활용되었다. 쓰레기 매립이 종료된 1993년 3월까지 난지도에 쌓인 쓰레기 산의 높이는 해발 94~98m였다. 난지도 쓰레기 매립장의 포화 상황을 예견하고 다음 쓰레기 매립지를 물색할 즈음에는 더 이상 서울 안에서 그 대체지를 찾을 수 없었다.

결국 찾아낸 곳이 1980년부터 농지조성 명목으로 인천, 안산 시화호 등에서 진행되던 대규모 간척사업지였다. 그래서 간척사업이 한창 진행되던 1984년에 간척지의 일부였던 인천시 서구 백석동에 대규모 수도권 쓰레기 매립지를 조성하기로 결정했다. 서울, 인천, 경기 모두 쓰레기 매립지 조성은 당면 문제였기에 이들 지역은 함께 수도권매립지관리공사를 만들었다. 그래서 난지도의 쓰레기 매립이 종료되기 직전인 1992년부터 백석동에 쓰레기 매립이 시작되었다. 이처럼 서울의 쓰레기 매립지는 서쪽 땅 끝을 향해 이전해 왔다. 그런데 서해까지 이른 쓰레기 매립지의 다음 이전지는 어디가 될까?

쓰레기 매립지였던 난지도 역시 재개발을 피해 가지는 못했다. 청담동, 방배동, 압구정동, 구의동 등의 쓰레기 매립지에 아파트단지가 들어섰던 것처럼, 난지도 역시 쓰레기 봉우리 두 개는 하늘공원, 노을공원이라는 생태공원과 대중골프장으로, 그 주변은 월드컵 상암경기장, 아파트, 상암디지털미디어시티Digital Media City, DMC 등 새로운 시가지로 조성되었다.

서울의 달라진 얼굴, 도매시장과 버스터미널

도매시장과 터미널은 인구 규모가 작은 도시나 농촌의 경우, 도심이나 읍내에 위치해야 하는 중심 시설이다. 그러나 인구 규모가 늘어나 과밀해진 지역에서는 교통체

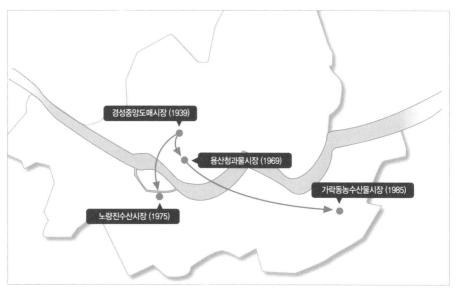

서울 도매시장 이전도

증과 대기오염, 높은 지가 부담 등으로 도심에서 버티기 힘들다. 서울의 경우 강북의 인구집중을 억제하기 위해, 이미 1973년 건설부의 지구 지정으로 도심반경 10km권내 85.5k㎡ 땅에는 백화점, 중앙도매시장, 대학, 공장, 자동차터미널 등의 설치를 억제했다.

이 억제책이 시행되기 전까지 서울의 도매시장은 도심에 집중해 있었다. 서울의 근대적 도매시장이었던 1939년 서울역 옆 서대문구 의주로 2가 16번지 일대에 설립된 경성중앙도매시장은 수산물과 청과물을 취급했다. 중앙도매시장은 서울역 옆에 자리 잡았기 때문에 기차로 전국에서 생산된 수산물, 청과물을 가장 빠르고 값싸게 운반해 올 수 있었다. 해방 후에는 서울중앙도매시장으로 이름이 바뀌었다. 서울 인구가 급증하면서 이곳의 도매시장만으로 수요를 충당할 수 없게 되자, 1960

서울시 송파구 가락동 농수산물시장

년 청량리에 청과시장을 개설하였고 1962년에는 동대문에 수산물 분장을 신설 확장하였다. 1969년에는 마장동에 금수시장을 개설하였다.

하지만 도심억제책이 발표되면서 도매시장을 도심권 밖으로 이전하여 현대적으로 새롭게 조성하고, 이전 뒤 남겨진 부지는 공원으로 조성해 도시환경 정화와 인구분산 효과를 도모하고자 하였다. 그 결과 1969년 서대문구 의주로에 있던 서울청과물시장이 용산구 한강로로 이전하였으며, 옛 시장 터에는 서소문공원이 생겨났다. 마찬가지로 같은 위치에 있던 서울수산시장 역시 1975년에 노량진동으로 옮겨 가게 된다. 용산청과물시장이나 노량진수산시장 모두 철도역을 끼고 있는 장소라는 공통점이 있다.

1980년대에 이르러서는 가락동농수산물종합도매시장 건설 계획을 세우게 된다. 인구와 소득의 증가와 함께 농산물 거래량이 증가하면서 매장 및 주차 공간 부족, 교통 혼잡, 낙후되고 빈약한 편의시설, 비위생적인 환경 관리 등의 문제가 심각해졌기 때문이다. 낙후된 농수산물유통시설의 현대화와 유통체계의 구조 개선을 표방한 가락동농수산물시장이 1985년 개장하면서, 용산청과물시장은 폐쇄되고 그 자리에 청계천 세운상가에서 이전해 온 용산전자상가가 들어서게 된다.

가락동으로 농수산물 도매시장이 이전했다는 것은 농수산물의 운송이 기차보다 자동차에 더 의존하게 되었음을 의미한다. 2012년 현재 서울의 농수산물도매시장은 가락동(농수산물시장), 양재동(서울양곡도매시장), 외발산동(강서농수산물시장), 노량진동(수산시장) 이렇게 4곳에 위치한다. 이중 노량진을 제외하면 모두 서울의 서쪽 끝과 남쪽 끝에 위치하고 있을 뿐 아니라 서울의 남부를 동서로 관통하는 남부순환도로에 인접해 있다.

서울의 터미널 역시 도매시장과 비슷한 길을 걸었다. 1968년 서울의 전차가 철거되었을 때 전차 종점은 총 8곳으로 영천(독립문), 청량리, 왕십리, 마포, 원효로 4가, 효자동, 돈암동, 영등포였다. 이는 과거 서울의 바깥 경계를 보여주는 지표가 될 수 있다. 하지만 전차 철거 당시 서울 영역은 이보다 훨씬 넓어져 있었다. 이 때문에 서울 사람들이 시내에서 전차를 타고 종점까지 가서 다시 버스로 갈아타기보다 처음부터 버스를 타는 것이 편리했다는 사실도 전차 철거의 이유 중 하나였다.

그만큼 서울은 계속해서 영역을 확장하고 있었다. 이 때문에 전차보다 훨씬 기동성 있는 버스는 종점을 수시로 외곽으로 이전하면서 서울의 확장 속도를 따라갈 수 있었다. 또한 버스 종점의 잇따른 외곽 이전은 버스 회사에 부가적으로 경제적 이득까지 안겨 주었다. 즉, 버스 회사는 각 버스노선 종점에 땅을 확보해서 차고와

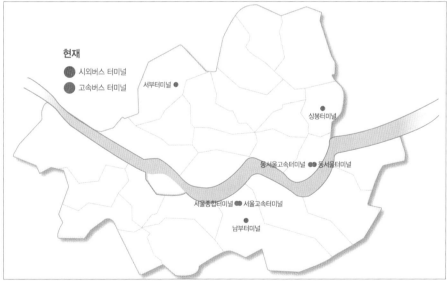

1974년 말과 현재 서울시 버스터미널 분포도

종업원 숙박시설을 마련하게 되는데, 서울의 확대로 몇 년 뒤 종점을 외곽으로 이전해야 할 즈음에는 기존 종점 부지의 땅값이 엄청나게 올라 있다. 반면 새로 구입해야 하는 종점 부지는 미개발 상태라 땅값이 쌌기 때문에 큰돈을 벌 수 있었다. 이처럼 버스회사가 버스 운행보다 부동산 소유를 통해 더 많은 부를 축적하는 현상은, 헨리 조지가 『진보와 빈곤』에서 주장한 도시 성장의 과실원물로부터 생기는 경제적 수익이 소수의 부동산 소유자에게 집중되는 일면을 보여준다고 할 수 있다.

1974년 말 서울의 시외버스터미널은 3곳, 고속버스터미널은 7곳이었다. 고속터미널의 경우 당시 회사별로 터미널을 운영했기 때문에 터미널의 수가 많은 대신 규모는 영세했다. 모두 용산구, 동대문구, 서대문구, 종로구, 중구 등 강북에 위치했다. 경부고속도로가 개통된 해가 1970년이니 1974년이면 고속버스의 수요가 그리 많지 않아 강북 도심에 고속터미널이 위치해도 무방했지만, 이후의 상황은 여의치 않았다. 서울과 고속도로로 연결되는 대전, 대구, 광주, 부산 등의 주요 도시들이 모두 서울의 남쪽에 위치한 상황에서 고속터미널의 남쪽 이전은 불가피한 일이었다.

반면 시외버스터미널은 서울 인근의 북부, 서부, 동부지역과도 연결되기 때문에 고속버스터미널처럼 남쪽으로 일괄 이전하기보다, 서울의 외곽으로 이전했다고 보는 것이 타당할 것이다. 서울 서북쪽행 시외버스터미널이었던 불광동 서부시외버스터미널, 서울 동쪽행 시외버스터미널이었던 마장동 동부시외버스터미널, 그리고 서울 남쪽행 시외버스터미널이었던 용산의 남부시외버스터미널 중 서부시외버스터미널을 제외한 두 터미널 모두 외곽으로 이전했다. 용산에 있던 남부시외버스터미널은 1990년에 지금의 서초동 남부시외버스터미널로 이전했다. 이전 후에도 터미널 명칭은 '남부시외버스터미널' 그대로였지만, 남부의 위치는 상당히

1970년 동마장 시외버스터미널 〈서울특별시사편찬위원회, 『사진으로 보는 서울 4』, 2005년〉

바뀌었다.

또 동마장터미널이라고도 불리던 마장동 동부시외버스터미널 역시 1981년 구의동 동서울종합터미널과 상봉터미널 두 곳으로 분할하는 계획이 확정되어, 1985년에는 상봉터미널이 문을 열었다. 구리시와 인접하고 있는 중랑구 상봉동에 위치한 상봉터미널은 몇 개 노선의 고속버스와 강원도 일대의 시외버스 노선을 운행하고 있다. 또한 1989년 문을 연 동서울종합터미널은 한강변 공유수면매립공사로 만들어진 광진구 구의동 땅에 세워진 것이다. 이 터미널은 1987년 개통된 강동구 하일동에서 대전 신탄진을 연결하는 중부고속도로와 연계시키려고 만들어졌다. 당시 강남에 있던 천호동 시외버스 영업소도 동서울종합터미널로 통합되어, 시외버스와

경기 시내버스 종점으로 바뀐 불광동 시외버스터미널의 전경(왼쪽 위)과 과거 시외버스 노선이었음을 보여주는 안내판(오른쪽 위), 그리고 이제는 폐쇄된 매표소(왼쪽 아래)의 모습

고속버스의 운행을 함께하고 있다.

불광동 시외버스터미널은 서부시외버스터미널이라 불리나 실제 운행되는 버스는 파주, 고양, 의정부행 시내버스들뿐이다. 서울 북쪽에 위치한 시군과 서울과의 연담화가 이루어져 시외버스가 아닌 전철이나 시내버스로 더 직접적이고 빈번하게 연계되었기 때문이다. 같은 맥락에서 서울에 처음 고속버스가 운행되었을 때는 서울-수원 간, 서울-인천 간 고속버스 노선이 별도로 있었다. 하지만 서울을 중심으로 한 수도권의 광역화가 이루어지면서 고속버스 역시 필요 없게 되었다. 대신 광화문, 신촌, 영등포, 강남역, 잠실역 등 서울 시내 주요 도심 및 부도심에는 서울

서울 강남역 부근의 광역버스 정류장

과 주변 위성도시들을 연결하는 광역버스정류장들이 과거 도심에 있었던 소규모 시외 및 고속버스터미널 역할을 하고 있다.

이외에도 서울 안에는 강화행 버스를 운행하는 신촌 시외버스터미널, 포천·철원행 버스를 운행하는 수유 시외버스터미널 같은 소규모 시외버스터미널이 눈에 잘 띄지 않게 자리 잡고 있다.

한편 강북의 도심에 회사별로 소규모 분산되어 있던 고속버스터미널은 한강을 건너 서초구 반포4동으로 이전할 계획을 세우고, 1976년부터 착공하기 시작했다. 이와 더불어 강북에 집중되었던 인구의 원활한 이동과 이주를 위해 잠수교(1976년 개통), 남산3호터널(1978년 개통), 반포대교(1982년 개통)도 건설되었다. 처음에 강남터미널은 고속버스와 시외버스를 같이 배치했으나, 지나친 교통혼잡이 야기되자

시외버스터미널은 이곳에서 얼마 떨어지지 않은 서초동 남부시외버스터미널로 옮겨 가게 되었다.

현재 강남고속터미널과 동서울터미널은 각각 강남과 강북에 위치하지만 모두 한강에서 가깝다. 서울 남부지역의 확대를 고려하면 한강 남안에 근접한 강남고속터미널은 고속도로 톨게이트에서 터미널까지 진입하는 데 상당히 오래 걸린다. 또한 강남의 중심부가 되어버린 이 넓은 땅의 가격은 천문학적으로 치솟았으며 재개발을 통한 이익을 실현하려는 자본의 욕망마저 크다. 따라서 고속터미널은 머지않아 더욱 외곽으로 이전할 수밖에 없을 것이다.

앞으로 서울은 어떻게 달라질까

2008년 서울시는 시내 1만㎡ 이상 대규모 땅의 개발을 촉진하기 위해 '신도시계획 운영체계'를 마련하고, 용도 변경을 원하는 토지 소유주 신청을 받았다. 이 체계는 1만㎡ 이상 대규모 땅을 주거지역에서 상업지역으로 용도 변경해 주거나 특정용도로 묶인 도시계획시설을 풀어 개발의 길을 열어 주되, 사업 대상 용지의 20~40%에 해당하는 땅이나 건물을 기부·채납하도록 하여 개발이익을 사회적으로 공유하는 시스템이다. 이는 그 동안 특혜 문제와 부동산 투기 과열화 문제 때문에 덮어두었던 일이었으나, 경제 위기를 맞아 경제 활성화 명목으로 추진된 것이다. 2009년에 발표된 신청 결과를 보면(2009년 3월 6일 《매일경제》 기사), 총 30곳이 접수되었는데 용도지역 변경이 10건, 도시계획시설 폐지가 9건, 두 가지 병행이 11건이었다. 여기에는 노량진수산시장, 가양동 CJ공장, 시흥동 대한전선공장 용지, 서초동 남부터미널, 구의동 동서울터미널 등이 포함되어 있다.

노량진 수산시장은 수산테마복합시설 건립을 계획하고 있고, 서초동 남부터미널이나 구의동 동서울터미널 역시 터미널 기능은 그대로 유지하되, 거기에 복합상업 및 업무시설을 건설할 예정이라고 한다. 그전에 이미 상봉 시외버스터미널은 이용자가 줄어 사업면허 폐지를 요구하고 있다. 바로 옆의 옛 삼표 연탄공장 부지도 주상복합 시설이 들어설 예정이다.

이처럼 공장, 버스터미널, 시장처럼 교통의 요지이면서 넓은 부지를 요하는 도시의 주요 시설이 도시의 확대와 더불어 외곽으로 이전해 가는 과정은 두 가지 개발을 초래한다. 하나는 이전해 가는 지역의 개발을 초래하며, 이전 후 비게 된 도시 내부 땅의 재개발을 초래한다. 특히 도시 내부 땅은 상대적으로 지가가 높아진 상태고, 기존의 편리한 접근성과 도심에서는 흔치 않은 넉넉한 크기의 땅이라는 기득권 때문에 재개발에 대한 사적 자본의 관심은 매우 높다. 또한 공공적 기능이 수행되었던 곳이기에 여전히 공공서비스와 복지를 위해 사용되어야 한다는 공적 영역의 관심 역시 매우 높다. 예를 들어 공원을 만들 것이냐 주상복합 아파트를 건설할 것이냐의 문제로 부딪칠 수 있다. 도시에 애정과 관심을 갖고 있는 사람들이라면, 도시가 확대됨에 따라 이전한 시설들이 남기고 간 땅이 어떻게 변신하고 있는지 주목해보라. 그러면 보일 것이다. 이 도시가 무엇을 추구하는 도시인가를, 그리고 앞으로 도시가 어떤 모습으로 변해갈 것인가를.

4.

아파트,
서울의 대표경관이 되다

● 심승희

단층 주택의 도시에서 아파트 공화국으로

서울은 세계적인 대도시다. 보통 대도시하면 떠올리는 경관은 고층빌딩들이 만들어내는 수직적 스카이라인이다. 고층빌딩들은 대개 금융·언론·대기업본사·호텔 등이 들어선 업무 및 상업 건물이다. 그러나 도시 내에서 가장 넓은 면적을 차지하는 건물은 이같은 업무 및 상업용 건물도 아니고 공장도 아니다. 그것은 바로 주택, 집이다. 도시는 많은 인구가 거주하는 곳이고, 그들이 무엇을 하고 살든 간에 거주할 집이 가장 필요하기 때문이다.

따라서 도시는 일찍부터 많은 인구가 거주할 주택을 마련해야 하는 문제를 떠안을 수밖에 없다. 오늘날 아파트의 전신이라고 할 수 있는 고대 로마의 공동주택 인슐라insula가 처음 생겨난 시점만 해도 기원전 4세기 경이다. 증가하는 인구를 수용

고대 로마의 공동주택 인슐라 〈베네볼로 지음, 윤재희 옮김, 『세계도시사』, 세진사, 2003년〉

하기 위해 인슐라의 층을 계속해서 높였는데, 당시 낮은 기술 수준으로는 건축 붕괴, 화재 등 재난사고가 끊이지 않았다. 그래서 로마 황제 아우구스티누스는 인슐라 층수를 6~7층으로 제한해야 했다. 그만큼 도시에는 고밀도의 주거가 일찍부터 발달했다.

그렇지만 우리나라의 주택은 근대 이전까지 농촌뿐 아니라 도시에서도 대부분 단층 형태에 머물렀다. 왕궁이나 사원, 성곽 부속건물 등 특수 목적을 가진 건축물을 제외하면 일반 주택은 오래도록 1층을 고수했다. 반면 중국이나 일본에서는 쉽게 2층 이상의 전통주택을 발견할 수 있다. 우리나라의 전통주택이 단층을 고수한 이유에 대해서는 여러 가지 설이 있다. 그 중 하나는 일본의 다다미방과 달리 우리나라는 온돌방이라 2층에 온돌을 설치하기 어려웠기 때문이라는 설명이다. 또 넓은 평지가 많은 중국에서는 수직적 건물이, 산지가 많은 우리나라에서는 수평적 건물이 음양의 조화에 맞기 때문이라는 풍수지리적 설명도 있다. 또한, 2층 주택을 지어야할 만큼 우리나라 전통도시의 인구 규모가 크지 않았기 때문이라는 설명도 있다.

그러나 오늘날 서울을 대표하는 경관은 고층 아파트단지가 도열한 모습이다. 우리나라를 방문한 외국의 지리학자들도 가장 인상적인 도시 모습으로 아파트 경관을 꼽는다. 심지어 프랑스 지리학자 발레리 줄레조는 「한국의 아파트 연구: 서울 거대한 촌락, 빛나는 도시」를 박사논문으로 썼다. 이는 다시, 대중교양서 『아파트 공화국』으로 재출판되어 우리나라에서 베스트셀러가 되었다.

이 책에 따르면 적어도 서양에서는 우리나라처럼 아파트가 선망의 주택유형이 아니라는 것, 그리고 아파트단지가 도시의 대표경관이 아니라는 것이 명확하다. 그래서 그들의 눈엔 서울 한강변에 도열해 있는 사각형 아파트단지가 군대의 병영처럼 보였을 것이다. 도대체 우리나라에서는 왜 아파트가 서울뿐 아니라 도시의 대표경관이 되었을까?

아파트가 서울의 대표경관이 된 이유

발레리 줄레조는 "한국의 주택은 왜 아파트여야 했나?"를 알고 싶어 했다. 그녀의 질문에 한국인들은 한결같이 "사람은 많고 공간은 부족하니 고층으로 올릴 수밖에 없는 당연하고 간단한 이유를 왜 굳이 논문으로 쓰느냐"는 반응이었다고 한다. 하지만 그녀는 인구에 비해 공간이 비좁은 모든 국가에서 대규모 아파트단지가 발달하지는 않았기 때문에, 아파트는 결정론적 '필연'이라기보다 주어진 상황에서의 '선택'이라고 보았다. 그렇다면 발레리 줄레조의 질문처럼 왜 서울은, 또 우리나라는 도시의 주거유형으로 아파트를 선택했을까?

1973년 7월 당시 청계천변 판자촌 풍경 〈청계천문화관 제공 (기증자:노무라 모토유키)〉

　서울은 1910년 24만여 명에 지나지 않던 인구가 1942년에 100만여 명을 돌파할 정도로 급격한 인구증가, 즉 도시화를 겪었다. 그러나 늘어나는 인구를 감당할 만큼 주택공급은 원활하지 못했다. 문화주택이나 개량한옥 같은 새로운 도시형 주택이 생겨나긴 했지만, 어디까지나 중산층의 몫이었다. 1941년에서야 조선총독부는 조선주택영단을 만들어 국가가 직접 주택공급에 나서고자 했으나, 실제 주택공급은 수요에 비해 턱없이 부족했다. 따라서 도시로 이주한 다수 서민은 천변가나 산기슭, 성곽 아래에 토막 같은 무허가 불량주택을 짓고 살았다.

　해방 이후에는 귀환한 해외 동포와 월남 피난민들로, 6·25 후에는 월남 피난민과 농촌이주민, 그리고 베이비붐 등으로 서울 인구가 급증했다. 그래서 1960년 서울 인구는 245만여 명에 이른다. 이 기간 동안 공공부문에서 주택공급이라고는 외국 원조, 대한주택영단(조선주택영단이 해방 후 개명됨), 한국산업은행, 서울시 등에 의해 건설된 부흥주택, 국민주택, 재건주택, 희망주택 같은 공영주택 13,000여 호뿐이었다. 따라서 다수 서민들은 도시 전역에 판자촌 같은 불량주택을 짓고 살았다.

1961년 쿠데타로 들어선 군부정권은 국가경제개발계획 차원에서 주택개발을 통해 관련 산업을 성장시킬 계획을 세웠다. 이에 따라 대한주택영단을 대한주택공사로 전환하고 도시계획법(1962), 토지구획정리사업법(1966) 등을 제정해 대규모 택지조성사업을 실시했다. 그런데 이 시기 공공부문 주택공급을 담당한 대한주택공사나 서울시가 주력한 주택 유형이 단지형 아파트였다.

사실 아파트는 이전부터 소규모지만 서울 안에 있었다. 우리나라 최초의 아파트는 1930년 일제가 건축한 미쿠니三國아파트다. 그러나 우리 손으로 직접 지은 아파트는 성북구 종암동의 종암아파트다. 이 아파트는 1958년에 4~5층짜리 3개동으로 건축되었는데, 준공식에 이승만 대통령 내외와 여러 장·차관이 참석한 것을 보면 아파트에 대한 국가적 관심과 기대가 어떠했는지 알 수 있다. 역사적인 종암아파트는 건축된 지 40년이 안 된 1993년에 종암선경아파트로 재건축되어 원래 모습을 볼 수 없다. 우리나라 아파트들의 짧은 주기는 최초의 아파트에서부터 숙명이었나 보다.

어쨌든 본격적인 아파트 공급은 단지형 아파트를 통해 이루어졌다. 우리나라 최초의 단지형 아파트는 대한주택공사가 1962년 마포구 도화동에 세운 마포아파트다. 이 아파트는 계획상으로는 엘리베이터와 기름보일러식 중앙난방시설을 갖춘 10층짜리 10개동이었다. 그러나 실제는 엘리베이터 없이 연탄식 개별난방시설을 갖

춘 6층짜리 아파트로 완
공되었고, 가구당 면적은
9·12·15·16평형이었다. 한
편, 단지형 아파트에 대한
국가적 기대는 당시 마포아
파트 준공식에 참석한 박정
희 국가재건최고회의 의장
의 연설문에 그대로 나타나
있다.

마포 아파트단지 전경 〈한국주택협회, 『한국주택협회 15년사』, 1995년〉

"(…) 이제까지 우리나라 의식주 생활은 너무나도 비경제적이고 비합리적인 면이 많았음
은 세인이 주지하는 바입니다. 여기에서 생활혁명이 절실히 요청되는 소이가 있으며 현
대적 시설을 완전히 갖춘 마포아파트의 준공은 이러한 생활혁명을 가져오는 한계가 될
수 있다는 것 (…) 현대적인 집단공동생활 양식을 취함으로써 경제적인 면으로나 시간적
인 면으로 다대한 절감을 가져와 (…) 더우기 인구의 과도한 도시집중화는 주택난과 더
불어 택지가격의 앙등을 초래하는 것이 오늘의 필연적인 추세인 만큼 이의 해결을 위해
선 앞으로 공간을 이용하는 이러한 고층아파트 주택의 건립이 절대적으로 요청되는 바
입니다. 이러한 시대적 요청에 각광을 받고 건립된 본 아파트가 장차 입주자들의 낙원을
이룸으로써 혁명한국의 한 상징이 되기를 빌어마지 않으며……."

– 대한주택공사, 『대한주택공사 20년사』, 1979년

이처럼 아파트는 도시 주택난의 해결책이면서, 동시에 생활혁명이라 표현할 만
큼 근대화의 대표 수단이었다. 그래서 종암아파트나 마포아파트 입주자 중에는 교

▲ 개발 전 반포동 일대 〈서울특별시사편찬위원회, 「사진으로 보는 서울 4」, 2005년〉 ▼ 반포아파트 전경 〈국가기록원 제공〉

수나 정치인, 예술가, 고위공무원 등 중산층이 상당했다고 한다. 그러나 동시에 당시 아파트는 중산층이 선호하는 주택이라기보다 서민 주택으로 받아들여졌다. 특히 서민 주택난 해결과 도시 내 무허가 불량지구 재개발 차원에서 추진된 시민아파트 건설이 1970년 와우아파트 붕괴사고로 중단되면서 아파트에 대한 부정적 이미지가 강화되었다.

하지만 1970년대 들어 중산층 대상의 아파트 건설이 증가하면서 아파트의 지위도 변화하게 된다. 1971년에 대한주택공사가 지은 동부이촌동의 한강맨션아파트는 맨션Mension, 저택이란 이름처럼 우리나라 최초로 중앙난방시설을 갖춘 32~57평형의 중산층 아파트였다. 같은 해 역시 대한주택공사가 지은 여의도 시범아파트는 우리나라 최초의 12~13층 규모의 고층 아파트단지이면서 중대형 평수의 아파트단지였다. 그러나 무엇보다 대단지 아파트의 시대와 강남 개발 시대를 동시에 연 아파트는 1974년 대한주택공사가 완공한 반포아파트단지다. 이 단지 역시 22~64평형이란 규모에서 보듯 중산층을 위한 아파트였다. 이후 1975~1985년 동안 건설된 잠실아파트단지는 단지 안에 학교, 상가, 휴식 공간 등 근린생활시설을 고루 갖춘 초대형 단지였다.

또한, 1972년에 제정된 주택건설촉진법은 주택의 대량 공급을 통해 국민의 주거생활을 안정시키기 위한 것이었는데, 민간 건설회사의 주택 건설을 지원하는 제도적 기반이기도 했다. 1975년부터 짓기 시작한 압구정동 현대아파트 등을 위시하여 당시 민간 건설회사에 의해 한강변에 들어선 중대형 아파트들이 중산층에게 엄청난 인기를 끌면서 아파트는 중산층의 주거유형이면서 부동산 시세차익을 통한 부의 축적 수단이 되었다. 게다가 도시계획법에서는 토지개발계획을 세울 때 필요시 일정 면적에 한해 아파트만을 건설하도록 하는 아파트 지구제를 제정했다. 1975년 건설부는 강남 개발 시 반포동, 청담동, 압구정동, 도곡동 등 일부 지역을 아파트 지구로 지정함으로써, 아파트가 강남을 대표하는 주거유형이 되게 했다.

윤수일의 〈아파트〉라는 노래가 크게 유행한 해가 1982년이다. "별빛이 흐르는 다리를 건너 바람 부는 갈대숲을 지나 언제나 나를 언제나 나를 기다리던 너의 아파트"라는 가사에서 보듯 아파트는 더 이상 차가운 회색빛의 성냥갑 같은 집이 아니다. 별빛, 갈대숲과 어깨를 나란히 하는 그리운 이의 집이다. 그만큼 아파트는 우리에게 익숙한 주거 유형이 되었다. 이는 통계적으로도 입증된다. 1960년대까지만 해도 서울에서 신축되는 주택의 대다수는 단독주택이었다. 하지만 1970년대에 이르면 단독주택과 아파트의 신축 건수가 비슷해지다가 1980년대에 와서 아파트 신축 건수가 단독주택 신축 건수의 2배 이상이 된다.

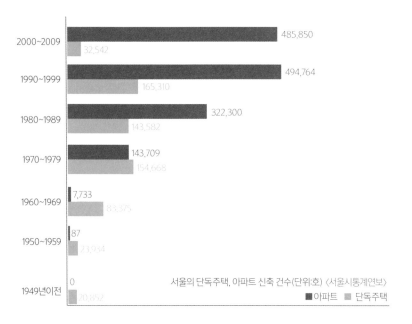

서울의 단독주택, 아파트 신축 건수(단위:호) 〈서울시통계연보〉
■ 아파트 ■ 단독주택

1980년대에는 아파트가 더욱 대형화·고층화되었다. 20층 규모의 목동 아파트단지(1988), 25층 규모로 초고층아파트시대의 문을 연 상계동 아파트단지(1989) 등이 그 예다. 또한, 아시안게임과 올림픽을 치르면서 기존의 획일적인 길쭉한 직사각형 아파트에서 굴곡 있는 스카이라인과 복층아파트 등을 시도한 아시아선수촌아파트(1986), 올림픽아파트(1988) 등이 건설되었다.

이후에는 서울에서 대규모 택지개발이 가능한 땅이 더 이상 없는데도 불구하고 늘어나는 주택 수요 문제를 해결하기 위한 돌파구로, 1989년 서울 주변 위성도시에 5개 신도시(성남의 분당, 고양의 일산, 안양의 평촌, 군포의 산본, 부천의 중동) 건설 계획을 발표하게 된다. 신도시라고 불리긴 했지만, 사실상 대규모 아파트단지 건설이라고 보는 것이 타당할 것이다. 노태우 대통령의 주택 200만호 건설 공약을 이행하기 위한 선택이었으니 말이다. 그 결과 대규모 아파트단지가 서울 바깥으로 확산되어 나갔다. 지금도 구리시, 남양주시, 하남시, 김포시 등 서울 인근 교통로를 따라 대규모 아파트단지가 지속적으로 확산되고 있다.

대규모 아파트단지가 서울뿐 아니라 지방까지 확산되고, 도시의 대표경관이 된 까닭은 무엇일까? 일단 국가 주도의 근대화 정책을 꼽을 수 있겠다. 독재정권 시기 강력한 국가권력을 무기로 빠른 시간 내에 경제성장을 이루는 것, 경제성장이 곧 근대화였던 시대에 대량의 주택공급을 단기간에 실현시킬 수단으로 아파트가 선택되었다. 이 과정에서 정권의 지원 하에 아파트 건설에 참여한 현대, 한신 같은 민간 기업들은 대기업으로 성장했다. 단기간에 대량으로 건설해야 한다는 압박과 시장에서 형성된 가격보다 싸게 책정해야 하는 아파트 분양가상한제 하에서 아파트의 모습은 표준화·획일화될 수밖에 없었다.

이것이 아파트 공급 측면에서의 요인이었다면, 아파트의 수요자였던 도시민들은

서울 강남구 압구정동의 현대아파트

초기 부정적 이미지가 강했던 아파트를 왜 열망하게 되었을까? 일단 도시민들에게
아파트는 편리하고 현대적인 주거 시설과 관리, 자동차의 증가에 따른 주차 공간
확보 등 변화하는 도시생활에 부응하는 매력적인 주거형태였다. 또한, 분양이라는
관문을 통과하기만 하면 근로소득보다 훨씬 빠른 속도로 늘어나는 부동산 소득으
로 경제적 지위가 상승할 수 있었다. 그뿐 아니라 대규모 아파트단지 활성화를 위
해 정부 또는 지방자치단체 차원에서 이루어진 교육, 행정, 서비스 시설 등의 전폭
적 지원 역시 중요한 요인이었다. 특히 강남 아파트단지 지역으로 이전한 강북의 명
문학교들은 이후 8학군을 형성하며 막강한 유인요소로 작용했다.

우리나라 사람들이 아파트단지를 열망하는 또 다른 이유는 사람이 많은 쪽, 덩치가 큰 쪽에 줄을 서야 최소한의 안전이 확보된다는, 험난했던 우리 역사 속에서 학습한 결과가 아니었을까? 나 개인은 거대한 권력이나 폭력 앞에 희생될 수 있지만, 힘없는 여럿이 뭉치면 강력한 권력이나 폭력도 다수의 요구를 들어줄 수밖에 없다는 역사적 경험 말이다. 또한, 자본주의 경제체제에서 중요하게 작동하는 규모의 경제 역시 아파트단지에 유리하게 작용했다. 그래서 오늘날도 입주가구 수가 적은 소규모 아파트는 인기가 별로 없다. 대규모 아파트단지는 충분한 서비스 시설을 갖출 수 있고, 문제가 생겨도 집단행동을 통해 보상을 받거나 압박할 수 있는 힘이 있다.

이렇게 오늘날 아파트는 도시민들의 자발적 열망의 대상이자, 서울의 대표경관이 되었다. 하지만 서울에서 아파트의 역사를 들춰보면 철거와 철거민의 역사가 겹쳐져 있다.

아파트의 그림자, 철거와 철거민

1970년대 아파트와 철거, 철거민의 관계는 조세희의 소설 『난장이가 쏘아올린 작은 공(1976)』에 잘 나타난다. 난장이를 가장으로 둔 서울의 한 빈민가족을 통해 1970년대의 주택 문제와 노동 문제를 간결하지만 강렬하게 보여준 소설이다. 이 책은 2005년에 200쇄를 찍고 2008년 발간 30주년 기념식을 치렀을 만큼 우리 사회에 큰 족적을 남겼다. 어쩌면 족적이라는 표현은 적절하지 않을지도 모른다. 『난장이가 쏘아올린 작은 공』이 보여준 모습은 아직도 현재진행형이라고 생각하는 사람들이 많기 때문이다.

1960년대의 서울은 갈수록 늘어나는 인구로 주택부족 문제가 심각했다. 1960년에 40%미만이었던 주택 부족률이 1966년에는 50%로, 1958년에는 8.8명이었던 주택당 인구수가 1966년에는 10.5명으로 늘었다. 주택부족 문제는 당연히 무허가 판자촌의 증가로 나타날 수밖에 없었다. 「서울통계연보」에 따르면 서울시의 판자촌 비율은 1961년에 14.97%에서 1970년에는 32.34%로 늘어났다. 판자촌 같은 불량주택에 많은 인구가 살다보니 대규모 화재사건도 잇달았다.

1960년대	화재 사건	1970년대	화재 사건
1961년	창신동 판잣집 화재	1970년	용두동 판자촌 화재
1966년	남산동 판자촌 대화재		서부이촌동 판자촌 화재
1968년	답십리 판자촌 대화재	1974년	신설동 판자촌 화재
	신설동 판자촌 대화재		답십리 판자촌 화재
1969년	창신동 판자촌 대화재	1979년	후암동 판자촌 화재
	숭인동 판자촌 대화재		
	신설동 판자촌 대화재		

1960~70년대 판자촌 대화재 사건 〈서울특별시사편찬위원회, 「서울 600년사 연표」, 2006년〉

도심 국공유지에 위치한 무허가 판자촌은 대개 도시계획 대상 지역이었는데, 수도 서울로서의 도시 기반을 위해 가로를 정비하고 도로를 확장하려면 이 판자촌들을 없애야만 했다. 이처럼 도심 공간을 정비하려는 서울시의 요구와 도심 개발을 통해 수익을 얻으려는 자본의 요구가 결합하여, 도심의 무허가 판자촌 철거가 결정되었다. 처음에는 철거민에 대한 아무런 대책도 없이 무허가 판자촌을 강제 철거했다. 하지만 철거민들의 반발이 거세지고 무허가 판자촌이 도심 인근에 반복적으로 생겨나자, 서울시는 새로운 대책을 세우게 된다. 그것이 바로 도심에서 떨어진 시

외곽의 국공유지에 정착지를 조성하여 이주시킨 뒤 철거한다는 정착지 조성사업이다. 1959년 미아리를 시작으로 1960년대 중반까지 쌍문동, 정릉동, 구로동, 목동, 상계동, 신림동, 봉천동 등 20여 곳에 달하는 정착지가 만들어졌다.

그러나 정착지로 이주한 철거민 중 상당수는 지정받은 토지를 전매^{轉賣}하고 도심으로 다시 이주했다. 도시기반시설이 갖춰져 있지 않은 곳에서 일자리를 얻거나 도심까지 장거리 통근하기가 어려웠기 때문이다. 1971년 광주대단지 사건 역시 도심 철거민의 정착지를 서울시가 아닌 경기도 광주군 중부면 일대에 조성해 이주시키면서 발생한 부작용이었다. 이 사건의 직접적인 원인은 정착지로 이주한 사람들에게 당초 약속보다 비싼 토지불하가격이 책정되면서 촉발되었다. 하지만 그 배경에는 기본적인 도시기반시설도 갖춰지지 않은 채 천막생활을 해야 했던 열악한 주거환경, 그리고 서울로 통근할 수 없는 먼 거리임에도 정착지 주변에서 일자리를 구할 수 없는 절박한 생계 문제가 있었다. 결국 성난 이주민들은 성남파출소를 불태우고 버스와 트럭을 빼앗아 서울시청으로 향하다 진압되었다.

하지만 상당수의 이주민들은 조성된 정착지에서 생활기반을 다졌고, 이는 서울시의 시가지 공간을 확장시킨 개척자 역할을 했다. 그러나 도심 재개발이 끝난 서울시는 늘어나는 무주택 중산층을 위한 주택공급과 도시기반시설의 확대를 위해 철거민들이 다져놓은 도심 외곽의 정착지들을 다시 재개발지역으로 지정하여 철거한 뒤, 아파트를 짓는 일을 반복했다. 1976년 도시재개발법이 제정되고, 1980년대 들어 재개발 대상지역이 시외곽으로 계속 확대되자 더 이상 바깥으로 이주해 나갈 공간도 없고, 아파트 등으로 재개발되면서 폭등한 주거비용을 감당할 수도 없는 철거민들의 저항은 격렬해질 수밖에 없게 된다.

사실 불량주택지역의 재개발은 거주자들을 경제적 지위에 따라 걸러내는 여과

서울 봉천동 산자락에 세워진 고층아파트

장치다. 불량주택지역이 중간층의 주거 수준에 맞춘 아파트단지로 재개발되면 주
거비용이 올라가게 된다. 불량주택 가옥주의 경우 아파트 입주권을 받게 되더라도
완공 후 기존 주택가격보다 높아진 아파트가격을 지불하기 어렵고, 설사 입주하더
라도 비싼 아파트 관리비를 감당하기가 어렵다. 또한 재개발 전의 단독주택은 집주
인이 일부 방만 사용하고 나머지 방은 전월세를 놓아 임대수입을 챙길 수 있었다.
하지만 재개발 후 신축되는 아파트는 주인과 세입자가 함께 살기 어려운 구조이기
때문에, 임대수입에 의존해오던 가구 역시 아파트 입주가 어렵다. 아파트 입주권이
안 나오는 세입자의 경우는 더욱더 신축된 아파트에 입주하기 어렵다. 따라서 재개
발된 아파트에는 기존의 거주자보다 중간층 이상의 외부인들이 입주함으로써, 지
역 주민들의 사회경제적 지위가 재편성된다. 이처럼 재개발로 인해 도시 서민들을
위한 저렴한 주거공간이 줄어드는 추세가 지속된다. 그 결과 그린벨트 지역 같은

시의 가장 먼 외곽지역에 기존의 불량주택보다 더 열악한 수준의 비닐하우스촌이 형성되거나 정상주택에 옥탑방이나 지하방 같이 양호하지 못한 새로운 주거공간이 덧붙여지는 현상이 나타나게 된다.

철거민들의 저항이 상당한 사회·정치적 비용을 유발하고, 재개발에 따른 국가나 서울시의 재원 조달 부담이 커지자, 그 대안으로 1983년 합동재개발사업이 추진되기 시작했다. 합동재개발사업이란 지역 주민들이 재개발조합을 결성하고, 특정 건설회사를 사업자로 선정하면 그 회사가 재개발 사업비용의 일체를 부담하는 방식이다. 대신 선정된 건설회사는 철거가구 수의 1.5~2배 규모의 아파트를 지어 철거 주민에게 분양한 후, 남은 가구분을 일반 분양함으로써 투자경비를 회수하는 방식이다. 이는 기존의 재개발 방식인 공영개발이나 주민들의 자력개발이 져야 하는 재원 부담을 완화시키기 위해 민간자본을 끌어들인 민영개발 방식이다. 민영개발로의 전환은 개발수익의 극대화가 개발의 가장 중요한 원동력이 된다는 의미이기도 하다. 이 결과 소형 평수의 아파트보다 개발수익이 높은 중대형 평수의 아파트로 재개발하는 경향이 높아, 조합원 중에도 비싼 입주비용을 감당하지 못해 재입주하지 못하는 일이 발생하기도 한다. 또한 비조합원에게 판매할 아파트 수량을 늘리기 위해 고층의 고밀도 아파트로 재건축함으로써, 신림동, 봉천동처럼 대부분 산자락에 위치했던 불량주택지역에 20층 이상의 고층아파트군이 들어서 서울의 도시 경관을 숨 막히게 했다.

무엇보다 아파트 입주권을 받지 못하는 세입자들의 문제는 매우 심각했다. 합동재개발사업 도입 이후, 철거민 대책의 핵심이 세입자 대책으로 전환된 배경도 이때문이다. 1985년 대량의 구속자를 낳았던 목동 철거민 투쟁은 비록 공영개발 사업에 의한 철거과정에서 발생한 일이었지만, 합동재개발사업에 의한 1986년 사당

2009년 서울시 용산 재개발 관련 철거민과 경찰이 대치하던 중 화재사건이 발생했다. 〈권우성 기자, 《오마이뉴스》, 2009년〉

동과 상계동 철거 사태와 마찬가지로 세입자들의 철거 보상을 둘러싼 갈등이 폭발한 경우다. 이들 지역은 1960년대에 도심 주변 불량주택지역의 철거 대책으로 서울시가 제공한 이주정착지로 개발되기 시작한 곳이었는데, 그로부터 20여 년 만에 또다시 철거대상지역이 되었다. 이쯤에 이르면 1987년 민주화운동, 부동산 가격폭등 같은 배경 속에서 서울시철거민협의회가 결성될 정도로 철거반대운동이 조직화되고 체계화된다. 그 결과 세입자들에 대한 대책은 이주비 제공, 아파트 방 한 칸 입주권 부여 등을 거쳐 영구임대주택의 건립으로까지 발전하게 된다.

　이처럼 불량주택지역의 재개발은 아파트라는 주택 유형의 점유율을 높이는 계기가 되었으며, 신축된 아파트 입주자들을 사회·경제적 지위에 따라 걸러내는 여과 과정을 통해 거주지 분리 현상을 심화시켰다. 또한 이 과정에서 도시 전체적으로 주거의 질이 높아졌지만, 이면에는 도시 서민을 위한 저렴한 주거지의 해체를 가져오기도 했다. 그러나 이로 인한 철거민들의 저항은 영구임대주택의 건설 같은 사회적 약자의 주거권을 보장하는 정책 등 복지의 수준을 높이는 계기를 마련했다. 2003년 주택건설촉진법이 주택법으로 개정된 배경도, 주택보급률의 상승과 함께 주택공급 위주의 정책에서 벗어나 무주택자·저소득층 등 사회적 약자를 위한 주거복지정책과 주거 수준 향상 및 기존 주택의 효율적인 유지·관리에 주력하기 위한 것이었다.

그러나 2009년 1월 20일, 용산 재개발에 대한 보상대책을 둘러싸고 용산참사가 발생했다. 철거 세입자와 전국철거민연합회 회원들이 경찰, 경찰특공대, 철거 용역 직원들과 대치하던 중 철거민 5명과 진압 경찰관 1명이 불길에 휩싸여 사망한 것이다. 달나라에 가버린 줄 알았던 『난장이가 쏘아올린 작은 공』의 난장이가 여전히 용산 철거민들이 만든 망루 위에서 아파트로 뒤덮인 서울을 처연히 바라보고 있는 듯하다.

제 4장

변신하는 서울

▲ 아셈타워

▲ 아이파크 타워

◀◀ 크링
◀ 테헤란로

삼성역 사거리

● 한지은

국제적인 대도시 서울에서도 가장 넓은 길 중 하나인 영동대로와 테헤란로가 교차하는 지점에 삼성역 사거리가 있다. 이곳에는 56층 높이의 '한국종합무역센터'와 국내 최대 규모의 지하쇼핑몰 '코엑스몰', 백화점과 호텔, 아셈타워 등 대규모 시설들이 자리한다. 대로를 따라 주위를 돌아보면 몇 가지 눈에 띄는 경관들을 발견하게 된다. 2009년과 2010년 연속 국내 최고가最高價 아파트로 당당히 이름을 올린 '아이파크삼성'에서부터 건물 외관이 다소 정신없어 보이는(어려운 말로 해체주의적인) '아이파크타워'와 스피커의 공명판을 본떠 만들었다는 금호복합문화공간 '크링'에 이르기까지 각각의 공간이 존재감을 드러내고 있다.

이러한 건물들은 기존과 달리 '문화'를 핵심 요소로 부각시키고 있다. 코엑스몰은 전통 쇼핑센터에 '오락'이라는 개념을 결합하여 종합문화위락시설Urban Entertainment Center을 추구한다. 아이파크타워는 성냥갑 모양의 획일적인 건물에서 벗어나 원통 막대기가 건물 내부를 관통하는 특이한 형태로 만들어졌다. 내부 공간의 일부를 할애하면서까지 건축가가 전달하고 싶었던 이야기는 '자연과 기술의 소통'이라고 한다. 금호건설이 만든 크링(경영난으로 2011년 폐쇄)은 단순한 모델하우스를 넘어 영화관, 미술전시관, 카페, 공연장 등의 시설을 골고루 갖춘, 말 그대로 복합문화공간이었다. 어쩌면 이들 공간은 더 이상 문화를 소비하는 공간이 아닌 그 자체로 문화가 되고자 하는지도 모르겠다.

1.

그 많던 공장은 어디로 갔을까

● 심승희

정말 공장이 없어졌을까

오늘날 가장 서울다운 모습을 보여주는 곳은 어디일까? 한강을 배경으로 금빛으로 번득이는 여의도 63빌딩일 수도 있고, 테헤란로 위에 우뚝 솟은 무역센터와 아래에서 번쩍이는 지하도시 코엑스몰일 수도 있다. 아니면 오밀조밀한 골목에 아담하지만 멋스러운 상가들이 빼곡한 삼청동과 인사동일 수도 있고, 명품 브랜드숍들이 즐비한 압구정동과 청담동 거리일 수도 있다. 혹은 '팰리스'니 '캐슬'이니 하는 대단한 이름이 붙은 고층 아파트단지일 수도 있다.

하지만 서울에 상업이나 사무, 주거기능의 건물만 있는 것은 아니다. 공산품을 직접 생산하는 공장도 있다. 일제강점기에 상경한 농민들부터 오늘날 해외에서 유입된 외국인 노동자들까지 서울에는 이들을 고용하는 공장이 있다.

서울디지털산업단지에는 옛 공장이 의류매장(왼쪽)으로 쓰이거나 아파트형공장(오른쪽)으로 바뀐 곳이 많다.

그런데 우리가 서울의 대표 모습으로 공장보다 사무 및 상업용 건물을 떠올리는 것은 서울에서는 제조업보다 서비스업이 탁월하게 발달했기 때문이다. 「서울통계연보」에 따르면 2011년 현재 전국 서비스업 취업자(전체 취업자 중 농림어업과 광업 및 제조업 취업자를 제외한 숫자) 중에서 서울 서비스업 취업자 비율이 24.1%인 반면, 전국 제조업 취업자 중에서 서울의 제조업 취업자 비율은 12.6%밖에 안 되기 때문이다. 하지만 12.6%는 결코 적은 수치가 아니다. 게다가, 1981년까지만 해도 전국 제조업 총 사업체 종사자에서 서울의 제조업 총 사업체 종사자가 차지하는 비율이 28.2%에 달했을 만큼 서울의 제조업이 전국에서 차지하는 위치는 지금보다 훨씬 컸다. 영화 〈아름다운 청년 전태일(1995)〉과 〈구로 아리랑(1989)〉은 당시 각각 동대문시장 영세 공장지대와 구로공단의 대규모 공장지대에서 발생한 노동문제를 다룬 영화다.

하지만 1991년부터 서울 제조업 종사자의 절대수가 감소하기 시작했을 만큼 서울은 탈공업화의 길을 걸었다. 그 결과 톱니바퀴 모양의 지붕이 잇대어 있고, 지붕 위로 솟은 큰 굴뚝에서 연기가 나오던 전형적인 공장 모습은 찾아보기 어렵게 되었다. 그래도 조금만 주의를 기울이면 골목 다세대주택 반지하 창문에 뻗어 나온 커다란 환기통과 창문 틈새로 재봉틀 돌아가는 풍경을 찾아볼 수 있다. 또 서울디지털단지로 이름을 바꾼 옛 구로공단에 가면, 말쑥하고 세련된 오피스 모습으로 바뀐 아파트형 공장을 발견할 수 있다. 이처럼 서울 공장은 그 수가 줄어들기도 했지만, 모습을 바꾼 채 서울 어딘가에 자리 잡고 있다. 서울시정개발연구원에서 펴낸 『지도로 본 서울 2007』에서는 서울의 제조업 분포를 다음과 같이 기술하고 있다.

> "2005년 현재 서울에는 7만여 개의 제조업체에 약 47만여 명이 종사하고 있는 것으로 나타났다. 이는 1981년과 비교하여 사업체는 31% 증가하고, 종사자는 34% 감소한 결과다. 업종별로 보면, 섬유 의류, 인쇄 출판 등이 전체 제조업의 50%에 가까운 비중을 보이는 가운데, 종사자를 기준으로 전기 전자, 금속 기계, 석유화학 비금속 등이 상대적으로 높은 비중을 나타내고 있다. 제조업의 공간적 분포는 앞의 업종별 비중에 상응하는 것으로, 을지로, 광희동, 종로, 필동, 신당, 창신동 등의 도심권을 중심으로 섬유 의류와 인쇄 출판업이 대거 집적하고 있고, 독산동, 구로동, 가산동, 문래동, 고척동, 영등포동 등의 서남권을 중심으로 금속 기계, 전기 전자 등이 집적하고 있다. 이외 성수동, 왕십리, 장안동 등을 중심으로 성동구에서도 제조업의 집중이 강하다."

위의 글을 통해 우리는 서울의 제조업 분포지역은 섬유·의류, 인쇄·출판 업종 중심의 도심 주변지역과 전기·전자, 금속·기계 업종 중심의 구로·영등포지역으로 양분됨을 알 수 있다. 탈산업화되어 가고 있는 서울에서, 그것도 도심 주변지역에 상당한 비중의 공장들이 여전히 건재한 이유는 무엇일까? 그리고 구로·영등포의 제조업은 도심 주변의 제조업과 어떤 차별성을 가질까? 두 지역을 중심으로 서울의 제조업이 걸어온 길을 살펴보자.

도심 주변 골목에 자리 잡은 작은 공장들

서울에서 가장 긴 역사를 가진 공업지역은 서울 도심 주변이다. 이곳은 조선시대부터 수도 서울에 포함되는 영역이었다. 서울의 공업화는 일제강점기부터 시작되었다고 볼 수 있으나, 이전에도 수공업 위주의 공업이 종로와 그 주변을 중심으로 발달했다.

일제강점기 서울의 도시화는 일정 부분 공업화에 의해 이루어졌다. 일제강점기 동안 전국 인구에서 서울 인구가 차지한 비율은 4% 이내에 머무른다. 하지만 1910년대에 5.7~9.7%였던 전국 대비 서울의 공업인구가 1940년대에는 19~23%까지 차지할 만큼 공업 비중은 높아졌다. 서울은 인천과 함께 한반도 중부를 대표하는 경인공업지대의 중심축을 형성하였다. 이는 서울이 갖춘 유리한 조건들 때문이었다. 철도·도로·수로를 이용한 교통, 넓은 판매시장, 풍부한 자본 같은 입지조건과 용산화력발전소, 당인리화력발전소, 금강산수력발전소로부터 공급받을 수 있는 동력자원 등이 그것이다.

공장은 주로 일본인에 의해 개발된 청계천 이남 신시가지에 집중되었다. 특히 청계천과 남산 사이, 용산에서 한강에 이르는 철로 주변에 몰려 있었다. 그러나 주거지역과 상업지역 안에 공장이 섞여 있는 상황은 도시가 성장하고 인구가 늘어나면서 많은 문제를 일으켰다. 따라서 1934년 조선시가지계획령이 공포되면서 상업·공업·주거기능 등 용도에 따라 지리적으로 분리시켜 토지이용 계획을 세우도록 하는 이른바 용도계획지역 제도가 만들어졌다. 이에 따라 1939년 서울에서도 주거지역과 상업지역 안에는 공장을 증축하거나 기계를 증설할 수 없는 시책이 추진되었으며, 서울 면적의 4.9%가 공업지역으로 지정되었다.

1936년에 서울에 편입된 영등포는 이 같은 용도계획지역 지정으로, 신흥공업지

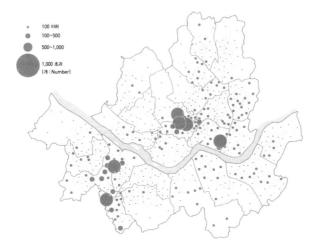

2005년 서울 제조업체 분포도 〈서울시정개발연구원, 『지도로 본 서울 2007』, 법문사, 2008년〉

구로 주목받았다. 영등포는 경인선과 경부선의 철도분기점이자 수운 교통이 유리했다. 또한, 넓은 부지와 풍부한 용수와 전력을 갖추었을 뿐만 아니라, 1934년 한강제방공사가 끝나면서 대규모 공업지대로서 잠재력도 커졌다. 게다가 해방 후 1960년대부터 본격적인 공업화를 거치면서 대규모 공단이 성동구, 영등포구, 구로구, 금천구를 중심으로 형성되었고, 기존 도심과 그 주변에 있던 공장들이 대대적으로 이전하였다. 그 결과 도심과 주변의 공업지역은 외곽에 새로 조성된 대규모 공업지대와 다른 생존전략을 모색하게 된다. 바로 도심형 제조업종으로의 특화다.

경제지리학자들은 도심형 제조업종의 발달에 대해 다음과 같이 설명한다. 특정 업종의 소규모 공장들은 공장 면적을 줄여서라도 외곽에 비해 지가가 비싼 도심에 남고자 한다. 가장 큰 시장인 도심에서 떨어졌을 때 시장 수요에 민감하게 대응하지 못하는 불이익이 크기 때문이다. 대신 도심의 소규모 공장들은 비슷한 업종끼리 공간적으로 집적集積하여 신뢰에 기반한 정보 교환, 생산 공정의 분업, 상호 하청 등 긴밀한 연계를 통해 거래비용을 줄임으로써 비싼 지가를 만회한다.

소규모 집적경제를 추구하는 도심형 공장의 대표적인 사례가 서울 중구의 인쇄·출판업과 동대문시장 일대의 섬유·의류업이다. 인쇄업은 소비지 가까이에 입지할수록 유리한 업종이기 때문에 도심에 집적하는 경향을 보여 왔다. 정치, 경제, 문화, 언론 등 주요기관이 집중되어 있는 중구는 도심기능의 중추지역으로서, 인쇄업에 대한 수요가 높은 대형시장을 형성하고 있다. 따라서 소규모 인쇄업체들은 중구 을지로, 충무로 일대 노후한 골목에서 시장에의 근접성과 업체 간 긴밀한 연

서울 중구 을지로의 인쇄업 골목

서울 종로구 창신동의 봉제 골목에는 봉제교육 안내나 구인광고, 헝겊쓰레기 봉투, 배달 오토바이 등을 흔히 볼 수 있다.

계를 통한 집적경제지역을 형성하고 있다. 1990년대 초반까지만 해도 인쇄업 골목이 협소해서 종이를 지게에 지고 날랐지만, 요즘은 오토바이나 지게차가 많이 눈에 띈다.

또한, 동대문시장은 보통 의류 판매로 특화된 상업지구로 알려져 있지만, 사실이 일대는 노동으로 찌든 공장 노동자에서 아름다운 청년으로 산화한 전태일이 일하던 의류공장 밀집지역이기도 했다. 동대문시장 일대는 산업화 초기부터 의류제조업체가 밀집하여 1980년대 중반까지 우리나라 제 1의 수출 품목이었던 섬유, 특히 의류제조업의 중심지로 기능해 왔다. 수출용 의류를 제조하던 구로공단 일대의 대규모 의류공장들과 달리, 주로 내수용 의류를 생산하는 동대문시장의 의류공장들은 규모가 훨씬 영세하다.

1980년대 중반 이전까지만 해도 동대문시장 일대의 의류제조업은 옷가게 사장이 공장을 겸하면서 생산과 유통이 분리되지 않은 형태를 띠었다. 그러나 1980년대 중반 이후부터 차츰 공장과 가게가 분리되기 시작했다. 의류제품은 계절과 유행에

민감하여 수요 변동 폭이 크므로, 옷가게가 직접 공장까지 운영하려면 경기변동에 따른 위험비용이 커지기 때문이다. 따라서 옷가게는 점차 직접 생산을 포기하고 주변의 의류제조업체에 하청 주문하는 방식을 선택하게 되었다. 이 과정에서 생산과 유통이 분리되고, 하청 생산의 비중이 크게 늘어났다. 하청 생산이 증가한다는 것은 주문자 입장에서는 생산 단가를 낮추고 생산량을 마음대로 조절할 수 있는 기회지만, 하청을 받는 입장에서는 낮아진 생산 단가를 감당하고 생산량 변동에 유연하게 대처해야 하는 압박이다. 그래서 동대문시장 하청업체들은 가족노동, 가내 공장 등 공장 유지비용을 최소화하는 방향으로 변화했다.

그 결과 1980년대 이전에는 평화시장, 동화시장, 통일시장, 신평화시장 안에 밀집해있던 공장들이 시장 인근의 창신동, 충신동, 숭인동, 신당동 등 주택가로 분산되었다. 1990년대부터 이 일대는 단순한 주택가가 아닌 가내하청업체 밀집지역이 되었다. 이곳이야말로 빛나는 동대문시장의 신화를 떠받쳐주고 있는 보이지 않는 버팀목이 아닐까 싶다.

서울의 대표 공업지역, 영등포·구로 일대

서울의 공업지역은 1939년 조선시가지계획령에 의해 처음으로 지정되었고, 해방 후 1962년 도시계획법이 제정되면서 공업지역을 공업전용지역, 일반공업지역, 준공업지역으로 세분하였다. 공업전용지역은 주로 중화학공업이나 공해성공업을 수용하기 위해 필요한 지역으로서, 서울에는 지정되지 않았다. 일반공업지역은 환경을 저해하지 않는 공업을 수용하기 위해 필요한 지역이다. 준공업지역은 경공업과 같은 공업을 수용하되, 주거기능, 상업 및 업무기능의 보완이 필요한 지역을 말한다.

■ 준공업지역

서울의 준공업지역 분포도 〈서울시정개발연구원, 『지도로 본 서울 2007』, 법문사, 2008년〉

1966년 서울의 일반공업지역은 87.4㎢로, 전체 서울 면적의 12.25%를 차지하였다. 그러나 이후 서울의 과밀화와 환경문제 등이 부각되면서 1969년에 서울 내 일반공업지역이 모두 해제되었고, 준공업지역으로 대체 지정되었다.

이처럼 서울 내에 공장 신설과 증설을 규제하는 정책이 시행되는 대신, 서울 바깥에 대규모 공단을 건설함으로써 늘어나는 공업 수요를 감당하고자 했다. 그래서 1977년에는 반월공단, 1980년대에는 인천의 남동공단과 안산의 시화공단을 개발하여 서울의 공장들을 이전시켰다. 그 결과 서울의 공업지역과 생산액, 종사자 규모는 축소되어 왔다.

2011년 말 기준 서울의 준공업지역 총면적은 27.65㎢로, 서울시 전체 도시계획 면적의 4.6%를 차지하고 있다. 총 25개 구 중에서 7개 구에 준공업지역이 지정되었는데, 면적 순위별로 보면 영등포구 9.10㎢, 구로구 6.46㎢, 금천구 4.40㎢, 성동구 3.22㎢ 순이다. 이중 상위 3개 구인 영등포구, 구로구, 금천구가 전체 준공업지역 면적의 72.2%를 차지하고 있다.

구로구는 영등포구에서 1980년에 독립한 구이고, 금천구는 구로구에서 1995년에 독립한 구니까 오늘날 영등포구, 구로구, 금천구는 한때 같은 영등포지역이었다. 영등포지역은 이미 일제강점기인 1912년에 조선피혁공장이 들어서면서 공업화가 시작되었고, 1939년에는 시가지계획령에 의해 공업지역으로 지정되어 벽돌, 요업, 기계, 방적, 맥주 공장들이 들어선 공업집중지역으로 발달했다. 이후 1960~70년대에 걸쳐 주거 및 상업지역 속에 섞여 있던 강북 도심의 공장들은 도심지역에 위치하기에 적절치 않다는 이른바 도심부적격시설로 지정되어, 영등포나 구로지역으로 이전하는 정책이 취해졌다. 특히나 1967년에는 구로 3동과 가리봉2, 3동에 걸쳐 한국수출산업공단 1·2·3공단이 세워지면서, 구로공단이라 불리는 서울 최대 공업단지가 만들어졌다. 구로공단의 성장으로 영등포보다 구로가 서울의 공업을 대표하는 지명이 되었다. 구로공단은 국가적 차원에서 계획적으로 발전시킨 공업단지였고, 따라서 많은 노동자들을 고용하는 대규모 공장들이 집중되었기 때문에, 결과적으로 구로공단은 수출상품의 대량생산뿐 아니라 노동자들의 대량생산이 이루어진 곳이기도 했다.

노동자들의 값싼 임금에 토대한 급속한 경제 성장 덕분에 고등교육의 혜택을 입게 된 대학생들 중에는 노동자들의 권리와 분배의 공정성, 민주화의 실현을 위한 '노학연대(노동자와 학생의 연대)'를 외치며 공단으로 향한 학생 운동가들도 나타났다. 당시 신문에서 "서울대생 5백여 명은 26일 오후 8시부터 서울 구로구 가리봉동 한국수출산업공단 내 공단오거리와 삼립식품 앞에서 '노동3권 보장하라!', '최저임금

영화 〈파업전야〉 포스터

제 실시하라!' 등 구호를 외치며 격렬한 시위를 벌이다 출동한 경찰에 의해 1시간 만에 해산됐다(1984년 10월 27일 《조선일보》)"와 같은 기사를 간간히 찾아볼 수 있다.

1990년에 상영된 〈파업전야〉는 내용에서나 상영과정에서나 상징적인 영화였다. 〈파업전야〉는 독립영화단체인 '장산곶매'에서 1990년 세계노동절 101주년을 기념하기 위해 제작한 16㎜영화다. 우리나라 최초 노동영화로, 공단을 배경으로 노동조합을 결성하려는 노동자와 회사의 대결을 그렸다.

정부는 이 영화에 상영금지 처분을 내렸고, 영화 상영을 강행하는 대학교 안에 공권력을 투입하겠다고 했다. CC라 불리던 학생 전투조들이 대학 교문에서 전투경찰 진입에 대비해 경계를 서고, 대학교 안에서는 언제 경찰들이 들어올 지 조마조마해 하며 광장에 설치된 대형 천스크린에 비친 〈파업전야〉를 보던 그 밤. 그곳의 관람객들은 영화가 상영되고 있는 현장의 긴장과 영화 속 노동운동 탄압의 긴장이 이중으로 압박하는 상황에 처해 있었다. 그러나 힘없이 체념해 있던 노동자들이 피를 흘리며 끌려가는 동료들을 목격하고는 스패너를 들고 일어서던 영화의 마지막 장면에 이르러서 관객들은 짓누르던 압박도 잊은 채, 벅찬 감동에 몸을 떨었다. 이렇게 해서 〈파업전야〉는 무시무시한 정국 속에서도 30만 명의 관객을 모았다. 영화를 상영하고 그것을 보는 것 자체가 치열한 전투였던 그 시절이 이룬 묵직한 전과였다.

공장이 떠나고 타임스퀘어가 오다

그런데 영화 〈파업전야〉의 공간적 배경인 금속공장은 서울의 구로공단이 아니라, 인천의 남동공단이었다. 영화 〈박하사탕(2000)〉에서는 주인공이 1979년 당시 구로 공단에서 일하던 모습이 나오지만, 〈파업전야〉의 시간적 배경은 1987년이었다. 이때는 이미 구로공단 같은 대규모 공단 내 시설들이 서울 바깥으로 이전해 나가던, 이른바 서울의 탈공업화가 추진되던 시점이었다. 따라서 1980년대에는 서울의 공업시설들이 인천 남동공단, 안산 시화공단 등으로 이전해나가는 반면, 서울 내부는 고부가가치산업, 첨단산업화를 지향하면서 친환경적인 도시를 추구했다. 이러한 탈공업화 과정은 주로 대규모 공장을 중심으로 이루어졌고, 따라서 공장이 이전하면서 비게 된 넓은 땅 즉, 대규모 공장이전적지가 생겨나게 되었다.

공장이전적지는 개발 가능한 땅이 고갈돼가던 서울에 상당한 면적의 땅을 제공함으로써, 새롭게 서울의 산업구조와 도시구조를 재편할 수 있게 해주었다. 공장들이 자리 잡았던 준공업지역은 면적이 넓고 평탄할 뿐만 아니라 도로, 전철 등과의 연계성도 좋아 대규모 주거지나 상업·업무 기능의 개발에 유리하다. 게다가 공장이전적지의 대부분은 민간이 소유하고 있어, 주택조합이나 건설업체에 판매되어 아파트 같은 고밀도 주거기능이나 쇼핑몰·멀티플렉스 같은 복합 상업기능으로 대체되는 경향이 있다. 또한 2008년 경기부흥책의 일환으로 준공업지역 공장 부지에 대한 재개발 규제를 완화하는 조례 개정으로 개발 열기가 더욱 뜨거워졌다.

이 중 가장 주목할 만한 사례는 옛 경성방직공장 터에 들어선 쇼핑몰, 멀티플렉스 영화관, 백화점, 대형서점, 호텔 등 초대형 복합유통단지인 타임스퀘어다. 타임스퀘어는 2009년 뉴욕 제일의 문화거리 타임스 스퀘어를 연상시키는 이름과 함께 새롭고 찬란하며 명품스러운 성채의 모습으로 낡고 번잡하고 서민스러운 영등포역

옛 경성방직공장 터에는 초대형 복합유통단지인 타임스퀘어가 들어섰다.

주변에 육중하게 들어섰다. 이는 일제강점기부터 대규모 공업지역으로 조성되면서 공장과 노동자 주거지역의 이미지가 강했던 영등포·구로 일대가 탈산업화와 함께 대규모 공장이전적지의 재개발을 통해 얼마나 급격한 변신이 가능한지를 보여주는 단서가 된다.

　공장이전적지가 공공을 위한 용지로 전환되는 경우는 드물다. 그럼에도 불구하고 1995년 이후 서울지역 대규모 공장이전적지에 공원이 조성된 곳도 있다. 그 예가 영등포의 OB맥주공장 터에 조성된 영등포공원, 천호동 파이롯트공장 터에 조성된 천호동공원, 성수동의 삼익악기공장 터에 조성된 성수공원이다. 특히 영등포공원은 단순히 공원으로 조성하는 데 그치지 않고, 일제강점기 기린맥주공장 시절

부터 맥주제조용 솥으로 사용해오던 대
형 솥을 남김으로써 시간을 기억하는 공
간으로 이어가고 있다.

이처럼 대규모 공장들이 이전해가고
남겨진 준공업지역들은 급격한 변화를
겪고 있다. 그중에서도 문래동은 더욱 독
특한 변화를 겪고 있는데, 공장을 찾아
든 예술가들이 그 변화의 주인공이다.

맥주공장이 이전하고 아파트와 공원이 들어선 영등포. 공원 안에는 옛
맥주공장의 맥주제조용 솥이 남아 있다.

문래동공장에서 콘서트를! 가산디지털밸리에서 스키점프를!

1960~70년대에 도심의 공장들이 도심부적격시설로 지정되어 사대문 안에서 영등
포나 구로 등 외곽지역으로 밀려난 현상을 '1차 이전'이라고 한다면, 1980년대 중반
부터 다시 영등포와 구로구의 준공업지역과 그 주변의 대규모 공장이 서울 바깥으
로 밀려난 현상을 '2차 이전'이라 할 수 있다. 2차 이전은 주로 중·대규모 공장이
주도함으로써, 결과적으로 서울의 제조업은 점차 소규모로 영세화되었다.

영등포구 문래동은 영등포구와 구로구를 중심으로 형성된 중·대형 공장과 그
와 연계된 영세한 기계금속 공장의 밀집지역으로 발달한 곳이다. 하지만 문래동은
방림방적 같은 대형공장들이 지방이나 주변으로 이전하면서 큰 변화를 겪었다. 방
림방적 부지는 필지가 분할되어 문래자이아파트, 벽산메가트리움 같은 아파트단지,
홈플러스 같은 대형할인점, 각종 상가들이 들어섰다. 그 결과 대규모 개발이 불리
한 경부선 철로와 도림천 사이에 낀 소규모 영세공장들만 남게 되었다. 이곳의 공

장들 중에는 개인 주택을 공장으로 개조한 곳도 많다. 이 공장들은 2000년대 초반까지만 해도 비교적 영업이 활발하게 이뤄졌지만, 이후 문을 닫는 공장들이 늘어나고 있다.

그런데 이 문래동 영세 공장지역에 2003년부터 새로운 변화가 생겨났다. 쇠락한 공장지역에 홍대 등지의 높아진 임대료를 감당하지 못한 예술가들이 둥지를 틀기 시작한 것이다. 이는 이미 뉴욕의 소호나 베이징의 따샨즈 798지구 등에서 발생한 현상과도 유사하다. 즉, 도심에 있던 낡은 공장들이 떠나면서 남긴 넓고 저렴한 공간에 가난한 예술가들이 들어와 문화적 활기를 불어넣고 대중적으로 알려지면서 새롭게 각광받는 문화지구가 형성되는 도심 재개발 사례다. 우리의 젊은 예술가들

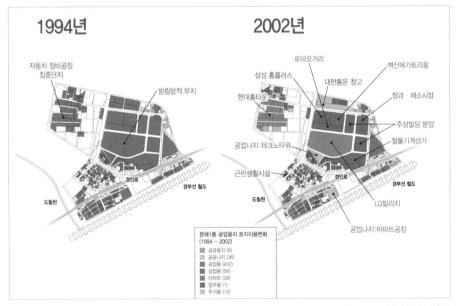

서울 영등포구 문래동 준공업지역의 변화 〈유환종, 「서울시 탈공업화의 공간적 특성과 공장 이적지의 토지이용변화에 관한 연구」, 『한국경제지리학회』, 2004년〉

문래동 공장지역(왼쪽)과 가산디지털밸리의 변화한 모습(오른쪽)

도 문래동 철재공장 골목에서 콘서트를 열고 춤을 추고, 철재공장 옥상에서 미술 전시회를 열고 있다.

문래동에서 벌어지고 있는 예술운동이 뉴욕의 소호처럼, 베이징의 따샨즈 798 지구처럼 상당 규모로 지속될 수 있을지는 두고 봐야겠으나, 좌우로 압박해 들어오는 아파트, 복합상가 등의 재개발 압력 속에서 낡은 공장들 속의 예술마을이 얼마나 잘 버텨줄 수 있을지 모르겠다.

문래동의 예술운동이 민간 차원에서 그것도 소수 중심으로 시작된 변화라면, 한국수출산업 1·2·3단지가 서울디지털산업단지로 변신한 것은 국가의 정책적인 지원으로 일사분란하게 이루어진 사례다. 19분짜리 단편영화 〈가리베가스(2005)〉는 구로공단 내 공장들이 서울 바깥으로 이전하면서 공장을 따라 가리봉동 벌집을 떠나는 여공 선화가 주인공이다. 그녀를 대신해 벌집에 들어온 사람은 동남아시아 외국인 노동자다. 선화가 남겨놓고 간 친절한 벌집사용설명서는 한글을 모르는 외국인 노동자 손에서 버려진다. 게다가 벌집 주위로 연이어 들어서고 있는 디지털산업단지의 세련된 고층아파트형 공장들과 아파트들을 보면, 외국인 노동자마저 이 벌집을 떠나야 할 날이 머지않아 보인다. 실제 가리베가스가 위치한 가리봉시장 주변은 재개발 예정지구로 지정된 지 오래다.

임대료가 높은 강남의 테헤란밸리를 대신하여 서울의 대표적인 첨단산업단지로 부상하고자 하는 서울디지털산업단지는 칙칙했던 구로공단 시절의 기억을 깨끗하게 지우고, 미국 실리콘밸리의 이미지를 덮어쓴 가산디지털 밸리·구로디지털밸리로 다시 태어났다. 이 과정에서 지하철 '구로공단역'은 사라지고, 2호선 '구로디지털단지역'과 7호선 '가산디지털단지역'이 생겨났다. 서울뿐 아니라 전국 곳곳에서 우후죽순 생겨나고 있는 수많은 밸리들, 그 밸리들에서 스키점프를 할 수는 없지만 짧은 시간동안 그 공간들이 보여준 고공 활강은 충분히 아찔하다.

2.

아파트의 변신,
성채냐 마을이냐

● 심승희

서울의 스카이라인을 바꾸고 있는 초고층아파트

최근 몇 년 사이에 서울의 스카이라인은 급격히 변하고 있다. 훨씬 높고 덩치도 큰 새 건물들이 5층, 10층의 기존 건물들을 난장이로 만들어버리거나 아예 없애버리고 있다. 이러한 스카이라인의 변화를 주도하는 것은 초고층아파트다.

초고층아파트 중에는 기존 아파트의 재건축이 상당한 비중을 차지하고 있다. 현재 서울시 조례상 아파트 재건축을 승인하는 연한은 준공 후 20~40년이다. 구체적으로 말하면 1981년 이전에 준공된 아파트는 20년, 1982~1991년에 준공된 아파트는 22~40년, 1992년 이후 준공된 아파트는 40년이다. 서울에서 아파트가 대량으로 건축되던 시기가 1970년대부터니, 1990년대에 들어서면서부터 아파트의 재건축이 급속히 눈에 띄기 시작한 것이다. 또한, 새로 들어선 아파트는 1970, 80년대

세운상가 일대(위)와 세운상가
모습(아래) 〈국가기록원 제공〉

의 아파트와는 확연히 다른 초고층 모습을 띠었다.

사실 우리나라에서 초고층아파트의 시작은 1989년에 완공된 노원구 상계동의 25층 아파트단지다. 이후 서울에는 초고층아파트가 속속 들어섰는데, 그래도 아파트 고층화의 정점은 바벨탑을 연상시키는 초고층 주상복합아파트다.

초고층 주상복합아파트는 1990년대 말부터 급증하기 시작했는데, 그 배경은 주거기능만 있는 일반 아파트와 다른 법이 적용되었기 때문이다. 즉, 말 그대로 주거기능 외에도 상업 또는 업무기능이 포함되기 때문에 일반 주거보다 용적률을 훨씬 높일 수 있고, 분양가 상한선 규제를 받지 않아 더 높고 비싸게 지을 수 있다. 부동산 개발업자 입장에서는 기존의 저층 아파트들을 재개발해서 초고층 주상복합아파트를 지어 비싸게 팔 수 있는 시장을 발견한 것이다. 게다가 날로 발전하는 건축기술 덕분에 높이를 올리는 것쯤은 그리 어려운 일이 아니게 되었다. 그래서 몇몇 주상복합아파트는 63빌딩(249m)보다 높다.

그러나 주상복합아파트가 최근에 처음 나타난 것은 아니다. 우리나라 최초의 주상복합아파트는 종로구의 세운상가로서 1967년에 준공되었다. 뒤이어 같은 종로구에 위치한 낙원상가가 1969년에 준공되었다. 이들은 도심에 위치해 있어 주거기능보다 상업 및 업무기능이 더 중요했다고 볼 수 있다. 낙원상가는 허리우드극장과 악기전문점들이 입주했고, 세운상가는 공구 및 전자제품 전문상가가 들어섰다. 이들은 주로 상가商街아파트였기 때문에 사람들의 통행이 많은 대로변에 위치했다.

하지만 점차 상업 및 업무기능이 섞여 있어 혼잡한 도심의 주거지보다, 도심으로부터 떨어져 조용하고 주거기능으로 단일화된 지역이 더 좋은 주거환경으로 선호되었다. 도시계획 정책면에서도 상업·업무지역과 주거지역을 분리시켜 개발하는 용도지역제를 통해 토지이용의 효율성을 높이려 했다. 이 과정에서 주거지는 업무·상업기능 중심의 도심으로부터 떨어져 외곽으로 확대되어 나갔다. 하지만 이는 직장과 주거지가 분리되는 현상을 가져왔고, 직장인들이 퇴근하는 밤이면 도심이 텅 비게 되는 도심공동화라는 부작용을 낳았다. 그뿐 아니다. 집에서 직장까지 출퇴근하는 사람들이 많아지면서 교통 혼잡이 늘어나고, 출퇴근 거리가 길어지면서 연료 소비와 매연 배출이 늘어나는 등 다양한 도시 문제가 발생했다. 이 문제에 대한 해결책으로 도시계획가들은 도심 및 도심 인근지역을 상업·업무기능에 주거기능까지 결합한 주상복합 건물로 재개발해야 한다고 주장했다.

우리나라에서도 1980년대 이후 도심 재개발 차원에서 도심공동화현상 등을 막고 토지를 효율적으로 이용하기 위해 주상복합아파트 건축에 유리한 법규개정이 이루어졌다. 하지만 1990년대 중반에 이르면 신대방동 보라매공원 일대에 들어선 롯데타워아파트 등을 시작으로 주상복합아파트가 도심이 아닌 부도심이나 기존의 주거지역으로 확대되고, 건물 전체에서 주거기능이 차지하는 비율이 높아지기 시작한다. 결과적으로 원래 단일 기능의 건축물이 가진 문제점을 해결하고 도심기능의 활성화를 위해 장려된 주상복합아파트가 현실적으로는 업무 및 상업기능보다 주거기능에 치중되고 초고층화, 대형화, 고급화 되었다.

초고층 주상복합아파트, 성채를 추구하다

이런 흐름 속에서 도곡동 타워팰리스의 출현은 우리 사회에 충격을 던져 주었다. '타워팰리스'라는 오만하고 도전적인 이름부터 그러했고, 그 동안 위세 좋던 강남의 다른 아파트들을 단번에 눌러버리듯 성채처럼 우뚝 선 외관에 입이 벌어졌다. 언론매체가 부지런히 알려주는 내부의 최첨단·초호화 시설과 서비스, 입주한 사람들의 면면을 듣게 되면 이곳이 대한 민국 최상류층의 거주지임을 인정할 수밖에 없게 된다. 타워팰리스의 성공으로 초고층 주상복합아파트 건축 붐은 강남을 넘어 서울 전역으로, 다시 전국으로 확산되어 갔다.

그러나 초고층 주상복합아파트가 물리적·사회적 측면에서 우리 사회에 상당한 부담을 준 것도 확실하다. 1960~70년대 건설된 소규모 아파트들은 지형이나 가로 형태 같은 주변 환경과 조화를 이뤘다. 아파트 내 상가나 놀이터 같은 시설들을 이웃과

복개된 하천을 따라 곡선으로 들어선 서소문아파트

함께 쓰거나 별도의 시설을 갖추지 않아도 될 만큼 규모가 작았다. 실제 1970년에 건설된 서소문아파트는 하천을 복개하여 생긴 도로를 따라 세워지다보니, 하천을 따라 곡선으로 들어섰다. 서소문아파트는 주상복합아파트이기도 한데, 1층에 자리 잡은 상업시설들은 아파트 주민 외 인근 지역 사람들도 활발히 이용한다. 아파트 내에 없는 서비스 시설은 주변에서 이용하면 된다. 결과적으로 아파트가 주변 환경을 압도하지도, 분리하지도 않는다.

반면 반포나 잠실 같은 대규모 아파트단지는 규모 자체가 너무 커서 가시적·물리적으로도 주변으로부터 독립적인 영역을 형성하였다. 뿐만 아니라 단지 안에 자체의 상가나 학교 등을 갖추고 있어 주변과 시설을 공유할 필요가 없다. 따라서 대

초고층 주상복합아파트는 기존 아파트들을 난장이로 만들어버리고 있다.

규모 아파트단지는 주변 환경을 분리하는 정도가 더 심해졌다.

그러나 초고층 주상복합아파트는 기존의 대규모 아파트단지가 보여주었던 물리적 분리보다 더욱 심각해졌다. 기본적인 상업시설 외에도 연회장, 헬스장, 수영장, 골프연습장, 영화감상실, 옥상정원 등을 모두 갖춘 일종의 '호텔식 아파트'를 지향하고 있기 때문이다. 따라서 굳이 아파트 밖 근린시설을 이용하기 위해 주변과 상호작용할 필요가 없다. 높은 보안시스템은 외부인의 출입을 철저히 통제하고 있어서 말 그대로 '성채'와 같다. 기존 대규모 아파트단지는 외부인도 자유롭게 들어가 구경할 수 있었다. 비록 거주는 못할 지라도 말이다. 그런데 초고층 주상복합아파트는 입주자의 허락을 받지 못하면 아파트 안의 시설을 구경도 할 수 없다. 또한 주변 환경과 조화를 이루기는커녕 압도해버리는 타워형의 거대한 덩치 역시 이 건

서울 강남구 대치동 학원가 모습

물이 물리적으로 성채를 추구함을 입증하고 있다.

또한 아파트라는 물리적인 공간이 기존의 주변 환경과 분리되면서 자연스럽게 사회적으로도 계층별 분리현상을 동반하게 된다. 특히 강북에서 강남 아파트단지 인근으로 이전한 명문 학교들은 우리 사회에 교육과 거주지 간의 *끈끈한 상관관계*를 맺게 한 '강남 8학군지역' 형성에 결정적인 역할을 하였다. 이는 다시 거주지에 따른 사회적 계층분리 현상을 심화시켰다. 사실 1974년 서울시에서 고교평준화 제도를 도입하기 전까지만 해도 학교의 소재지와 학생의 거주지는 큰 상관관계가 없었다. 하지만 입시경쟁 과열과 인구의 도시집중을 막기 위해 고교평준화 제도가 실시되면서 거주지별로 학군을 나누어 학교를 배정하게 되었다. 그러자 강남 8학군에 몰려 있는 경기고, 서울고, 경기여고 같은 명문고에 진학하려면 강남의 아파트단지로 이사해야 했다. 그러나 이곳으로 진입하려면 높은 부동산 가격의 장벽을 넘어야 한다. 이 장벽은 결국 낮은 사회경제적 지위를 가진 가구들이 배제되는 거주지 분리현상을 심화시켰다. 사회경제적 지위가 높은 집단일수록 자녀의 교육열이 높은데, 학력이나 학벌이 사회경제적 지위의 재생산에 확실한 보증수표 역할을 하기 때문이다.

사회경제적 지위의 재생산을 위해 갈수록 높아지는 교육열은 사교육시장의 과열을 가져왔다. 이에 따라 오늘날 강남 아파트단지의 주가를 높이는 것은 학교가 아니라 '대치동 학원가'가 되었다. 이제는 명문학교보다 명문학원을 다니기 위하여 강남 아파트로 진입하려는 경쟁이 더욱 치열해지고 있다. 이는 강남 아파트 가격의 상승을 가져왔다. 결과적으로 아파트의 소유자이자 거주자에게 부동산 소득의 증대와 유리한 교육환경이라는 두 가지 이득을 누리게 하고 있다. 따라서 주거지에 따른 사회경제적 계층분리 현상은 더욱 심화될 듯하다.

브랜드 아파트의 탄생, 사람을 나누다

아파트를 둘러싼 사회경제적 분리현상에 부채질한 또 다른 축은 아파트의 브랜드화다. 브랜드화된 아파트 광고가 보여주는 특정한 메시지는 거주지를 둘러싼 사회경제적 분리현상을 어떻게 드러내고 있으며 또 강화시키고 있을까?

주택은 거주자의 생활수준 전체를 나타내는 재화로서 소비자의 경제적 신분을 대변하며, 대부분의 사람에게는 자신이 소비하는 재화 중 가장 비싸다고 한다. 여러 주택유형 중에서도 우리나라에서 유난히 선호되는 주택유형인 아파트는 가장 비싼 상품일 것이다. 이렇게 비싼 상품을 더 높은 값에 많이 팔기 위해 아파트 공급자가 적극적으로 광고하는 것은 당연하다. 그러나 사실 우리나라는 오랫동안 주택부족 상태에 있었고, 아파트 분양가상한제도 때문에 적극적인 광고가 필요 없었다.

따라서 1980년대 후반까지만 해도 아파트 광고는 주로 신문, 전단지 등 인쇄광고 형태였다. 광고 내용도 아파트의 위치, 교통, 교육 여건, 자연 등 주변 환경적 특성, 평형별 평면도와 아파트 내 시설, 분양 일정 및 방법이 전부였다. 인쇄물이라는 특성 때문에 텍스트 위주의 정보전달성 광고였으며, 특정 아파트의 위치나 시설의 장점을 알리는 데 주력했다.

그러나 주택공급이 꾸준히 늘어나고, 특히 1990년대 중반 주택 200만호 건설 사업이 끝나고 뒤이어 1997년 IMF사태를 맞으면서 건설경기가 침체되는 국면을 맞았다. 이에 따라 사상 초유의 아파트 미분양 사태가 발생했고, 1998년부터는 분양가상한제가 분양가 자율화로 전환되었다. 이러한 변화는 아파트시장을 공급자 중심에서 수요자 중심으로 바뀌게 했다. 이전까지만 해도 우리나라는 주택수요에 비해 주택공급이 항상 부족했다. 그래서 아파트를 짓기만 하면, 아니 짓기도 전에 팔려나갔다. 따라서 다양한 수요자의 요구를 만족시킬 필요 없이 공급자 위주로 아파트를 건설하는 구조였다. 또한 만성적으로 주택공급이 부족하여 시장에서 형성되는 주택가격은 부르는 게 값이었다. 이는 안정적인 국민생활을 위협했기에 정부에서 아파트 분양가격의 상한선을 정했다. 아파트 분양가상한제는 아파트가격의 안정화를 가져왔지만, 동시에 다양한 수요자들의 요구를 반영하기보다 공급하기 편한 아파트의 획일화·표준화를 가져왔다. 그러나 90년대 후반에 이르러 미분양 사태와 함께 IMF사태를 맞아 침체된 건설경기 활성화를 위해 아파트 분양가자율화를 도입했다. 이는 수요자에게 팔릴 만한 아파트를 지어야 한다는 것이고, 팔릴 수만 있다면 엄청 비싼 아파트도 지을 수 있다는 것이다. 이런 배경에서 아파트시장은 자연스럽게 수요자 중심으로 전환되었다.

이에 따라 2000년부터 아파트 건설 회사들은 '대림 e-편한세상', '삼성 래미안'

삼성래미안, 자이 등 아파트의 브랜드가 많이 보이는 송파구 잠실동의 아파트단지의 모습

등 전문화되고 차별화된 브랜드 마케팅을 도입하였다. 이에 이미지 광고에 주력한 TV광고 시대가 개막되었고, 일반 대중부터 광고학, 건축학, 부동산학, 사회학을 연구하는 학자들까지 아파트 광고에 관심을 갖게 되었다.

　이전의 인쇄광고가 특정 아파트의 교통편이나 주변 환경 등을 알리는 데 주력했다면, TV광고는 특정 아파트의 위치가 중요하지 않다. 오로지 특정 브랜드의 아파트가 얼마나 첨단이고 친환경적이며 고급인지, 그리고 이를 통해 당신이 얼마나 다른 사람과 차별화되고 부러운 삶을 살게 될 것인가를 강조한다. 이처럼 TV광고는 특정 브랜드 아파트의 가치를 높임으로써, 전국에 걸쳐 그 브랜드 아파트의 가격 상승에 기여하게 된다. 그에 따라 같은 지역에 위치한 아파트라 하더라도 아파트 브랜드별로 거주자들의 사회경제적 지위가 분리되도록 조장한다.

사회경제적 지위의 분리, 차별화를 목표로 한 아파트 광고는 크게 두 유형으로 나타났다. 한 유형은 자랑할 만한 이웃과 함께 살면서 나의 지위를 확인받을 수 있음을 강조하는 광고다. 몇 년 전 TV광고 문구를 보자. "푸르지오는 푸르지오를 느낀다." 공항에서 스쳐 지나가는 순간에도 낯선 여자 둘은 서로를 알아볼 수 있다. 같은 명품가방을 든 사람들끼리 서로의 경제적 지위와 문화적 취향을 동일시하듯이. 또 다른 아파트 광고를 보면, 유럽의 성과 같은 곳에서 멋진 드레스를 입고 백인들과 음악회를 열고 만찬을 즐긴다. 이렇게 우리만의 특별한 공간에서 우리끼리 위신 있고 풍요로운 삶을 즐길 수 있다는 점을 강조한다. 두 번째 유형의 광고는 내가 살고 있는 아파트 브랜드만 보여줘도 모두가 부러워할 만한 나의 사회경제적 지위가 드러날 수 있음을 강조하는 광고다. 평범한 전업주부가 잘 나가는 커리어우먼 동창의 기를 단번에 죽일 수 있는 한 방, 여자친구의 집에 인사드리러 오는 남자친구의 불안감을 단번에 안심시킬 수 있는 한 방은 어두운 밤하늘에서 더욱 빛나는 아파트 로고 '래미안'이다. 그래서 요즈음은 아파트도 상가 건물들처럼 브랜드 로고에 네온사인을 켜놓는다. 아파트는 더 이상 사람들이 편안히 쉬는 집만은 아니다. 밤에도 늘 광고해야 하는 상품이다.

특정 브랜드 아파트에 입주할 수 있는 소수를 제외한 다수를 왕따시키거나 열패감을 느끼게 하는 이런 광고가 성공했다는 사실이 놀랍다. 『건축, 우리의 자화상』에서 건축가 임석재는 최근 우리나라 아파트 광고가 전달하는 주요 이미지를 뽑아보면 '유럽, 첨단, 그린Green'이라고 했다. '유럽'은 상류층의 귀족적 이미지를 강조하기 위해, '첨단'은 각종 첨단시설을 갖춘 인텔리전트 아파트의 이미지를 강조하기 위해, '그린'은 건강을 강조하기 위해서일 것이다. 귀족적 이미지와 첨단 이미지는 서로 상통한다. 상류층 귀족은 최첨단 유행 상품이 가장 비쌀 때 가장 빨리 받아들임으로써 차별화된 지위를 유지하는 집단이다. 따라서 아파트는 한번 구입하면 오랫동안 살아야 하는 터전이라기보다 새로운 유행의 아파트가 시장에 출시될 때마다 적극적으로 소비해 보아야 하는 상품이다. 이 때문에 아파트라는 가장 비싼 상품의 수명은 계속 짧아지게 된다. 그런데 아파트 광고는 대중들로 하여금 상류층의 생활양식을 선망하고 모방하게 한다. 준공된 지 20년밖에 안 된 아파트의 재건축 승인을 받기 위해 주민들이 앞장서는 현상도 부동산 가격 상승에 대한 기대감과 첨단시설을 갖춘 고급 브랜드 아파트에 살고 싶다는 욕구가 중첩되어 나타나는 것이다. 하지만 이는 막대한 자원 낭비와 불안정한 주거환경, 주거비용의 상승 등 심각한 사회 문제를 유발할 수 있다.

아파트는 우리의 집이 될 수 있을까

1998년 서울에서는 아파트 거주가구 수가 단독주택 거주가구 수를 추월했다. 그만큼 아파트는 서울에서 가장 친숙한 주거유형이 되었다. 전국적으로도 2010년 사상 처음으로 아파트 거주가구 비율이 전체 가구의 47.1%를 차지하면서, 단독주택 거주가구 비율 39.6%보다 앞섰다. 1980년 우리나라 전체 가구 중 단독주택 거주가구 비율이 89.2%, 아파트 거주가구 비율이 4.9%를 차지했던 것과 비교하면 불과 30여 년만의 엄청난 변화다.

강남지역에 비해 아파트가 적은 강북지역도 조만간 스카이라인이 급변할 것이다. 사실 강북지역은 도심권 인구증가 억제라는 명분으로 1977년부터 1984년까지

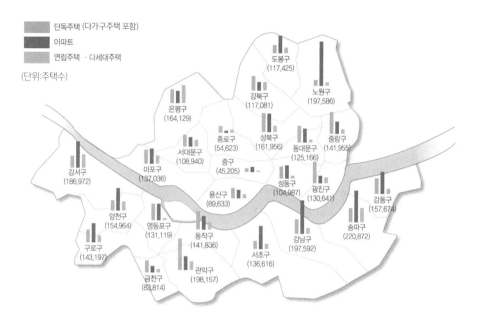

도봉구
(117,425)

강북구
(117,081)

노원구
(197,586)

은평구
(164,129)

종로구
(54,623)

성북구
(161,956)

중랑구
(141,955)

서대문구
(108,940)

중구
(45,205)

동대문구
(125,166)

강서구
(186,972)

마포구
(137,036)

성동구
(104,987)

광진구
(130,641)

강동구
(157,674)

용산구
(89,633)

양천구
(154,964)

영등포구
(131,119)

동작구
(141,836)

강남구
(197,592)

송파구
(220,872)

구로구
(143,197)

서초구
(136,616)

금천구
(83,814)

관악구
(198,157)

2010년 기준 구별 주택유형 〈서울통계연보〉

아파트 신축이 제한되었다. 그래서였을까? 2008년 국회의원 총선거에서 강북지역 을 중심으로 뉴타운 공약이 표몰이에 성공했다. 아파트단지 재개발에 대한 강북지 역민들의 바람이 그만큼 컸다. 노후한 단독주택지역 주민들이 새롭고 편리한 첨단 시설을 갖춘 아파트에 살아보고 싶은 것은 당연할 것이다.

그러나 선거 결과에 대해 상당수 사람들은 우려를 표했다. 그들은 소수에 그쳤 던 부동산을 통한 재산 증식의 욕망이 이제는 보통 사람들에게까지 전이되어, 기 존의 정치 판도를 바꿀 정도가 되었다고들 했다. 그들이 우려한 것은 우리 사회가 주택을 상품으로 보는 관점이 지배하는 사회로 변하고 있다는 점이다.

그러나 주택은 상품이기 전에 모든 인간의 기본적인 삶의 조건이다. 따라서 주거권은 국민의 기본권으로서 국가는 모든 국민의 인간다운 주생활을 보장할 의무가 있다. 국민임대주택, 공공임대주택, 영구임대주택, 그리고 보금자리주택 같은 서민을 위한 다양한 주택공급 정책도 이러한 맥락에서 나온 것이다. 그럼에도 불구하고 「2010 인구주택총조사」에 따르면, 2010년 현재 판잣집이나 비닐하우스, 움막 같은 열악한 환경에 거주하는 사람들이 2005년에 비해 2.3배나 늘었다. 이는 지난 5년 사이에 뉴타운, 재개발, 재건축 등이 급속도로 진행되면서 서민들이 거주하던 값싼 주택이 줄어들었기 때문으로 해석된다. 주택을 상품으로 보고 부동산 가격 상승을 노린 무분별한 재개발, 재건축의 열망이 또 다른 그림자를 양산한 것이다.

따라서 우리 스스로가 주택을 상품이 아닌 집으로 보려는 의지와 실천이야말로 모두가 행복한 보금자리를 만드는 데 필수적이다. 특히 우리 사회에서 가장 흔한 주거유형이 되어버린 아파트는 본질적으로 단독주택이 아닌 공동주택이다. 공동주택이라는 아파트의 속성은 '나'의 집이면서 '우리'의 집이라는 점이다. 그런데 '우리'라는 의미가 어떻게 쓰이느냐에 따라 아파트는 다양한 모습이 될 수 있다. '우리'가 타자들을 배제하고 차별하기 위한 성채이자 장벽으로 쓰인다면 아파트는 언제까지나 상품으로 존재할 것이다. 경제적 부가 뒷받침되지 않으면 순식간에 가치를 잃어버리는 상품. 반면 '우리'가 서로를 보살펴 주고 의지하고 상호작용할 수 있는 공동체의 의미로 쓰인다면, 아파트는 그 모던한 외관에도 불구하고 집이자 마을의 역할을 할 것이다.

3.

서울, 공간을 소비하다

● 한지은

소비를 통해 '나'를 이야기하는 시대

도시는 언제나 소비를 위한 장소였다. 서구에서 마켓^{Market}은 도시 그 자체를 의미하는 말이기도 하다. 동아시아에서도 마찬가지다. 도시를 뜻하는 일본식 한자어 도시都市와 중국어 성시城市를 보자. 두 단어에 모두 포함된 시市는 상업활동이 이루어지는 장소, 시장을 가리키는 말이다. 상품경제의 발전과 함께 시市가 성城에 자리 잡아 만들어진 것이 결국 도시인 것이다.

이처럼 도시가 만들어지고, 도시 내부의 공간적 배치가 결정되는 과정에서 소비공간은 주거공간과 함께 가장 중요한 기능을 담당한다. 도시 내의 한정된 토지를 놓고 주거기능과 상업기능이 경쟁하는 경우도 많다. 특히 도시 중심부에서 상업기능의 지배는 도시화과정에서 필연적으로 겪게 되는 일이다. 따라서 폭발적으로 성장한 서울에는 빽빽한 아파트만큼 수많은 슈퍼마켓 체인점과 백화점이 가득 차게 되었다. 이제 대도시 서울에서의 생활이란 똑같은 성냥갑 모양의 아파트에 살고, 공장에서 대량으로 생산된 똑같은 물건들을 똑같은 순서로 진열한 마트에서 소비하는 것을 의미하는지도 모른다.

문제는 도시에서의 소비가 단순히 상품 판매와 구매라는 행위를 넘어서면서 시작되었다. 근대 세계의 특징 중 하나가 경제로부터 문화가 분화되는 것이라는 막스 베버의 주장과는 달리, 현대 도시에서 소비공간은 오히려 문화적 장소와 결합되거나 그 자체로 문화적 장소가 되고 있기 때문이다. '생산'에서 '소비'로 사회 중심이 이동하면서, 소비는 단순히 욕구를 충족하는 행위에 그치는 것이 아닌 욕망을 좇는 행위가 되었다. 이제 단순한 거래 행위에 불과하던 소비는 '소비문화'가 된 것이다.

어쩌면 소비라는 행위는 본질적으로 재미나 즐거움과 불가분의 관계를 갖는 활동일지 모른다. 심지어 일상품을 위한 소소한 장보기에 불과하더라도 말이다. 이러한 소비가 만들어내는 흥분감이야말로 마약중독만큼 헤어나기 어렵다는 '쇼퍼홀릭'들을 끊임없이 만들어내는 원인일 것이다. 그러나 무엇보다 오늘날 소비와 그 공간을 이해하는 데 있어서 분명히 고려할 점이 있다. 바로 소비가 '라이프 스타일'을 표현하는 일종의 수단이 되면서 점점 더 많은 사람들이 소비를 통해 스스로의 정체성을 드러내고자 한다는 것이다.

상품의 유행은 모방과 차별화의 원리에 따라 이루어지는 것과 같이, 오늘날 소비공간을 선택하는 것은 단순히 상품을 구매하는 장소가 아니라 남들과 다른 취향을 드러내는 적극적인 행위가 되고 있다. 결론적으로 현재 서울에서 이른바 '뜨는' 소비공간을 찾는 일은 곧 글로벌한 도시민이나 소수 사람들만 아는 브랜드를

애호하는 혹은 예술가적 감성을 지닌 특별한 자신을 드러내기 위한 하나의 실천행
위라고 한다면 너무 과도한 해석일까.

19세기 아케이드의 후손, 복합소비공간

최근 들어 하루가 나르게 세계적 규모의 이른바 '복합문화소비공간'들이 등장하고
있다. 2000년에 삼성동 코엑스몰이 개장했을 당시, 이곳은 '동양 최대'의 지하쇼핑
공간으로 언론의 유명세를 치렀다. 전시장과 컨벤션센터, 호텔, 백화점, 영화관과
아쿠아리움 등을 포함하여 연면적이 11만 9천㎡, 총 임대 점포가 260여 개에 달하
는 초대형 쇼핑몰이었다. 지금도 하루 수십만의 인파가 오가는 지하공간이 여전히
인기 있는 이유를 생각해보면, 자본주의 도시사회에서 소비의 본질과 소비공간의
역할에 대해 실마리를 제공해 준다.

    코엑스몰과 같은 대형쇼핑몰의 조상은 19세기 프랑스 파사주^{Passage}, 영어로는 아
케이드^{Arcade}라 불리는 공간으로 알려져 있다. 아케이드는 로마의 콜로세움처럼 일
렬로 늘어선 기둥들을 지탱하는 아치 형태의 개방형 통로를 의미한다. 19세기 프랑
스에서 날씨와 상관없이 여러 상점들에서 쇼핑할 수 있도록 철제와 유리로 된 아치
공간을 만들면서 쇼핑아케이드가 다시 태어났다. 이는 상점들이 문을 닫아도 상품
진열이 가능한 유리창과 가스등과 같은 건축기술의 혁신으로 더욱 활성화될 수 있
었다. 따라서 19세기 프랑스 파리에서는 도시인들이 상점과 상점 사이를 유리 아치
로 연결한 아케이드를 산책하면서 쇼윈도에 전시된 상품들이 보여주는 시각적 매
혹에 빠져들었다. 철학자 발터 벤야민(1892~1940)은 19세기 파리의 아케이드 건설과
그것이 주는 소비에 대한 환영, 이것이 바로 오늘날 자본주의 도시 생활의 원형이

자연채광과 이미지를 활용한 삼성동 코엑스몰 입구와 안으로 들어가는 통로, 코엑스몰 내부의 푸드코트

라고 분석한 바 있다.

그러나 19세기 말에 이르면 쇼핑아케이드는 대부분 명성을 잃고 사라진다. 대량생산과 대량소비 시스템이 등장하면서 소규모의 독립 전문상점이 살아남기 어려워졌기 때문이다. 불과 100년이라는 짧은 시기 전성기를 누리다 사라져버린 쇼핑아케이드는 오늘날 아치형 출입구를 가진 빌딩의 지하층을 일컫는 말로 변해버린 듯하다. 그러나 역설적으로 쇼핑아케이드는 대량생산과 획일적 소비에 지친 도시민들이 바라는 새롭고 다른 소비공간, 즉 복합문화소비공간으로 화려하게 부활하였다.

코엑스몰의 넓은 통로에는 늘 사람들이 흘러넘친다. 코엑스몰은 단순한 상품 구매 장소뿐 아니라 체험의 장으로도 작동한다. 쇼윈도가 보여주는 볼거리뿐 아니라 거리공연이나 공개방송 또는 신상품의 홍보무대로 활용되는 광장들에서 사람들은 쇼핑 중 휴식을 취하거나 누군가를 기다리며 오락과 축제를 즐길 수 있다. 지하공간이라는 단점은 수풀과 꽃 등으로 자연의 이미지를 빌려오거나 자연 채광을 활용함으로써 극복된다. 코엑스몰 출입구인 밀레니엄 광장을 보면, 지하 1층에 해당하는 출입구 공간을 바깥으로 개방하였다. 지하철역에서부터 계속 위쪽으로 움직이도록 만든 경로는 사람들로 하여금 지하공간으로 내려간다는 느낌보다, 백화점이나 실내 놀이공간과 같은 지상공간에 입장한다는 느낌을 갖게 만들었다.

이렇게 주의 깊게 구성된 복합문화소비공간에서 공간은 단지 쇼핑의 즐거움을 높여주는 역할뿐 아니라 상품 구매를 촉진하거나 심지어 구매 방식 자체를 변화시키는 역할을 하기도 한다. 코엑스몰과 같은 대형 복합문화 소비공간에 대부분 포함된 멀티플렉스 극장은 영화 관람 행위 자체를 바꾸어 놓기도 했다. 그 동안 관객들은 보고 싶은 영화를 먼저 선택한 후에 영화관을 찾았다면, 이제는 여러 상영관을 갖고 있는 멀티플렉스 영화관을 찾은 후에 어떠한 영화를 볼지 선택하게 된 것이다. 나아가 관객들에게 영화 관람이라는 행위는 단순히 영화라는 상품의 소비가 아니라, 편안한 좌석이나 음향, 음료나 팝콘에 이르기까지 영화관이라고 하는 공간의 소비가 중요해진 것이다.

한편, 쇼핑몰의 대규모 푸드코트와 다국적 레스토랑은 쇼핑객들의 허기를 달래는 곳인 동시에 국적과 종류에 상관없이 다양한 음식을 경험할 수 있는 장소가 되었다. 이렇게 보면 코엑스몰과 같은 대형 복합소비공간은 1년 내내 축제의 경험을 파는 장소가 되었는지도 모른다.

그런데 이러한 축제의 경험이 매우 획일적이라는 데에 문제가 있다. 전 세계 어느 곳에서도 맥도날드를 이용할 수 있는 세계화 시대에 지역의 고유성이나 문화적 차이를 강조하는 것은 고리타분한 이야기처럼 들릴 수도 있다. 그러나 과거와 달리 획일화의 정도가 비교할 수 없을 정도로 크고 강력하게 우리의 일상생활을 규정하고 있다. 서울의 거대한 쇼핑몰에서 보내는 하루가 미네소타나 싱가포르, 모스크바와 상하이의 쇼핑몰에서 보내는 하루와 별반 다르지 않을 때, 사람들은 더 새롭고 차별적인 소비공간을 갈구하게 된다. 결국 이러한 욕구는 바로 장소만의 특별한 분위기, 나아가 '아우라'를 가진 소비공간의 추구로 나타나곤 한다. 이는 오늘날 도시의 소비공간을 구성하는 또 다른 강력한 힘이 되고 있다.

강북의 옛마을, 새로운 소비공간이 되다

최근 들어 삼청동이나 홍대 주변에서는 커다란 카메라를 들고 다니는 사람들을 쉽게 발견할 수 있다. 이들은 강북의 오랜 주거지였던 한옥과 단독주택을 개조한 카페와 레스토랑들을 촬영한다. 그만큼 서울에서 상대적으로 저렴했던 주거지가 오늘날 강북 최대의 상권이자 매력적인 소비공간으로 부상했음을 보여준다.

사실 얼마 전까지만 해도 홍대역에서 상수역, 합정역에 이르는 주변 지역의 낡은 주택들이 독특하고 예술적인 '아우라'를 풍기는 상점과 카페, 레스토랑 등으로 변하리라곤 상상도 할 수 없었다. 1950~60년대까지 홍대 주변은 서울의 흔한 주거지역 중 하나였다. 1970~80년대에 홍익대 미대가 유명해지면서 미술문화지역으로 유명세를 타기 시작했지만 일부 소비공간이 형성되었을 뿐이다. 1990년대 초반부터 고급 카페 등이 들어섰다고 해도, 주거지와 비교할 때 그 규모는 그리 크지 않았다.

홍대 주변이 서울의 대표적인 소비문화지역으로 변화한 계기는 1990년대 후반부터 이른바 홍대 '클럽문화'가 언론의 유명세를 치르면서부터다. 처음에는 퇴폐적인 문화로 꺼려지던 클럽문화가 2002년 월드컵을 계기로 외국인 관광객을 위한 문화적 활동으로 그 의미가 변화된 것이다. 그러면서 밴드들이 연주하거나 춤을 즐기는 각종 클럽들은 홍대를 상징하는 대표적인 공간이 되었다. 특히, 매달 마지막 주 금요일에 티켓 1장으로 홍대 인근의 22개 클럽을 이용할 수 있는 '클럽데이'는 홍대지역만의 독특한 문화를 상징하는 대표적인 축제로 자리 잡기도 했다.

덕분에 '인디밴드'의 성지로 불리는 홍대지역에서는 공연장, 라이브 클럽뿐 아니라 거리와 놀이터, 광장에서도 꿈을 좇는 젊은이들의 즉석 공연을 감상할 수 있다. 또한 수공예품점과 출판사, 화방 등과 더불어 매주 토요일 홍대 앞 놀이터에서는 작가들이 직접 만든 예술품을 판매하는 '홍대앞 예술시장 프리마켓'이 열려 홍대만의 예술적 분위기를 만들어낸다. 홍익대 미대의 '거리미술전'에서부터 '서울프린지 페스티벌', '사운드데이', '와우북페스티벌'에 이르기까지 홍대지역에서는 10여 개의

주택을 개조한 상점들이 많은
홍대(위)와 삼청동(가운데), 신
사동 가로수길(아래)

비주류 문화인들이 만들어내는 축제들이 연중 펼쳐진다. 이러한 분위기는 이곳을 음악, 미술, 연극, 영화 등 문화예술단체들뿐 아니라 디자인, 만화, 출판, 광고, 패션, 인터넷콘텐츠, 멀티미디어 등 문화산업업체들이 밀집한 서울의 대표적 문화산업지역으로 만들었다.

비슷한 시기인 2000년대 초부터 서울 북촌의 삼청동 주변에는 낡은 한옥들이 전통과 현대가 어우러진 독특한 분위기의 상점이나, 레스토랑 및 카페 등으로 개조되기 시작했다. 이 지역은 경복궁과 청와대 주변인 동시에 역사적인 '북촌'이었던 곳으로, 과거 개발제한구역으로 지정되어 오랫동안 조용한 주거지로 남아 있었다. 그런데 1990년대에 건축규제가 완화되면서 임대료가 높은 인사동을 피해 몇몇 유명갤러리들이 이곳으로 이전해오기 시작했다. 1987년 갤러리현대를 시작으로 금호미술관, 학고재, 아트선재센터 등 유명 갤러리들이 잇달아 들어서면서 '화랑거리'가 만들어졌다. 이제 삼청동지역은 '북촌'이라는 역사성과 더불어 고유한 예술적 분위기를 갖추게 되었다. 이러한 문화적 아우라는 의상이나 장신구 등 수공예품을 생산·판매하는 공방이나 소매점들의 입점으로 이어졌다.

한옥이 만들어내는 역사적 분위기와 함께 갤러리와 공방 등이 만들어내는 예술적 분위기는 기존의 획일적인 소비공간에 지겨워하던 사람들의 관심을 불러 일으켰다. 차별화된 소비공간을 찾던 사람들이 모여들면서, 주거지로 이용되던 한옥들은 한식과 양식을 조화시킨 퓨전 레스토랑이나 와인바, 의상실 등으로 속속 개조되었다. 최근에는 삼청동을 넘어 가회동과 효자동 등 경복궁 서쪽지역과 부암동 등에서도 낡은 한옥과 단독주택들이 소비공간으로 탈바꿈하고 있다.

신사동 가로수길도 이러한 변화에 빼놓을 수 없는 지역이다. 1980년대 압구정동이 신사동에서 분리되면서 고층아파트와 대로로 가득한 강남에서도 신사동은 단독주택과 골목 그리고 은행나무 가로수가 운치 있는 분위기를 자아내는 곳이었다.

흥미롭게도 가로수길이 오늘날 한국의 소호Soho지역으로 유명세를 타기 시작한 시점은 본래 이곳에 자리하던 액자와 골동품 상점 등이 외환위기 이후 하나둘 떠나기 시작하면서부터다. 문을 닫은 갤러리에 청담동이나 인사동보다 상대적으로 저렴한 임대료를 찾던 해외파 디자이너들의 작업실이나 사진작가들의 스튜디오 등이 들어섰다. 처음에는 저렴한 임대료를 찾아 모여든 디자이너와 사진작가들의 작업공간이었던 것이다. 그러다가 2000년대 중반부터 압구정동과 청담동을 잇는 새로운 소비공간으로 '뜨기' 시작하면서, 단독주택들을 골조만 남긴 채 이른바 '소호' 풍의 인테리어로 리모델링하는 사례가 급증하였다.

홍대입구와 삼청동, 신사동 가로수길의 갑작스러운 변화는 매우 놀랍다. 한편으로 이들 사례는 지역만의 독특한 특성을 이용하여 색다른 소비공간을 원하는 사람들을 만족시킴으로써 지역경제의 부흥을 이루어 낸 21세기 판 '부동산 신화'처럼 보인다. 그러나 다른 한편으로 이들 지역에서는 부동산 가치의 급격한 상승으로 인해 지역주민들을 기반으로 유지되던 지역의 장소성이 급속히 무너지게 되었다. 즉, 처음에는 지역에 오래 거주한 주민들이나 가난한 예술가들이 살고 일하고 즐기던 장소들이 외지의 투자자나 소비자들을 위한 곳으로 바뀌고, 점차 우리의 '동네'가 모두의 '소비지'로 바뀌어버린 것이다.

이러한 변화를 지리학에서는 젠트리피케이션Gentrification이라 말한다. '고급화하다'는 의미를 가진 Gentrify에서 유래한 용어다. 낡은 주택지나 마을로 중산층 이상의 전입자가 이주하면서 기존 저소득층의 주민들을 대체하고, 낙후된 지역을 고급화시키는 과정을 일컫는다. 문제는 젠트리피케이션이 발생하면, 부동산 가격이 높아지면서 기존의 저소득층 주민들이 다른 지역으로 밀려나게 되고, 그 과정에서 여러 가지 사회적 갈등을 야기한다는 것이다. 여기에 젠트리피케이션으로 깨끗하고 고급스럽게 탈바꿈하면서 그 지역이 본래 가지고 있었던 독특함마저 사라져버린다.

젠트리피케이션이 만들어내는 변화를 보여주는 대표적인 사례가 뉴욕의 소호 지역이다. 1960~70년대에 가난한 예술가들이 버려진 공장 건물들을 작업실로 이용하면서 예술적이고 미학적인 분위기가 만들어진 소호는 오늘날 가난한 예술가들을 밀어내고 그 분위기를 이용하는 고가품 소비공간으로 바뀌어버렸다.

소비를 통한 차별화의 아이러니는 소수의 사람들이 차별화하고자 하는 욕망이 강력해질수록 동시에 그것을 모방하고자 하는 대중들도 급속히 늘어난다는 점에 있다. 따라서 장소에 대한 소비가 중요한 오늘날, 소수만이 공유하는 문화적 장소들은 늘 새로운 장소로 등장하자마자 금세 대중적 관심의 대상으로 전환되고 만다. 그렇다면 장소만의 차별성을 유지하는 길은 도대체 어디에서 찾을 수 있을까?

최근 서울시가 수립한 '창의문화도시' 전략 중에서 눈에 띄는 정책이 있다. 바로 장소 중심으로 문화지원정책을 수립한 점이다. 대표적으로 2009년부터 서울시가 조성하고 있는 12개 창작공간 중 하나인 홍대지역의 '서교예술실험센터'를 보자. 동사무소 통폐합에 따른 서교동사무소를 창작공간으로 재활용한 이곳은 홍대지역의 다양한 문화 활동을 매개하고 소그룹을 지원하는 것을 목적으로 건설되었다. 젠트리피케이션의 힘에 맞서 지역만의 고유한 특성을 유지하기 위해 장소의 아우라를 만들었던 문화생산 활동의 토대를 유지하고자 만들어진 것이다. 지역의 본래 분위기를 만들어낸 사람들이 비싼 부동산가격을 감당할 수 없어 사라져버린다면, 다른 소비지역들과 차별화되는 새로움이 어찌 만들어질 수 있겠는가.

지하철 1호선 왕십리역에 설치된 쇼핑몰 쇼윈도

소비공간의 진화, 자본의 유혹

서울의 소비공간들은 점점 진화하고 있는 것처럼 보인다. 단순히 상품만이 아니라 오락, 체험, 분위기, 그것을 제공하는 공간까지 소비할 수 있으니 말이다. 이러한 소비공간의 진화는 심지어 소비를 개인의 사적활동을 넘어서는 것으로 만들고 있다. 본래 거리는 공공의 장소이며 공동체에게 공유되는 장소였다. 그러나 대형 쇼핑몰의 통로는 거리인지 실내인지가 좀처럼 구분되지 않는다. 즉 근대 도시가 형성되면서부터 만들어진 일터와 거주지, 공적 가치와 사적 영역의 분리는 소비공간에서 더 이상 적용되지 않는다. 쾌적한 실내 환경을 자랑하는 거대 쇼핑몰의 통로에서, 심지어 광장이라 이름 붙여진 곳에서조차 사람들은 상품으로 둘러싸인 경우가 많다. 상점의 쇼윈도에 보이는 상품들이 만들어내는 화려함에 사로잡히거나 바닥이나 기둥까지 차지한 광고와 전광판에 둘러싸여야 한다.

최근 적극적으로 추진되고 있는 '민자역사의 개발'은 공과 사의 영역이 혼합된 소비공간의 변화를 가장 극명하게 보여준다. 이른바 복합민자역사라하여, 복합의 사업주체가 기존의 역사에 다양한 기능을 갖도록 개발하고 있다. 영등포역, 서울역, 용산역, 신촌역, 왕십리역, 청량리역 등이 그러한 예다. 이들 민자역사들은 백화점을 비롯해 대형마트 등 대규모 쇼핑센터와 직접 연결되거나 레스토랑, 카페뿐 아니라 영화관, 찜질방 등을 포함하기도 한다.

민자역사의 개발로 플랫폼은 더 이상 긴 기다림과 아쉬운 헤어짐의 장소가 아니다. 쇼핑과 오락 등 다양한 활동으로 시간을 보내거나 특별한 체험과 오락을 위해 일부러 찾을 수도 있는 곳이 되었다. 심지어 기차역 대합실에 백화점 상품이 진열되기도 하고, 지하철 플랫폼에 앉으면 원하지 않더라도 쇼핑몰의 쇼윈도를 바라보아야 한다. 이러한 변화를 소비공간의 진화로 보아야 할지, 자본의 진화라 해야 할지 판단하기는 물론 쉽지 않다.

4.

서울, 그 거대한 블랙홀

● 양희경

서울은 언제부터 만원이었을까

하루 동안 서울에서는 어떤 일들이 벌어지고 있을까? 2010년 〈통계청〉에서 발표한 서울의 하루를 보면 매일 256명이 태어나고 110명이 죽는다. 매일 73대씩 승용차가 늘어나고 지하철 이용자는 643만 명이나 된다. 매일 약 14건의 화재가 발생하고 954건의 범죄가 발생한다. 서울은 변화하지만 복잡하고 위험한 도시이기도 하다. 서울은 분명 살기 좋은 곳은 아니지만 많은 사람들이 서울에서 살기를 원한다.

왜 사람들은 서울에서 살고 싶어 할까? 서울은 우리나라에서 사회, 경제, 정치, 자본 등이 가장 많이 모여 있는 곳이다. 각종 교육기관이 많아 자녀 교육에도 유리하다. 이러한 이유로 일단 서울에 한 번 자리를 잡으면 빠져나가기란 쉽지 않다. 직장을 구하거나 사업을 하려는 사람들도 서울을 떠날 수 없을 것이다.

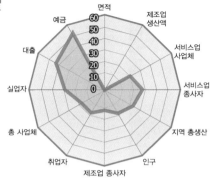

서울은 우리나라에서 가장 많은 사람들이 살고 있는 곳이고, 가장 많은 자본이 움직이는 곳이다. 돈을 벌려는 사람도, 일자리를 찾는 사람도 서울로 향할 수밖에 없다. 〈국토정보원, 『한국지리지 수도권편』, 2007년〉

    그렇다면 서울은 언제부터 만원이었을까? 1966년에 이호철의 소설『서울은 만원이다』가 베스트셀러가 되었다. 소설은 경남 통영에서 무작정 상경한 순진한 시골 처녀 '길녀'가 험난한 서울 생활 속에서 무너져가는 모습을 그리고 있다. 을지로 4가 국도극장 옆 일식집 종업원에서 다방 레지로 일자리를 옮겼다가, 결국에는 종로 3가 창녀촌까지 흘러가 상처 받고 다시 고향으로 되돌아가는 이야기다.

    서울의 인구는 1960~70년대에 폭발적으로 증가했다. 1966년에 370만여 명, 1968년에 433만여 명, 1970년에 543만여 명으로, 대략 2년마다 인구가 100만여 명씩 늘어났다. 너도나도 할 것 없이 서울로 몰려드는 시기였다. 이 시기를 대표하는 노래가 바로 패티김의 〈서울의 찬가(1969)〉였다. "종이 울리고, 꽃이 피고, 새들이 노래하고, 웃는 얼굴이 가득한 곳, 처음 만나서 사랑을 맺은 정다운 거리, 아름다운 서울, 서울에서 살겠다"라는 가사는 성공을 위해 무작정 서울로 상경하는 사람들의 힘찬 행진곡이었다.

과거 경기고등학교가 있던 곳은 현재 정독도서관으로 사용되고 있다.

서울의 폭발적인 인구 증가는 도시의 모습에도 많은 변화를 가져왔다. 인구 증가와 더불어 땅값이 하늘로 치솟기 시작했다. 현재 서초구 양재역 부근을 가리키는 말죽거리의 땅값은 1966년에 3.3㎡당 200~400원 수준이었는데, 불과 3~4년 사이에 3.3㎡당 6,000원을 넘을 정도로 급등하였다. 이러한 땅값 상승 현상이 서울 전역을 휩쓸면서 가난한 사람들은 점차 저렴한 지역으로 내몰리게 된다. 땅값 상승은 지역에 따라 정도의 차이는 있었지만, 특히 중구나 종로구와 같은 도심은 부르는 것이 값일 정도였다. 이로 인해 도심에 있던 주택이나 학교와 같이 넓은 땅을 차지하는 것들은 높은 땅값을 견디지 못하고 빠져 나가게 된다. 서울고, 경기고, 창덕여고, 배재고 등이 도심지역에 있다가 강남지역으로 이전된 학교들이다. 대신에 비싼 땅값을 지불할 수 있는 백화점이나 고급 상점, 은행 본사 등과 같은 상업시설이나 업무기관들만 도심에 남게 된다.

높은 땅값이나 주택 가격을 견디지 못한 사람들은 점차 집값이 저렴한 외곽지역으로, 다시 서울에서 쫓겨나 근교지역으로 이동한다. 그리고 서울의 교통 체증, 번잡스러움, 삭막하고 오염된 환경 등에 염증을 느낀 사람들도 서울 근교지역으로 떠나게 된다. 그러나 이렇게 이동한 사람들이 완전히 서울 생활을 접은 것은 아니다. 여전히 그들의 직장이나 학교는 서울에 있다. 이러한 현상을 부추긴 것은 전철이나 고속도로와 같은 교통의 발달이다. 특히 승용차의 보급으로 교외에 거주하더라도 서울로의 출퇴근에 지장이 없어졌다는 점이 크게 작용하였다.

서울은 어디서부터 어디까지일까

아침 7시부터 전철 신도림역은 많은 사람들로 북적댄다. 서로 부딪히지 않고서는 한 발짝도 갈 수 없을 정도다. 인천이나 수원 등에서 온 사람들이 서울의 도심이나 강남으로 가기 위해 전철 2호선으로 많이 갈아타기 때문이다. 신도림역뿐만이 아니다. 다른 환승역에 비해 사당역, 선릉역, 고속터미널역 등 서울 근교지역과 연결되어 있는 전철 환승역은 출퇴근 시간의 혼잡도가 더 심하다. 주변 도시에서 서울로 진입하는 도로도 출퇴근 시간마다 꽉 막혀 있다. 반면에 서울에서 주변 도시로 빠져나가는 차들은 별로 없다.

눈에 보이는 서울의 범위는 지도상에 그려진 행정구역을 보면 확인할 수 있다. 하지만 눈에 보이지 않는 서울의 영향력은 어디까지 미치고 있을까? 하나의 대도시가 영향을 미치고 있는 범위를 대도시권이라 부른다. 이러한 대도시권의 공간적 범위는 대도시로 출퇴근할 수 있는 거리 내의 지역이다. 대체로 통근 1시간 이내의 지역을 대도시권으로 보는 경우가 많다. 서울의 세력권은 교통의 발달에 따라 지속적으로 넓어져 왔다. 과거 전차시대에서 버스, 전철, 자가용, 고속철도의 발달

등은 서울의 세력권이 점차 확대되는데 큰 역할을 했다. 특히 1974년부터 운행한 전철은 버스보다 더많은 사람들을 한꺼번에 직장과 주거지로 연결시켜 주었다. 1호선에서 4호선까지밖에 없던 시절에는 출퇴근 시간에 전철이나 지하철에 사람들이 너무 많아서, 사람들을 전철문 안으로 밀어 넣어주는 푸시맨들이 등장할 정도였다.

전철 노선도에서 서울 외곽의 종착지를 보면 서울과 주변 도시 간에 얼마나 많은 사람들이 오고 가는지를 알 수 있다. 경의선은 파주·문산까지, 중앙선은 양평·용문까지, 분당선은 죽전까지 연결되어 있다. 최근에는 천안이나 춘천까지 전철이 놓였다. 서울에서 전철로 1시간 정도면 도착할 수 있는 곳이 강원도와 충청남도까지 넓어진 셈이다. 원래는 교통이 발달하면 서울로 올라오는 사람이 줄어들 것이라 기대했다. 하지만 되레 전철이 닿는 지역의 땅값만 상승시키는 결과를 초래하였다.

2010년 서울에서 춘천까지 전철이 개통되자, 예전에 비해 더 많은 서울 사람들이 춘천에 가서 원조 닭갈비를 먹고 소양강의 석양을 즐기게 되었다. 하지만 경춘선이 닿는 전철역 부근에 사는 10~20대 젊은이들은 반대로 서울로 향하는 경우가 더 많아졌다. 경춘선이 개통된 뒤 서울까지 가는 시간도 적게 걸리고 요금도 저렴해지자 학생들은 서울에 있는 영어학원에 다니거나 명동, 신촌, 강남 등지에서 쇼핑을 많이 한다. 춘천 시내 학원이나 젊은 사람들이 많이 이용하던 쇼핑 시설들은 매출이 줄었다고 한다.

자동차의 대중화는 서울로 출퇴근하는 사람들의 통근 거리가 늘어나는데 결정적인 역할을 했다. 시나브로 자동차는 생활의 필수품이 되었고, 성인 남녀에게 운전면허는 꼭 필요한 자격증으로 자리 잡았다. 1968년에 서울~인천 간을 연결하는 경인고속도로가 건설된 후, 경부·영동·중부고속도로가 차례로 개통되는 등 서울과 주변 도시 혹은 지방 도시를 연결하는 도로도 해마다 확충되었다. 서울 내부 순환도로와 외곽 순환도로 등이 생겨 서울과 주변지역 간의 교통 흐름도 매우 복잡해졌다. 자동차의 대중화는 서울에서 멀리 떨어져 있는, 도시적 경관이 적게 나타나는 농촌지역까지 서울로의 통근을 가능하게 만들었다.

그리고 1990년대 후반 등장한 고속철도는 서울의 세력권을 전국으로 확대시켰다. 서울에서 부산까지도 2시간 20분 정도면 갈 수 있다. 반나절이면 전국 어디나 갈 수 있는 세상이 되었다. 서울의 영향력은 그만큼 더 확대되었다. 1993년 8월 19일《경향신문》에는 고속철도가 우리의 생활에 어떤 영향을 미쳤는지를 다음과 같이 기술하고 있다.

"달려오는 고속철도 시대. 30분대 중부권 베드타운화. 아침에 서울을 출발한 주부가 부산 자갈치 시장에서 싱싱한 횟감을 사 점심 식탁을 풍성하게 차리는 일이 현실로 다가온다. 회사원들의 지방 출장도 당일치기가 가능해져 출장을 핑계로 한 외박이 없어진다. 샐러리맨이 군이 서울 본사 근무를 고집할 필요도 없게 되고 레저 패턴의 경우도 장거리화가 가속화된다. 대전의 주부는 서울 백화점에서 쇼핑을 하게 되고 천안이나 대전의 상권에 변화가 온다. 졸부는 서울과 대전에 두 집 살림을 차려도 전혀 시간에 쫓길 이유가 없다. 30분대에 서울을 쉽게 오갈 수 있는 천안이나 대전의 경우 서울로의 출퇴근이 가능해져 수도권의 범위가 크게 확대되고 이 지역 일대는 서울의 베드타운화 된다."

비단 고속철도뿐만이 아니다. 해마다 새로운 노선의 지하철이 생기고 있고, 좀 더 빨리 달릴 수 있는 도로도 만들어지고 있다. 사람들이 서울로 주거지를 옮기지 않을 뿐, 서울로 오는 방법이 점차 다양해지고 더 빨라지고 있는 셈이다. 서울은 발전할수록 진공청소기처럼 더 많은 사람들을 끌어 모으고 있다. '대한민국은 서울 공화국이다'라는 지방 사람들의 신세 어린 한탄을 그냥 지나칠 수 없는 이유다.

서울을 바라보며 사는 사람들

1960년대에 정든 고향을 떠나 무작정 서울로 올라온 사람들은 살 집을 구하지 못한 경우가 대부분이었다. 〈통계청〉 자료를 살펴보면 이 당시 서울의 주택 약 75,000동 가운데 17% 정도가 움막집 혹은 판잣집이었다. 집을 구하는 문제 못지않게 일자리를 구하기도 어려웠다. 가난한 이들이 당장 먹고 살기 위해서 할 수 있는 가장 흔한 일이 바로 길거리에 좌판을 벌이고 물건을 파는 노점상이었다. 서울 곳곳에 노점상들이 급속히 늘어났으며 도시 외곽에 무허가 주택을 짓고 사는 도시 빈민들도 폭발적으로 증가하게 된다.

이철용의 소설 『꼬방 동네 사람들(1981)』을 보면 서울 빈민들의 어려운 삶이 잘 묘사되어 있다. 서울의 신설동, 마장동, 용두동 일대를 배경으로, 한 끼의 밥과 잠자리를 위해서 들개처럼 빈민가와 창녀촌을 누비며 살아가는 서민들의 모습이 적나라하다. 빈민촌의 형성과정은 간단하다. 일단 하천변의 버려진 땅에 몇 집 정도의 움막집이 생기면, 몇 년 사이에 큰 마을을 이룰 정도로 움막집이나 판잣집이 꽉 들어찬다. 이들 판잣집들은 대부분 무허가고, 몇 년 안에 이곳을 떠나는 꿈을 꾸지만 현실은 녹록지 않다.

정부는 부족한 서울의 주택 문제를 해결하기 위해 대대적인 주택공급 정책을 시행하면서도, 다른 한쪽에서는 도시 빈민들이 짓고 살아온 무허가 건물들을 철거하기 시작한다. 1967년부터 서울시는 개발을 이유로 용산이나 청계천 등 도심지역의

서울의 마지막 달동네로 널리 알려진 백사마을에는 작은 주택들과 좁은 골목이 많다.

무허가 판자촌에서 살던 사람들을 서울의 외곽지역이나 도시 밖으로 강제 이주시켰다.

　이 때 형성된 달동네 중 하나가 노원구 중계본동 104번지에 있는 백사마을이다. 백사마을은 서울의 마지막 달동네로 유명세를 치렀다. 천막촌에서 시작해 지금은 작은 규모이기는 하지만 서민들의 자그마한 주택 수백 채가 아직도 남아 있다. 주변의 상계동과 중계동 아파트지역과 비교하면 초라하지만, 1960~70년대 우리 서민들의 생활 모습을 고스란히 확인할 수 있다. 이곳도 2016년부터 재개발에 들어간다. 하지만 다른 지역과 달리 옛날 주택들과 비좁고 구불거리지만 정감어린 골목 등이 일부 보존된다고 하니 사뭇 기대가 된다.

　서울 외곽의 달동네로 가지 못한 용두동과 마장동, 청계천변 등에 거주하던 판자촌 주민들은 서울시의 청소차와 군용차에 실려서 경기도 광주군으로 강제 이주되었다. 이들 외에도 수많은 도시 빈민들이 상하수도나 전기시설도 없고 택지조차 제대로 조성되지 않았던 광주군으로 밀려나게 된다. 이렇게 해서 탄생한 도시가 바로 오늘날 경기도 성남시(1973년에 시로 승격)다. 부천이나 안산과 같은 다른 서울 주변 도시들의 사정도 별반 다르지 않았다. 강제 철거만 당하지 않았을 뿐, 서울의 높은 땅값에 짓눌려 쫓겨나 정착한 것은 마찬가지였으니까. 이러한 서울 주변의 위성도시에서 사는 가난한 사람들의 모습을 잘 묘사한 작품이 바로 양귀자의 소설 『원미동 사람들(1987)』이다.

원미동 사람들은 서울을 떠나 경기도의 위성도시에 정착한 1세대에 해당한다고 볼 수 있다. 소설을 조금 살펴보면, 서울에서 자기 집 없이 전셋집을 전전하던 은혜네는 집을 구하기가 쉽지 않은 겨울에 다시 이사를 가야 할 상황에 처한다. 살 집을 찾아 여기저기 알아보던 은혜네는 서울 외곽에 위치한 경기도 부천의 원미동에 간신히 집을 얻게 된다. 추운 겨울, 은혜네는 인생의 실패자가 되어 서울 외곽으로 쫓겨난 것 같은 느낌이다. 그래서 언제든지 돈이 모이면 서울로 다시 돌아오려고 한다. 서울이라는 한정된 공간은 그들의 노동력은 필요로 하지만, 보금자리의 안락함은 쉽사리 허락하지 않는다. 원미동 사람들의 삶은 돈이 최고의 가치로 통용되는 사회 속에서 상처받고 절망하는 우리 이웃들의 삶이기도 하다.

1970~80년대에 거주지를 서울에서 위성도시로 옮긴 사람들은 강제 철거를 당하거나 돈에 쫓겨 반강제적으로 서울 주변지역으로 밀려났다. 하지만 1990년대 이후에는 빠르고 복잡하게 움직이는 서울 생활에 염증을 느끼고 삶의 질을 높이기 위해 자발적으로 서울을 떠나는 사람들이 생겨나게 된다. 1990년대에 불어닥친 전원주택 붐과 신도시 열풍이 그것이다. 1990년대에 일산, 산본, 평촌, 분당, 중동 등의 신도시에 엄청난 규모의 아파트가 건설되었다. 2000년대에 들어와서도 판교, 광교, 동탄, 파주, 검단 등 정부의 신도시 건설은 지역과 이름만 바꾼 채 계속 지속되고 있다.

신도시들은 서울에서 이주한 사람들과 그곳에 살고 있던 사람들 사이의 새로운

서울 주변의 위성도시와 신도시

● 위성도시
● 1기 신도시 (1990년대)
○ 2기 신도시 (2000년대)

파주
양주
의정부
한강 일산 고양 남양주
검단 ● 김포 구리
하남
중동 위례
인천 성남
광명 과천 분당 광주
시흥 평촌 판교
안산 산본 광교
수원
화성 세교 동탄 용인
오산
평택
고덕

1970년대에 서울의 외곽 도시가 발달하기
시작해 성남, 안양, 부천 등이 시로 승격했
고, 1980년대에만 남양주, 하남 등 13개 읍
이 시가 되었다.

갈등을 안고 있다. 그리고 갑작스럽게 들이닥친 택지 개발은 기존에 농촌 생활을
해오던 사람들에게는 적지 않은 문화적 충격을 안겨 주었다. 양귀자의 『원미동사람
들』이 1980년대에 서울을 떠난 사람들의 모습을 그리고 있다면, 김종성의 연작소
설 『마을』은 1990년대 이후 서울을 떠나 생활하는 사람들의 모습을 그리고 있다.
두 소설의 주인공은 모두 서울의 높은 집값을 감당하지 못해 외곽으로 이주한다.
하지만 '원미동 사람들'이 기약 없이 서울로 돌아가려는 것과는 달리, '마을'의 사람
들은 끊임없이 서울과 상호작용하면서도 신도시인 자기 도시, 자기 마을, 자기 아
파트의 정체성을 확립하려고 노력한다.

『마을』의 주요 무대는 서울 강남역에서 좌석버스를 타고 한 시간이면 닿는 '초림'이라는 마을이다. '초림'은 서울에서 밀려난 사람들과 다시 서울로 들어가려는 사람들이 사는 중간지대다. 서울의 세력이 확대되는 과정에서 주변의 농촌들은 도시로부터 빠져나오는 인구와 도시적 시설을 받아들이면서 불가피하게 여러 가지 변화를 겪게 된다. 우선 주민들의 구성이 다양해진다. 원래 그곳에서 농사를 짓던 주민들 이외에 대도시에서 이주해 온 사람들이 점차 늘어난다. 이들은 같은 장소에 거주하기는 하지만, 생활하는 방식이 서로 달라서 거의 교류 없이 지내는 경우가 많다.

서울에 일터가 있지만 값싸고 전망 좋은 집을 찾아 이사 온 아파트 주민들과 대대로 농촌에서 살아오다 도시민 때문에 삶터를 빼앗겨 갈팡질팡하는 원주민들은 서로를 이해하기에는 이질감이 너무 크다. 서울에서 밀려났거나 전망 좋은 아파트를 찾아 나선 도시민들은 이곳에 또 다시 공장, 상가, 도로 등을 만들면서 자신이 살고 있는 곳의 땅값을 높이기 위해 각종 생태계 파괴를 일삼는다.

이제 대도시 근처에서 순수 농촌은 찾아보기 어렵다. 도시를 흉내 내고 있는 농촌만 있을 뿐이다. 그곳에서 순박한 농민은 촌티 나는 사람일 뿐이다. 발 빠른 농민들은 농업 이외에 다른 일자리를 찾는다. 안정적인 수입을 얻을 수 있다면 농사는 포기하는 경우가 많다. 농사를 지어야 하는 사람들은 도시 사람들을 위한 채소나 화훼 등을 많이 재배한다. 비닐하우스에서 이들 작물을 재배할 경우 1년에 여러 번 농사를 지을 수 있지만, 이것도 자본금이 있는 농민들이나 할 수 있다. 농민들도 서울을 바라보며 살 수밖에 없다. 서울 사람들이 필요로 하는 농산물을 생산해야 하니까.

안으로 눈을 돌린 서울

세계에서 가장 살기 좋은 도시는 어디일까? 오스트레일리아의 멜버른, 오스트리아의 빈, 캐나다의 밴쿠버 등이 항상 상위권에 올라 있다. 이 도시들은 인구 밀도가 낮고 쾌적한 환경을 자랑한다. 범죄 발생율도 적고 교통도 편리해서 생활이 안정적인 편이다. 그렇다면 서울은 몇 위쯤 될까? 2010년도 순위를 보면 서울은 58위 정도다.

서울이 살기 힘든 도시가 된 가장 큰 이유는 인구가 너무 많아서다. 인구가 많으면 주택이 부족해지고 땅값이 높아진다. 전국에서 가장 땅값이 높은 곳은 몇 년째 서울 중구 충무로 1가 일대다. 이곳의 3.3㎡당 가격은 대략 2억 559만 원이다. 그리고 서울에는 정치, 경제, 교육, 의료 등과 관련된 최고의 시설들이 몰려 있다. 그렇다보니 교통량도 많고 더불어 대기오염도 심하다.

서울의 인구 증가를 막기 위해 정부는 서울의 바깥에 위성도시나 신도시를 만들어서 인구를 분산시켜 왔다. 위성도시나 신도시들은 서울과의 교통이 편리한 서울-인천 축, 서울-수원 축, 서울-성남 축에 집중적으로 건설되었다. 신도시 주민들의 직장은 대부분 서울이다. 신도시들은 거주지일 뿐 밤에 잠만 자는 도시인 셈이다. 이런 도시를 베드타운^{Bed Town}이라고 한다. 시간이 지남에 따라 사람들은 더 살기 편한 도시로 계속 이주하므로, 베드타운은 금세 텅 비게 된다. 그래서 베드타운은 텅 빈 낡은 아파트와 건물들만 남아 있는 고스트타운^{Ghost Town, 유령 도시}으로 전락할 수도 있다.

서울의 인구 증가나 주택 부족 문제는 신도시를 여러 개 건설한다고 해서 해결되지는 않는다. 서울 안에서의 문제 해결이 동시에 이루어져야 한다. 정부에서도 도시 개발 정책의 기본방향을 신도시 건설 중심에서 기존의 도시를 재개발하는 형태로 전환하는 '제 4차 국토종합계획 수정계획'을 세웠다고 한다. 1970년대 이후 안산을 시작으로 과천, 분당, 일산, 평촌, 동탄 등으로 이어져 온 인위적인 신도시 건설 정책이 40년 만에 대전환을 맞게 된 셈이다.

정부가 신도시 대신 새롭게 도입한 개념은 한국형 압축도시^{Compact City}다. 새로 도시를 짓거나 넓히기보다 기존의 도시를 짜임새 있게 재구성하는 것이다. 지역의 특성에 맞게 도심과 역세권지역은 좀 더 고밀도로 개발하고, 외곽의 주택단지는 쾌적하게 바꾸는 것이다. 종로나 광화문, 명동 주변에 대형 주상복합건물이 속속 건설되는 것은 도심을 고밀도로 개발하는 사례로 볼 수 있다. 은평이나 길음 뉴타운개발은 외곽의 주택공급을 늘리고 교통망을 재정비하기 위함이다. 외곽의 주택 단지와 도심 및 역세권은 버스중앙차선제나 경전철 등 대중교통망을 이용해 빠르게 접근하도록 유도한다. 곳곳에 공원이나 마음 편히 걸을 수 있는 넓은 길도 만들고 있다. 기존의 교통망이 승용차를 사용하는 사람들 위주였다면 최근에는 보행자 중심으로 바뀌고 있는 것이다.

앞으로 저출산과 고령화가 심해지면 인구가 많이 늘어나지는 않을 것이다. 요즘은 대가족이 모여 사는 집도 거의 없다. 심지어 혼자 사는 1인 가구가 빠른 속도로 증가하고 있다. 이러한 인구 변화 현상에 맞춰서 도시지역의 개발도 바뀌어야 한다. 앞으로는 고령자 전용 주택이나 1인 가구를 위한 소형 주택이 많이 필요할 것이다. 최근 들어 서울 도심지역에 1~2인 가구가 살 수 있는 소규모 주택들이 많이 생기고 있다. 높은 땅값 때문에 도심을 떠났던 사람들이 하나둘씩 돌아오고 있는 셈이다. 이들이 돌아오면 주택 부족 문제나 출퇴근 시의 교통난도 조금은 해소될 수 있다.

서울과 같은 거대 도시의 개발은 지역에 따른 맞춤형 개발 방식이 필요하다. 도심은 도심답게, 전통 공간은 잘 보존될 수 있도록, 주택가는 쾌적하게, 비즈니스 상업공간은 이용하기 편하게 등등. 여러 가지 빛깔의 유리나 타일 따위를 조각조각 붙여서 독특한 무늬나 그림을 만드는 것을 모자이크라고 한다. 그 동안 서울의 모자이크가 누더기처럼 특징이 없었다면, 앞으로는 다양한 조각들이 그 지역의 특성에 맞게 아름다운 그림으로 완성되기를 기대해본다.

제 5장

서울이 꾸는 꿈

❶ 청계천
❷ 동대문
❸ 광화문
❹ 봉수대
❺ 문래동
❻ 코엑스몰
❼ 광화문 수문장 교대식
❽ 이슬람 사원
❾ 서울숲
❿ 북촌
⓫ 선유도 공원

서울의 미래

● 한지은

앞으로 서울은 어떠한 도시가 될 것이며, 미래 서울을 상징하는 장소는 어떤 곳이 될까? 미래에 대한 전망이 늘 그러하듯이 유토피아적 상상과 디스토피아적인 비관이 교차할 것이다. 그러나 한 가지 분명한 점은 앞으로 서울은 그 동안 기대하기 어려웠던 몇 가지 가치들에 주목할 것이라는 사실이다. 그러한 가치들로는 생태환경, 역사문화, 복지인권, 공동체 같은 것들을 들 수 있다.

문제는 이러한 가치들을 어떠한 방법과 속도로 실현시킬 것이냐다. 미래의 서울이 맑은 물과 깨끗한 공기를 가진 생태도시, 역사적 유산과 문화적 다양성이 꽃피는 역사문화도시, 모든 시민이 인간다운 삶을 누리는 복지도시가 되기 위해서 현재 서울의 모습에서 무엇을 지키고 바꾸어야 할 것인가? 우리는 지금 바로, 그에 대한 진지한 고민과 토론을 시작해야 한다.

1.

공원으로 이루는 꿈,
생태도시

● 양희경

시대의 아이콘, 생태

생물이 살기 힘든 건조하고 메마른 곳을 사막이라고 부른다. 콘크리트로 뒤덮인 도시도 인간 외에는 다른 생물들이 살아가기 힘겨운 또 다른 형태의 사막이다. 겨우 도로변의 가로수나 아파트 앞의 작은 정원 외에는 녹색을 구경하기 힘든 도시민들에게 언제부턴가 '녹지', '생태' 등의 단어는 중요한 키워드로 부각되고 있다.

'녹색 숲과 어우러지며 고품격 문화를 즐길 수 있는 ○○○아파트', '자연을 닮은 ○○화장품', '○○천을 생태 하천으로 복원' 등등. 요즘은 아파트나 화장품 광고 및 정치인들의 선거 공약 등에 빠지지 않고 등장하는 내용이 바로 생태와 관련된 것들이다. 지난 수십 년간 진행된 성장 드라이브 일색의 도시개발이나 도시정책이 요즘에는 오히려 또 천편일률적으로 생태도시를 지향하고 있다.

자동차들이 달리던 서울시청 앞은 2004년 5월 잔디광장으로 조성되었다. 이곳에서 주말마다 각종 문화 행사가 열린다.

2012년 8월 새롭게 준공된 서울시청 신청사(뒤)와 . 구청사(앞) 모습

과거에는 63빌딩 같은 고층 건물이 세워지고 지하철역이나 넓은 도로가 만들어지면 정부가 시민들의 행복을 위해서 할 일을 다 했다고 생각했다. 인공적인 환경은 국가나 정부의 책임이고, 자연환경은 이미 우리에게 주어진 것이기 때문에 그저 잘 이용하면 된다는 식이었다.

그러나 이제는 생활의 편리함보다는 삶의 질을 생각한다. 도시를 생산의 공간이 아닌 생활 및 여가의 공간으로 보고 있다. 회색빛 콘크리트 대신 나무나 풍뎅이와 같은 자연이 보고 싶은 것이다. 생태도시를 희망하는 것도 바로 이러한 생각의 전환 때문이다.

생태도시Ecopolis, Ecocity란 도시를 하나의 생명체로 보고, 인간과 자연이 공존할 수 있는 환경친화적인 도시라고 흔히 정의한다. 생태도시가 되려면 우선 동식물을 비롯한 녹지의 보전이 이루어져야 한다. 불필요한 콘크리트나 시멘트를 걷어내야 한다. 그리고 녹지를 보전하기 위해 환경오염 물질을 적게 배출해야 한다. 환경오염 물질을 적게 배출하려면 자원을 절약하거나 재활용해야 한다.

훼손되거나 사라진 자연을 사람의 개입을 통해 되돌려내는 것은 자연을 어떻게 해석하느냐에 따라 달라진다. 가령 자연 그 자체를 목적으로 생각하는 생태주의자들은 훼손된 자연을 원래 상태로 되돌리는 것을 매우 중시 여긴다. 인간의 삶도 결국 자연의 일부분이라고 생각하기 때문이다. 반면 자연을 인간을 위한 도구적 가치의 대상으로 대하는 환경관리주의자들은 훼손되거나 오염된 환경을 자연과 비슷하게 개발하려고 한다.

서울시가 꿈꾸는 생태도시는 전자보다 후자에 가까운지도 모른다. 최근 서울시의 생태도시 추구는 하천 복원과 공원 조성 등 일련의 개발 형태로 진행되고 있다. 도심의 청계천이나, 양재천, 중랑천과 같은 하천을 자연에 가깝게 복원하고 있다.

쓰레기산이었던 난지도 일대를 월드컵공원으로 탈바꿈시켰으며, 경마장이었던 뚝섬 일대를 서울숲으로 조성하였다. 서울 시민들의 깨끗한 환경에 대한 목마름 또한 각종 시민운동으로 이어지고 있다. 서울시청과 해당 구청 및 지역 주민이 힘을 합쳐 동네 자투리땅을 활용하여 '우리동네 숲만들기 운동'을 전개하는 것이 대표적인 사례다.

생태적 실험의 장, 공원

도시 사람들이 집에서 나와 쉬고 싶을 때 가장 많이 찾는 곳은 어디일까? 맑은 공기를 마시며 가벼운 산책을 하고 싶을 때 가장 생각나는 곳은 어디일까? 바로 공원이다. 원래 공원은 유럽에서 왕족이나 귀족들만이 이용할 수 있는 공간이었다. 그러나 산업혁명으로 도시가 오염되고 황폐해지면서 많은 귀족들이 점차 교외로 이주하게 되었고, 이들이 소유하고 있던 개인 정원이 생활환경 악화를 해소하기 위한 방안으로 일반인들에게 개방되었다.

우리나라는 19세기 말 개항과 함께 외국의 여러 가지 문물이 소개되면서 이른바 공원이라는 개념이 도입되었다. 서울에서는 종로에 있는 탑골공원이 최초 도시 공원이라고 알려져 있다. 조성 초기에는 국보인 원각사지 10층 석탑이 있는 공터에 간단한 울타리를 두르고, 나무 몇십 그루를 심은 게 전부였다고 한다. 당시에 일본인 거주지에 가까웠던 남산공원이 일본인들의 공원이었다면, 탑골공원은 한국인들의 공원으로써 민족 운동의 거점이었다. 1919년 3.1 만세운동이 이곳에서 열린 것도 우연은 아닐 것이다.

산업화, 도시화와 더불어 1970~80년대에도 공원 조성이 활발히 진행되었다.

올림픽공원

여의도공원

양재시민의숲, 올림픽공원 등이 이 시기에 만들어졌다. 양재시민의숲은 1986년 아시안게임과 1988년 올림픽 등 대규모 국가 행사를 기념하고 국제적 홍보를 위해 서울의 관문인 양재 톨게이트 주변에 만들어졌다. 올림픽 주경기장 근처에 조성된 올림픽공원은 체조장, 펜싱장, 수영장, 자전거경기장 등 5개의 경기장이 위치해 있다. 또한, 공원의 중심에 백제시대에 만들어진 몽촌토성이 있다. 몽촌토성은 올림픽공원을 만드는 과정에서 발굴된 것이다.

1990년대에는 환경에 대한 인식이 높아지면서 공원을 환경 친화적으로 조성하였다. 여의도공원이 이 시기에 조성된 대표적인 도시공원이다. 여의도공원은 예전엔 여의도광장 혹은 5.16광장이라 불렸다. 과거 박정희 대통령이 유사시에 군사 비행장으로 쓰기 위해 만든 것이라고 한다. 1979년 이후 매년 10월 1일 열리는 국군의 날 행사의 대형무대로도 사용되었다. 이런 점들 때문에 여의도광장은 제 3공화국에서 시작된 군사 독재의 상징으로 비판받았다. 하지만 시민들에게는 자전거나 롤러스케이트를 탈 수 있는 넓은 광장으로 각광받았다. 지금은 벚꽃축제를 비롯해 사계절 내내 다양한 문화 행사가 열리고 있고, 나무가 울창한 산책로가 조성되어 있어서 가장 많은 서울 시민들이 찾는 공원이다.

2000년대에 들어와서는 기존의 공원 개념에 '생태'라는 의미를 확실히 부여시켰다. 기존 공원은 자연 생태보다 사람 위주였다. 도시 생태공원은 사람들의 건강과 휴식뿐만 아니라 자연 생태계의 보전이 균형 있게 조화를 이룬 공원이다. 이 시기에 남산공원이나 여의도공원은 나무를 더 많이 심고, 동물들이 다닐 수 있는 생태 통로를 조성해서 자연적 특성을 강화했다. 난지도월드컵공원, 선유도공원, 서울숲처럼 기존에 많이 사용하지 않던 토지 등을 생태적 장소로 조성하기도 하였다. 후자의 경우 철도변이나 폐건물 부지, 폐기물 매립지 등 기존의 용도 가치가 사라지거나 버려진 땅을 보다 적극적으로 활용하여 환경적 가치를 부각시켰다.

난지도 하늘공원으로 올라가는 길(위)과 하늘공원의 꼭대기 (아래)

2002년 월드컵을 기념하기 위해 조성된 월드컵공원은 난지도에 만들어졌다. 특이한 것은 여느 공원과는 달리, 되레 쓰레기 매립지라는 악조건을 이용하였다. 쓰레기 매립지라는 과거사를 그대로 둠으로써, 장소의 개성을 담은 것이다. 실제로 하늘공원에 가보면 쓰레기산의 지형 특성을 그대로 활용하고 있다. 하늘공원 꼭대기에는 너른 초지와 강한 바람뿐이다. 그러나 버려진 땅, 척박한 토양이 회복되면

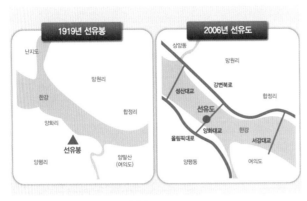

| 1919년 선유봉 | 2006년 선유도 |

선유도는 과거에 선유봉이라는 산이었다.

서 새로운 풀들이 자라나고 있다. 자연으로의 회복을 상징적으로 보여주는 공원이다.

원래 난지도는 한강변에 위치한 저지대였다. 마포지역과 더불어 여름철 집중 호우가 내릴 때마다 상습적인 홍수 피해를 입

었던 곳이다. 1970년대 말, 난지도 일대에 인공제방을 축조하여 수해가 줄어들었다. 이 무렵 서울시에서는 경제 성장과 인구 증가로 인해 쓰레기 처리 문제에 고심하였다. 기존에 쓰레기 매립지로 활용되던 잠실, 구의동, 상계동 등은 택지 조성으로 인하여 아파트단지로 바뀌고 있었다. 교통이 편리하면서 도시 외곽지대에 위치한 대단위 매립지가 필요한 상황에서 난지도는 적격지였다. 1978년부터 난지도에는 생활쓰레기, 건설폐자재, 하수슬러지, 산업폐기물 등이 대량으로 유입되었다. 쓰레기 매립은 그대로 적재하는 형태였다. 당초에는 쓰레기를 매립장의 국제적인 일반 높이인 45m까지 매립할 계획이었으나, 수도권 매립지의 건설이 늦어지면서 계속 쓰레기를 쌓아나갈 수밖에 없었다. 결국 난지도는 세계에서 유래 없는 95m의 쓰레기산이 되었다.

1993년 3월 난지도는 매립지가 완전히 폐쇄되기 직전까지 많은 먼지, 악취와 가스, 침출수를 토해냈다. 다행히 시간이 흐르면서 그 양은 점차 줄어들었고, 여러 종류의 동식물이 빠르게 자리를 잡아갔다. 많은 사람들이 자연의 복원력에 놀라

면서 "되살아나는 난지도"라 부르기도 하였다. 그러나 난지도의 중요한 생태 특성 중 하나는 귀화식물의 번성이다. 오염지역에서는 토종식물이 자라기 어렵지만 귀화식물은 잘 자라기 때문이다. 이제 난지도는 망초, 가시상치, 환삼덩굴 등 귀화식물의 전시장이 되어버렸다.

2002년에 완공된 또 다른 생태공원으로 선유도공원이 있다. 선유도공원은 옛 정수장을 활용한 국내 최초의 재활용 생태공원이다. 선유도는 원래 선유봉이라는 섬이었다. 이곳은 고려시대부터 한강의 절경지로 알려져 있었다. 선유봉은 1925년 을축년 대홍수가 일어나면서 한강의 홍수를 막고 도로를 포장하기 위해 암석을 채취하고 제방을 쌓으면서 깎여나갔다. 1978년부터 서울 서남부지역에 수돗물을 공

과거의 낡은 건물도 선유도공원에서는 훌륭한 주인공이다. 낡은 건축 자재와 나무들이 절묘하게 조화를 이룬 모습이다.

급하기 위해 선유정수장이 설립되었으나 2000년에 폐쇄되었다. 선유도공원은 선유정수장이 폐쇄된 이후 남아 있는 건축 구조물을 재활용하여 조성된 공원이다. 기존 정수장의 구조물들은 부분적으로 철거하고, 일부러 철근들이 여기저기 드러나도록 했다. 물때를 부분적으로 남기고 나머지는 알맞게 제거하여 시간의 흔적을 보여주고자 하였다.

지금 이 시대는 무슨 일을 하든지 기존의 것을 깡그리 쓸어버리고 새것으로 채우려는 사람들이 많다. 이런 점에서 선유도공원은 지나간 역사와 현재의 생태를 절묘하게 뒤섞어 놓은 셈이다.

도시공원, 서울숲의 탄생

뚝섬은 섬이면서도 섬이 아니었다. 뚝섬은 한강과 중랑천에서 흘러내린 모래와 진흙이 쌓여 형성된 곳이다. 장마 때 큰 비가 오면 육지와 떨어져 섬이 됐고, 비가 적게 내리는 건기에는 육지와 연결되었다. 예전 기록에는 왕의 사냥터이자 군사훈련장이 있었다고 한다. 국왕의 행차 시에는 이곳에 대장군의 기인 독기纛旗를 세워 그것을 알렸다고 전한다. 지형의 형태가 주변으로 강이 흘러 마치 섬 모양 같다고 하여 독기를 세운 섬, 뚝섬이라고 부르게 되었다. 뚝섬은 교통의 요충지로써 한양과 경기, 강원 일대를 연결하는 중요한 교통의 중심지였다. 인근에는 왕이 선릉과 중릉으로 행차할 때 건너 다녔다는 살곶이 다리가 있다.

뚝섬은 근대 들어 한국 최초의 정수장이 들어선 곳이다. 이곳에서 서울의 수돗물이 처음 만들어졌다. 미국인 콜브란Collbran, H.과 보스트윅Bostwick, H. R.이 대한제국 정부에서 상수도시설 허가를 받아 1908년에 준공한 '뚝도수원지' 제 1정수장이 바로 그것이다. 당시 이곳은 하루 1만 2500㎥의 정수시설을 갖춰 서울시민 12만 5천여 명에게 수돗물을 공급했다. 서울시 광역 상수도 계획에 의하여 더 이상 정수장이 필요 없게 되자, 이곳의 일부도 공원에 편입되었다.

1950~60년대 뚝섬은 서울 시민들의 대표적 피서지였다. 지금은 바다로 휴가를 떠나지만, 이때만 해도 한강변에서 여름을 보낸 사람들이 많았다. 한강에 모래톱이 여러 군데 있었지만 뚝섬만큼 사랑받은 곳도 없었다. 뚝섬엔 물가를 따라 미루나무 등 많은 나무가 늘어서 있어서 따가운 햇볕을 피해 여름을 즐길 수 있었기 때문이었다. 시민들의 더위를 식혀주던 뚝섬 미루나무숲은 전두환 정권 시절에 한강을 개발하면서 모두 베어버렸다고 한다.

1960~70년대 경제개발에 따라 성수동 일대에는 공장들이 집중적으로 들어서기

뚝섬은 왕의 사냥터에서 정수장으로, 다시 경마장으로, 최근에는 서울숲으로 서울의 역사만큼 파란만장하게 변화했다.

시작했다. 주택단지와 상가도 형성돼 도시화가 급속히 진행되었다. 왕의 사냥터일 정도로 나무가 많았던 뚝섬은 산업화 과정에서 과거의 명성을 잃어버리고, 서울의 대표적 공장지대로 변모한 것이다.

2000대에 들어서면서 뚝섬은 과거의 숲으로 돌아가고 있다. 한때 뚝섬을 대표했던 경마장이나 골프장도 모두 문을 닫았다. 2005년의 뚝섬은 경마장, 골프장 시대를 거쳐 '서울숲'이란 도시공원으로 다시 태어났다. 숲을 이루는 나무는 세심한 관리를 요하는 경관수나 정원수는 피하고, 크고 울창하게 잘 자랄 수 있는 나무를 심었다. 또한, 숲을 생태적으로 건강하게 유지시키기 위해 숲을 관통하여 흐르는 수로와 연못을 만들었다. 이 물은 인근을 지나는 지하철 분당선에서 배출되는 지하수를 이용하고 있다.

서울숲을 만들 때 과거의 땅에 있던 각종 시설물들도 재활용하였다. 뚝도정수장과 뚝섬유수지가 재활용되었고, 기존의 경마장 트랙은 산책로로 사용되고 있다. 서울숲의 또 하나의 강점은 도시 숲이라는 자연경관뿐만 아니라 역사·문화적 복원에도 신경을 썼다는 점이다. 뚝섬이 갖고 있는 역사성을 보존하고 기억하기 위한 경마군상, 물탱크를 활용한 조명시계탑, 독기와 관련한 깃발 축제의 조형시설물을 제작해서 전시하고 있다.

서울숲은 민간 주도의 공원 조성사업으로 유명세를 치렀다. 시민 모임인 '서울숲 사랑모임'의 모체인 서울그린트러스트의 주관으로 시민가족 나무심기를 통해 숲의 일부를 조성했다. 최근에도 공원 환경개선이나 기금모금, 자원봉사까지 공원 운영 전반에 깊숙이 참여하고 있다. 공원을 이용하는 지역 주민들의 노력 없이는 공원이 제 모습을 계속 유지하기 어려운 까닭이다.

건강한 생태공원을 위하여

서울은 분명 생태적으로 건강해지고 있다. 콘크리트 사이로 풀과 나무들이 자라고, 하천도 조금씩 맑아지고 있다. 시민들은 쓰레기를 분리수거해서 버리고, 도로에는 천연가스 버스가 달린다. 도로변에는 갖가지 대기오염 수치를 알려주는 전광판이 24시간 불을 밝히고 있다. 하지만 이것이 '진정한 자연 회복이냐' 아니면 포장만 그럴싸한 '또 다른 개발이냐'라는 인식의 차이는 여전히 존재한다.

우리나라 사회에서 전통과 생태는 지켜야 할 당위적인 것으로 받아들여지고 있다. 편리와 이익을 우선시하는 개발주의식 사고는 그다지 힘을 발휘하지 못한다. 이것이 신개발주의의 성장 배경이라고 치부하는 사람들도 있다. 신개발주의란 겉으로는 자연과 역사보전과 환경의 가치를 존중하는 것처럼 하면서 실제로는 개발과 성장을 추구하는 것을 말한다.

공원은 일반 시민들이 가장 쉽게 체감하고 즐길 수 있는 장소다. 단기간에 대중들에게 어필할 수 있는 대표적이고 상징적인 시설이다. 때문에 정치적인 선거 공약 등으로 이용되는 경우가 많다. 사실 월드컵공원은 2002년 월드컵이라는 거대한 이벤트를 기념하는 목적으로 조성되었다. 여의도공원이나 서울숲 또한 정치권력의 의지가 강하게 반영되어 조성된 것이다. 어찌 보면 월드컵공원이나 여의도공원, 서울숲 등은 모두 서울이라는 거대한 박물관에 유물을 전시하듯이, 적절한 장소에 배치되어 있는지도 모른다. 생태적으로 의미를 부여하거나 역사와 문화를 가진 곳으로 홍보되어 서울시의 장소 마케팅에 큰 역할을 하고 있다.

물론, 이러한 문제를 심각하거나 진지하게 받아들이지 않을 수도 있다. 생태적 복원을 엄밀하게 따지기보다 세팅되어 있는 공원의 전반적인 분위기나 풍정에 젖는 경우도 많다. 개발의 이면을 따지기보다 '그래도 하지 않은 것보다 낫지 않은가'

식의 생각으로 만족하는 경우가 많은 셈이다.

뚝섬 일대를 지금은 모두 서울숲이라는 단일한 이름으로 부르고 있다. 하지만 시대별로 기억하는 모습은 모두 다르다. 1950~60년대 뚝섬에서 여름철 피서를 즐기던 세대, 경마장이나 골프장과 같은 체육시설을 이용하던 세대가 있고, 오늘날 서울숲으로 조성된 모습을 바라보는 세대가 있다. 각 세대들의 기억 사이에는 단절이 있을 수밖에 없다. 뚝섬지역이 과연 생태적으로 건강해졌는가에 대해서는 각 세대들마다 생각이 다를 수 있다.

사실 생태공원은 종의 다양성을 확보하고, 또 그 종들이 살아가는데 필요한 알맞은 환경을 만들어주는 데 성패가 달려 있다. 식물은 꽃을 피우고 열매를 맺을 수 있어야 하며, 동물 역시 짝짓기를 하고 새끼를 키울 수 있어야 한다. 그렇게 되려면 생태공원끼리 서로 연결되어 있어야 한다. 나 홀로 있는 생태공원은 생태적 수명도 짧거니와 제 역할을 해내지 못한다. 그러므로 생태적으로 떨어져 있는 닫힌 공원이 아니라 서로 연결되어 있는 열린 공원이 되어야 한다. 그러나 서울에 있는 생태공원은 바다에 떠 있는 섬과 같다. 서로 연결되어 있지 못한 경우가 많다. 외부와 단절되어 있다는 사실은 조류보다는 식물이나 포유류에게 더 절망적이다. 새들은 위기가 닥치면 날아서라도 인근의 다른 보금자리로 이동할 수 있지만, 식물이나 네 발 달린 동물은 이동이 어렵다. 생태공원이 하천이나 다른 산줄기와 연결되어 있어야만 각종 식물이나 동물들이 마음 편히 자신들만의 서식지를 넓히면서 생명력을 이어갈 수 있다.

그저 사람들이 오가기에만 편리하다면 그 생태공원은 실패한 것이다. 그런 의미에서 생태공원에 흙길이 많이 만들어지길 바란다. 서울에서 흙길은 매우 귀하다. 산에 가지 않으면 거의 흙길을 밟아보기 어렵다. 흙길을 걸을 때마다 땅의 기운이

온몸을 통해서 전해진다. 그래서 흙길을 살아 있는 길이라고 하나보다. 바람이 불 때마다 먼지가 폴폴 날려서 눈살을 찌푸리는 사람들도 있겠지만, 흙길은 동식물에게나 사람들에게나 더 없이 좋은 길이다. 생태적으로 건강하려면 사람들에게 편리함만을 제공할 것이 아니라 다소의 불편함도 제공해야 한다. 불편함은 청정한 자연을 찾는 이들이 기꺼이 감수해야 할 비용인 셈이다.

뛰어난 정원사일수록 정원을 가꿀 때 손을 적게 낸다는 말이 있다. 종의 다양성만 생각한 나머지 과도하게 인공적으로 나무를 심거나 동물들을 풀어놓으면 오히려 생태공원의 자연성이 더 떨어질 수 있다. 늘 염두에 두어야 할 것은 인간의 욕심이 자제될 때만 자연이 제대로 살아날 수 있다는 점이다.

2.

하천으로 일구는 꿈,
물의 도시

● 양희경

하천, 콘크리트 밑으로 사라지다

우리는 물의 도시라고 하면 이탈리아의 베니스를 떠올린다. 곤돌라로 불리는 배들이 베니스의 곳곳을 다닌다. 이러한 뱃길을 이용해 베니스는 예전에 상업 및 무역 도시로 성장할 수 있었다. 이를 바탕으로 셰익스피어의 명작 『베니스의 상인』이 탄생하게 된다. 서울이 베니스와 유사한 물의 도시였다고 말한다면 누구나 코웃음을 칠 것이다. 하지만 조선시대까지만 해도 서울 역시 물의 도시였다. 좀 더 정확히 말하면 하천의 도시였다.

1915년 옛 지도(오른쪽)를 보면 서울에 얼마나 많은 하천들이 있었는지 알 수 있다. 한강 또한 하폭이나 수심이 고르지 않고, 유로 변화가 매우 심한 하천이었다. 여름철에 비가 많이 내린 후에는 물길이 바뀔 정도였다. 한강에는 난지도, 여의도,

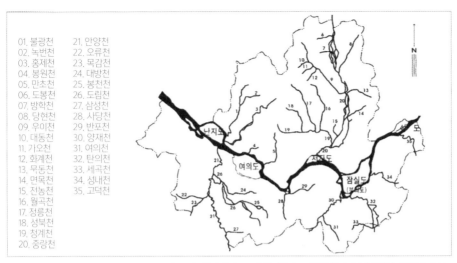

01. 불광천
02. 녹번천
03. 홍제천
04. 봉원천
05. 만초천
06. 도봉천
07. 방학천
08. 당현천
09. 우이천
10. 대동천
11. 가오천
12. 회계천
13. 무동천
14. 면목천
15. 전농천
16. 월곡천
17. 정릉천
18. 성북천
19. 청계천
20. 중랑천
21. 안양천
22. 오류천
23. 목감천
24. 대방천
25. 봉천천
26. 도림천
27. 삼성천
28. 사당천
29. 반포천
30. 양재천
31. 여의천
32. 탄의천
33. 세곡천
34. 성내천
35. 고덕천

1915년에 한강에는 여러 섬들이 있었으며 수많은 지류들이 한강으로 유입되었다. 〈서울특별시사편찬위원회, 『서울의 하천』, 2000년〉

저자도, 잠실도 등 크고 작은 섬들도 많이 있었다.

하지만 1980년대에 서울 곳곳에 고층건물이나 아파트단지가 건설되면서 한강도 큰 변화를 겪게 된다. 구불구불 흐르던 물길은 직선 형태로 바뀌었고, 수십 개의 다리가 건설되었다. 특히 다리는 생태적으로 엄청난 장애물이다. 햇빛을 가려서 수중 생태계에 막대한 지장을 주고, 하천의 흐름에도 장애가 된다.

둔치는 물가의 낮은 언덕을 말하는 순수 우리말이다. 홍수 때마다 하천의 물이 넘치면서 퇴적물이 쌓여 만들어진 땅이다. 자연 상태의 둔치는 평소에는 육지지만, 대개 홍수가 발생하면 물속에 잠겨버린다. 그래서 둔치의 생명체들은 늘 홍수에 맞서 싸워야 하는 가장 가혹한 환경에 처해 있다. 하지만 둔치는 하천변에서 생물 종다양성이 가장 풍부한 곳이기도 하다. 이제 하천 옆의 둔치는 많이 남아 있지 않다. 대부분 시멘트 블록으로 바뀌어버렸다. 제방이나 둔치뿐만 아니라 심지어 물이 흘러가는 저수로도 시멘트로 메워버린 곳이 많다. 이 경우 하천의 물이 땅속으로 스며들지 못한다. 비가 많이 내리면 삽시간에 하천의 물이 불어나 홍수 위험은 더 커지게 된다. 비가 오지 않을 때는 하천의 물이 줄어들어 바닥이 드러날 정도로 물이 말라버려서 아무런 생명체도 살 수 없는 죽음의 땅이 된다.

현재 한강변을 달리는 대부분의 도로는 제방도로다. 제방은 하천변에 쌓은 둑으로 홍수 때 물이 하천 밖으로 넘쳐 농경지나 주택에 입히는 피해를 줄여준다. 자연 상태의 흙으로 만든 하천변 제방에는 온갖 풀과 나무가 자라고 곤충이나 조류도 함께 서식한다. 흙으로 만든 제방에 자라는 나무들은 하천에 그늘을 드리워 수온을 낮춰주기 때문에 물고기들이 살기에 좋은 환경을 만들어준다. 나무의 뿌리는 하천으로 유입되는 오염물질을 걸러주는 역할도 한다. 그런 제방을 시멘트로 깔아서 도로를 만들다보니 제방이 갖고 있던 원래의 생태적 기능이 거의 사라지게 되었다.

한강으로 유입되던 작은 지류 하천들은 복개되어 지도상에서 사라졌다. 하천을 콘크리트 밑으로 감춘 이유는 무엇일까? 1966년 서울시는 하천 25개에 대한 복개 계획을 수립하였다. 이러한 복개 목적을 보면 대부분이 원활한 교통 소통을 위한 도로 확보에 있었다. 부수적으로만 시민의 보건 위생과 도시 미관을 도모한다고 되어 있다. 도로 건설 시 하천부지가 주로 사용되는 이유는 개인 소유의 땅이 적어서 토지 보상비와 건설비용이 절감되기 때문이다. 이러한 도시 하천 복개는 특히 1970년대 들어 차량의 증가와 더불어 대표적인 도시 정비사업으로 각광받게 되었다. 서울시에 따르면 청계천 복개를 시작으로 현재 한강의 지류 총 연장 238.9km 중 하천의 복개 연장은 82.1km로써 복개율은 약 34.6%를 차지하고 있다. 서울 시내 하천의 1/3 이상이 콘크리트로 덮여 있는 셈이다.

복개 하천 내부에는 대부분 생활하수가 흘러간다. 생활하수는 하수처리장으로

복개 하천

면목천, 월곡천, 녹번천, 봉원천, 만초천, 시흥천 등을 100% 복개하였으며, 봉천천, 화계천, 가오천은 80% 이상, 오류천, 성북천은 70% 이상 복개하였다.
〈서울특별시사편찬위원회 『서울의 하천』, 2000년〉

이동되기 때문에 복개가 끝나는 부분부터는 하천에 물이 거의 없다. 복개 하천 내부는 햇빛이 비치지 않고 자연 바람이 닿기 어려운 곳이라 광합성을 할 수 없다. 때문에 그 어떤 생물체도 살기 힘들다.

하천 복개는 하천으로써의 기능을 없애버리고, 그 속에 살고 있던 생물체만 죽이는 것이 아니다. 하천이 가지고 있던 고유한 문화와 역사도 함께 사라지게 된다. 지금은 거의 대부분을 복개하여 도로나 주택지로 사용하고 있는 봉원천을 살펴보자. 봉원천은 무악산(안산) 서남쪽에서 발원하여 남쪽으로 흘러서 와우산 광흥창 옆을 지나 한강으로 흘러드는 하천이다. 이 물줄기 위에 봉원사라는 절이 있었기 때문에 하천 이름을 봉원천이라 불렀다 한다.

봉원천의 옛 물줄기를 따라 거슬러 올라가면 여러 문화 유적을 만날 수 있다. 먼저 봉원천과 한강이 합류하는 지역은 한양에서 가장 아름답고 번화한 곳으로 손꼽히던 서강西江이었고, 그 하구에는 옛 창고인 광흥창이 있었다. 서강은 조선시대에 황해도·전라도·충청도·경기도에서 온 배들이 모두 모이는 곳이었다. 이곳에 모인 세곡稅穀. 나라에 조세로 바치는 곡식은 봉원천을 거슬러 올라와 광흥창에 풀어서 보관했다. 광흥창은 조선시대 관리들의 월급을 관장하던 부서와 그 관할 창고였다. 때문에 이곳을 중심으로 많은 관리와 가솔들이 운집하여 살아 '서강서반西江西班'이라는 말이 생겨날 정도였다. 그러나 이제 봉원천은 사라졌고, 그 위에는 승용차들이 달린다. 하천과 함께 역사와 문화도 콘크리트 속으로 사라져버린 것이다.

청계천의 재구성

2005년 화려한 부활! 개장 한 달 간 620여만 명 관람! 할리우드 블록버스터 영화 이야기가 아니다. 청계천 이야기이다. 청계천은 원래 그리 깊지 않은 개울이었다. 자연스레 꼬불꼬불 흘러가는 하천이었다. 하지만 도시가 발달할수록 낭만적인 물놀이 공간이 아니라 도심의 골칫거리로 떠올랐다. 토사와 쓰레기가 쌓여 해마다 막대한 비용을 들여서 강바닥을 파내야 했다. 또한 생활하수의 유입 때문에 발생한 악취가 주민들의 생활을 위협할 정도였다.

　청계천 본류에서 복개가 본격적으로 이루어진 것은 1930년대부터다. 이 시기는 일제가 조선 지배를 강화하고 대륙 침략을 준비하던 때였다. 따라서 전쟁에 필요한 군수물자를 신속히 이동시키기 위한 교통로 확보가 절실했다. 청계천은 도성의 중앙을 가로지르고 있었기 때문에 복개하여 도로를 만들기에 유리하였다. 그리하여 1937년 광화문 우체국 앞에서부터 청계천의 물줄기가 하나로 합류되는 광통교까지 복개공사가 추진되어 1942년에 완성되었다. 그 후 일본이 패망하면서 복개공사

청계천을 복개하여 만든 청계천로·청계고가도로(위)와 그 안의 모습(아래)

사람들은 청계천을 통해 도심 한복판을 마음껏 걸어 다닐 수 있다. 도심 속에서 듣는 물소리는 깊은 산속의 물소리보다 더 감동적이다.

하천변에서 잘 자라는 버드나무는 수온을 조절해주며, 각종 곤충들의 쉼터 역할을 한다.

징검다리는 사람들을 위한 것만은 아니다. 물의 흐름을 다양하게 만들어 하천에 활력을 불어 넣는다.

는 잠시 중단되었으나, 1958년에 다시 추진되었다. 오간수다리에서 마장철교까지 모두 복개한 것은 1970년대에 이르러서였다.

청계천도로는 청계천을 복개한 복개도로(청계천로)와 고가도로(청계고가도로)의 복층 도로로 구성되었다. 특히 청계고가도로는 서울을 동서로 관통하는 고가도로로서, 남산 1호 터널을 시점으로 마장동을 잇는 콘크리트 고가 교량이었다. 1969년 삼일빌딩~신설동 로터리 구간이 처음 완공된 것을 시작으로 1976년까지 단계석으로 건설되었다.

한때는 경제성장의 상징물이었던 청계고가도로지만 시간이 지날수록 애물단지로 전락하게 된다. 그 자체만으로 거대한 시각적 장애물이었다. 한낮에도 그 옆을 걸으면, 빛이 차단되어 어둡고 으슥한 느낌을 주었다. 시민들은 차량 소음과 주변의 무질서한 건축물들을 볼 때마다 눈살을 찌푸렸다. 그러던 차에 도시 내부 및 외부 순환도로가 개설되고 지하철이 개통되면서 교통이 분산되었다. 이제 청계천 고가도로나 복개도로는 필요하지 않게 되었다.

이러한 배경 하에 2003년 청계천은 드디어 콘크리트 속에 묻혀 있던 속살을 드러내게 된다. 죽었던 하천을 되살리고, 잊었던 조선의 역사를 복원하자는 것이 주요 목표였다. 그러나 청계천 복원의 좀 더 실질적인 이유는 강북 도심의 낡은 건물들과 길거리를 점유하고 있는 노점상들을 철거하고 고층건물을 짓는 것이었다. 여기에 물길이 흐르는 청계천은 그 효과를 배가시켜 주었다.

그 동안 도시민들은 일상에서 하천과 가까이 할 기회가 거의 없었기 때문에 하천의 중요성을 깊이 인식하지 못하는 경우가 많았다. 한강이 도시 가운데로 도도히 흐르고 여러 지류들이 집 앞으로 졸졸 흘러도 손에 물을 적시기가 쉽지 않았다. 하지만 청계천 곳곳에 마련한 산책로와 징검다리들은 사람들에게 하천에서 놀던 아련한 옛 추억을 떠올릴 수 있게 해주었다. 덕택에 복원된 물길과 주변의 친수 시설은 수많은 사람들을 끌어들이게 되었고, 청계천 그 자체가 도심의 새로운 랜드 마크로 부상하였다.

서울의 자연은 돌아왔을까

자연 하천은 수심이 다양하다. 물이 얕은 여울과 깊은 웅덩이가 번갈아가며 나타난다. 물살이 빠른 여울은 물속에 산소를 넣어주고, 물살이 느린 웅덩이는 물고기들이 쉬거나 숨 쉴 수 있는 은신처가 된다. 물속의 지형에 따라 살아가는 물고기 종류가 다른데, 이는 오랜 세월 동안 자연환경에 적응해 온 결과다. 수심이 비교적 얕고 물살이 빠른 여울에는 피라미와 같이 대개 몸이 가늘고 납작한 물고기들이 많이 산다. 붕어나 잉어처럼 물 흐름이 느린 웅덩이에 사는 것들은 비늘과 지느러미가 비교적 크다.

청계천도 곳곳에 큰 돌 혹은 징검다리 등을 일정한 간격으로 놓아서 물의 흐름을 다양화하였다. 이렇게 물의 흐름이 빠른 여울과 수심이 깊고 물의 흐름이 느린 웅덩이를 일정 간격으로 배치한 덕분에 몇몇 물고기와 수생 식물들을 만날 수 있다. 하천 주변에는 예전의 다른 하천처럼 콘크리트를 바르는 대신에 버드나무를 심었다. 버드나무는 하천에 그늘을 만들어주기 때문에 수생 생물이나 물고기가 서식하기에 유리하다.

이처럼 청계천은 겉으로만 보면 그냥 자연스러운 하천처럼 보인다. 하지만 청계천은 자연스럽게 보이도록 만든 하천일 뿐 여전히 자연하천은 아니다. 청계천을 흐르는 물은 주변의 동대문, 동묘, 경복궁, 광화문, 종로 3가 등 약 13개의 지하철역에서 발생하는 지하수를 끌어온 것이다. 도심부를 흐르는 하천이다 보니, 비가 많이 올 때 홍수를 걱정하지 않을 수 없다. 이를 위해 원래 청계천보다 하폭을 더 넓게 만들었다. 이 때문에 광교와 같은 옛날 다리를 복원할 때 실제 다리 길이보다 너 길게 조성할 수밖에 없었다. 그리고 비가 많이 내려서 청계천의 수위가 올라가면 주변 복개 시설 내부에 마련된 수문이 자동으로 열려서 물이 배수되도록 하였다. 웬만한 홍수에는 견딜 수 있지만, 쏟아지는 비를 모두 막아낼 수는 없다. 여름철에는 하루 동안 200mm가 넘는 폭우가 쏟아지기도 한다. 2011년 여름에도 청계천이 넘쳐서 을지로나 광화문 일대가 물바다가 되기도 하였다.

청계천의 하폭이 더 커진 까닭에 다리 길이가 조선시대보다 더 길어졌다.

청계천은 현대 토목기술이 얼마나 발달했는지 잘 보여준다. 강수량에 따라 자동으로 수문이 열리면서 하천의 수위를 조절해 준다.

여름철 홍수가 지나간 다음에 청계천에 가보면 하천 주변의 버드나무 가지들이 많이 휘어져 있거나 꺾여 있다. 사람들은 이를 보고 보기 흉하다고 하면서 홍수의 피해를 걱정한다. 하지만 자연에 순응하기 위해 버드나무가 자기 스스로 가지를 누이거나 꺾은 것이다. 이들의 희생이 있었기에 하천 주변의 홍수 피해가 조금은 줄어들게 된다. 홍수가 지나가고 나면 상류에

서울에서 처음으로 자연스러운 하천의 모습을 되찾은 양재천은 강남의 삭막함을 트여주는 숨통 역할을 한다.

서 떠내려 온 비닐이나 각종 쓰레기가 물가의 나무에 지저분하게 걸리는데, 이것 역시 홍수로부터 둔치를 지켜주고 쓰레기를 걸러주는 수변의 아주 중요한 기능 중 하나다.

서울시는 청계천을 찾은 대부분의 시민들이 복원된 청계천에 대해 만족했다고 발표했다. 그러나 비판자들은 하나같이 청계천 복원은 인공하천을 만드는 도심 재개발에 불과하다고 주장한다. 실제로 청계천은 시민들이 낸 세금으로 매달 수천만 원의 전기세를 지불해야만 현재 모습이 유지된다.

청계천의 재구성은 복원이라기보다 개발이라고 하는 편이 더 맞을지 모른다. 다리 몇 개가 복원되고 유물 몇 개가 전시되고 있다고 해서, 청계천이 역사적으로 혹은 문화적으로 복원되었다고 보기는 어렵다. 청계천은 상류에 있는 지류들과도 단절된 채, 지하철 물을 공급받고 있는 인공수로일 뿐이다. 어찌 보면 청계천은 생태적이라기보다 예쁘게 꾸민 환경미화에 가깝다.

서울 시내에 복원된 하천은 청계천뿐만이 아니다. 양재천, 탄천, 중랑천, 당현천, 성북천 등 대부분의 하천들이 서서히 옛날 모습을 되찾아가고 있다. 이들 하천에서 여름철이면 아이들이 옷을 벗고 들어가 물장난을 치기도 한다. 하천 주변에 나무가 울창해지고 물고기들이 돌아왔다는 신문 기사들이 거론될 때마다, 서울의 자연이 완전히 회복된 것 같은 착각에 빠지기도 한다.

그러나 최근의 하천 복원은 하천을 또 다른 공원으로 변모시키고 있다. 하천은 저마다 고유한 물길과 생태계를 가지고 있다. 이러한 특성은 무시한 채 똑같은 형태로 하천을 만들고 있다. 하천 옆에 자전거도로와 산책로를 만들고, 똑같은 나무를 심고, 똑같은 물고기를 다량으로 하천에 풀어놓는다. 보기에는 예뻐졌지만, 하천이 자연 상태에 가까워진 것은 아니다.

하천은 자기만의 물길과 독특한 소리를 갖고 있다. 물 흐르는 소리뿐만이 아니다. 이름없는 돌들이 구르는 소리, 버들잎 소리, 풀벌레 소리, 새 소리, 물고기 소리 등등. 모두 같은 소리가 아니다. 하천 주변에 나무나 풀을 심을 때에도, 물고기를 하천에 방류할 때도 주변의 생태계를 고려해서 개개 하천이 갖고 있는 독특함을 살려줘야 한다. 이제 서울의 하천들도 가냘프지만, 조금씩 제 소리를 내고 있다. 하천 복원은 소음으로 가득 찬 도시에 다양한 자연의 소리를 되살려내는 일이다.

3.

외국인과 공존하는 삶, 국제도시

● 양희경

외국인, 낯설지 않은 그들

서울 거리를 걷다보면 다양한 피부색을 가진 사람들을 만날 수 있다. 그저 '서울이 세계적인 관광도시가 되었나보다'하고 치부해버릴 수도 있겠지만, 언제부턴가 그들은 단순한 관광객이 아니라 우리와 이웃한 주민이 되었다. 텔레비전 드라마나 오락 프로그램에도 외국 국적을 가진 아이돌 가수나 배우들을 흔히 만날 수 있다.

우리나라에 들어와 있는 외국인은 2010년에 약 90만 명을 넘어섰다. 우리나라의 이러한 '글로벌화'는 서울에서 더 급속히 진행되고 있다. 1992년 약 3만 명에 불과하던 서울 거주 외국인은 2010년에 약 26만 명으로 8배 이상 증가했다. 특히 외국인의 증가가 서울의 총인구 증가를 주도하고 있을 만큼 서울 거주 외국인 수는 빠르게 늘어나고 있다.

구분		전국	서울	구분		전국	서울
1992년	계	65,673	34,632	2004년	계	469,183	114,685
	남	36,175	19,095		남	278,377	54,066
	여	29,498	15,537		여	190,806	60,619
1996년	계	167,664	51,776	2008년	계	854,007	255,207
	남	99,813	27,208		남	480,136	122,923
	여	67,851	24,568		여	373,871	132,284
2000년	계	244,172	61,920	2010년	계	918,917	262,902
	남	143,177	31,581		남	514,956	125,483
	여	100,995	30,339		여	403,961	137,419

우리나라 거주 외국인 수의 변화(단위:명) 〈국가통계포털〉

　1990년대 초반까지만 해도 우리나라에 들어온 외국인 수는 적었다. 우리나라의 경제적 수준이 낮았기 때문에 대부분의 외국인은 미군 부대의 병사이거나 외교관, 관광객 등이었다. 하지만 2000년대 이후 우리나라의 경제적 수준이 상당히 향상되면서 외국인 노동자들이 많이 들어오기 시작하였다. 또한 국제결혼이 활발해짐에 따라 이주 여성들도 많이 늘어났다.

　우리나라에 일하러 온 외국인들은 크게 두 유형으로 나눌 수 있다. 유럽이나 미국, 일본 등에서 건너온 사람들은 금융, 증권, 컨설팅, 무역 등 고급 서비스 계열의 전문직에 종사하는 경우가 많다. 반면에 우리나라보다 경제 발전이 늦은 아시아 각국의 가난한 나라에서 온 외국인들은 우리나라 사람들이 기피하는 이른바 힘들고Difficult 위험하고Dangerous 더러운Dirty 3D 업종의 공장에서 일하는 경우가 많다. 후자에 해당하는 가난한 외국인들이 우리나라에 들어온 외국인의 대부분을 차지하고 있다. 이들은 일자리를 찾아 우리나라에 불법으로 들어온 경우가 많다.

한편 2000년대 이후에는 서울의 여성 외국인 수가 남성 외국인 수보다 많아졌다. 국제결혼을 통해 외국인 아내를 맞이하는 건수가 늘었기 때문이다. 국제결혼에 의한 이주 여성들은 중국(재중동포, 조선족)을 비롯해 베트남 등 동남아시아 국적의 외국인이 가장 많다.

현재 서울시에 거주하고 있는 외국인 가운데 가장 많은 국적을 보유한 국가는 중국으로, 서울시 전체 외국인의 약 70%에 달한다. 중국 다음으로 많은 국적을 소유한 국가는 미국이며 뒤를 이어 대만, 일본, 필리핀, 베트남 순이다. 이들은 팔레스타인을 떠난 유대인이 세계 곳곳에서 그랬던 것처럼, 낯선 서울에서 그들만의 공간과 문화를 만들어가고 있다.

외국인, 그들이 사는 서울

서울시에는 현재 10여 개의 외국인 공동체(마을 또는 거리)가 형성되어 있다. 프랑스인들은 서래마을에 모여 살고, 일본인들은 이촌동에 주로 모여 산다. 주거지 중심으로 형성된 마을의 성격은 약하지만, 문화적 공동체의 성격을 지니는 필리핀 거리나 네팔인 거리와 같은 문화공동체도 있다. 또한, 상업지역과 주거지역이 혼재된 이태원과 같은 지역도 있다. 그러나 이들 공동체의 규모는 중국인 공동체인 연변거리를 제외하면 큰 편이 아니다. 구로구에 형성된 연변 거리는 거주인원이 수만 여명을 상회할 정도로 큰 규모지만, 일본인 공동체인 이촌동의 일본인 마을이나 프랑스인의 공동체인 서래마을 등지는 거주인원이 각각 약 1,500여 명과 400여 명에 불과하다.

출신 국가별로 주로 거주하는 지역도 차이가 크다. 베트남인, 필리핀인, 한국계

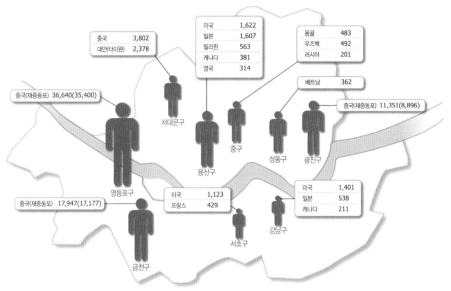

미국	1,622
일본	1,607
필리핀	563
캐나다	381
영국	314

중국	3,802
대만(타이완)	2,378

몽골	483
우즈벡	492
러시아	201

베트남	362

중국(재중동포) 36,640(35,400)

중국(재중동포) 11,351(8,896)

서대문구

중구

성동구

광진구

용산구

영등포구

중국(재중동포) 17,947(17,177)

미국	1,123
프랑스	429

미국	1,401
일본	538
캐나다	211

강남구

서초구

금천구

2010년 국적별 외국인의 주요 거주 지역(단위: 명) 〈서울통계〉

중국인, 몽골인, 인도네시아인 등은 상대적으로 집값이 저렴하고 영세한 중소기업들이 많이 밀집해 있는 영등포구나 구로구, 성동구 등에 거주한다. 이들은 대부분 일자리를 구하기 위해 우리나라에 들어왔기 때문이다.

반면 미국이나 프랑스, 일본 등 선진국 출신들은 쾌적한 고급 주거지여서 집값이 매우 비싼 용산구, 서초구, 강남구 및 종로구 일대에 모여 산다. 이들은 대학교수거나 영어, 불어 혹은 일어회화 지도, 기업투자 등에 종사하는 사람이 많다. 이렇게 나라에 따라 거주지가 분리되는 현상은 인종적인 원인이라기보다 경제적 요인이 크게 작용했다고 볼 수 있다.

그렇다면 이들은 왜 특정지역에 모여 사는 것일까? 같이 모여 살면 그들만의 전통 풍습을 지킬 수 있고 모국어도 편하게 사용할 수 있다. 또한 다른 집단에 의한 차별을 피할 수 있다. 그리고 이민생활에 필요한 여러 가지 정보를 공유할 수 있다. 특정지역에 몰려 살게 된 것은 초기 이민자의 역할이 크다. 먼저 초기 이민자가 시행착오를 겪으면서 특정지역에 기반을 마련한다. 그 후, 나중에 건너온 이민자들에게 정보나 도움을 주면서 점차 인구가 늘어나고 주거지도 확대된다.

서울에서 가장 오래된 외국인 거리, 이태원

서울에서 가장 오래된 대표적인 외국인 거리는 이태원이다. 이태원은 녹사평역이 위치한 이태원입구에서 시작해 해밀턴호텔을 지나 제일기획 건물 너머까지 연결되는 이태원로 일대를 의미한다. 이곳은 상점의 간판이나 행인부터가 서울의 다른 거리와 사뭇 다르다. 상점의 상호도 거의 영어, 일본어, 중국어로 되어 있고, 외국 의류전문점, 환전소, 외국 전문서점, 외국 전문식당가 등이 들어서 있어 마치 다른 나라에 와 있는 느낌이 든다.

이태원의 역사는 그 지명에 녹아 있다. 梨泰院, 異胎圓 등이 그것이다. 동네에 배나무가 많았다는 설梨泰院도 있고, 임진왜란 때 왜군에게 치욕을 당한 부녀자와 그 아이들의 보육원을 이곳에 지어 정착케 했다는 설異胎圓도 있다. 그러나 『동국여지비고』에 의하면 임진왜란 때 항복한 왜군들이 이곳에서 귀화해서 살았다異他人, 이타인고 해서 이태원이라 불렀다 한다. 어찌되었든 조선시대에도 외국인들이 살았던 곳인데, 수백 년이 지난 지금도 외국인들이 많은 것을 보면 공간이 가지고 있는 이미지는 쉽사리 바뀌지 않는가 보다.

지금의 이태원이 가지고 있는 독특함은 인접해 있는 용산의 영향이 가장 크다.

일제강점기 때 용산에 일본의 군사시설이 만들어지자, 그곳에 살고 있던 사람들은 현재의 이태원지역으로 쫓겨나게 된다. 해방 이후 일본군이 물러났지만 용산에 또 다시 미군기지가 들어서게 되고, 이때부터 이태원에는 미군들을 대상으로 하는 유흥시설이 늘어나기 시작한다. 또한, 1980년대 아시안게임과 올림픽 등 각종 스포츠 관련 국제대회가 서울에서 개최되자, 이태원은 외국 관광객들에게 최고의 쇼핑관광 명소로 자리 잡게 되었다. 그러나 용산 미군기지의 일부가 경기도로 이전되면서 미군들을 대상으로 하던 유흥업소와 클럽들은 제 3국의 외국인을 겨냥한 음식점이나 휴대전화 판매점 등으로 바뀌고 있다. 이태원 클럽에서 일하던 동남아시아나 러시아 무용수들이 빠져나간 주거지는 가난한 이주 노동자들이 채워가고 있다.

이태원로에서 남쪽과 북쪽의 주거지는 큰 차이가 있다. 북쪽에는 외인촌이라 불리는 초호화주택들이 남산 기슭에 자리 잡고 있다. 외인촌에는 대지 600~1,000㎡ 내외의 대저택들이 약 300여 가구 정도 들어서 있는데, 이들 주택에는 국내 재벌그룹 회장 및 사장, 주한 외국 대사 등이 주로 거주하고 있다. 이곳에 외국인이 많이 살게 된 배경에는 미군기지, 약 40여 개국의 대사관, 영사관 등이 위치하여 외

이태원은 인종의 전시장이다. 세계의 다양한 사람들이 서로 어울려 스스럼 없이 이야기를 나눌 수 있는 곳이다.

아프리카 음식점은 아프리카에서 건너온 사람들이 모여 서로
정보를 교환하는 장소이기도 하다.

주말에 이화시장 근처 클럽을 중심으로 서울 각지에서 흩어져
일하는 나이지리아인들이 많이 모인다.

국인들의 접근이 빈번하고, 유명 기업
가들의 거주지가 가까이 있어 비즈니
스에 유리하기 때문이다. 그러나 이태
원로 남쪽에는 작고 허름한 집들이 밀
집해 있으며, 이슬람 문화권이나 아프
리카에서 건너 온 사람들이 점차 늘어
나고 있다.

이태원로 남쪽의 이화시장 길은 이
른바 '아프리카 거리'다. 대부분 나이지
리아나 가나에서 건너온 사람들이 이
곳에 모인다. 1990년대에 우리나라 경
제가 호황을 누리게 되자, 노동환경이
열악한 중소기업의 인력난이 심각해졌
다. 이를 계기로 아프리카 이주 노동자
들이 우리나라에 많이 들어오게 된다.
그런데 이들은 초창기에 이태원에서 중
고차 관련 무역업을 많이 했다고 한다.

그 배경은 이렇다. 1990년대 초반 나이지리아에 자동차 수요가 증가하면서 저가의
중고자동차를 수입하려는 사람들이 늘어났다. 특히 일본의 중고자동차 수요가 늘
어나면서 중고부품도 더 많이 필요해졌다. 일제 자동차에 한국산 자동차 부품을
끼워도 된다는 사실이 알려지면서, 값이 싼 국산자동차 부품을 구하기 위해 아프
리카 무역상들이 대거 입국하게 된 것이다.

그런데 아프리카의 그 많은 나라들 중 왜 유독 나이지리아와 가나 출신이 많은 걸까? 나이지리아나 가나는 모두 영어를 공용어로 사용하며 상대적으로 기독교인이 많은 국가들이다. 이들은 국내 기독교 단체와 연계하거나 영어로 의사소통이 가능한 친목 모임을 통해 한국 사회에 빠르게 적응해 나갈 수 있었다.

이태원의 또 다른 모습은 바로 이슬람문화다. 아프리카 거리에서 보광초등학교 쪽으로 가다보면 높은 첨탑을 가진 이슬람사원이 나온다. 1970년대 우리나라의 건설업체들이 서남아시아에 진출하면서 그들과 교류가 빈번해지자 국내 무슬림들을 위해 정부에서 부지를 제공하여 완공된 사원이다. 이슬람사원의 건축비용은 사우디아라비아를 비롯한 서남아시아의 여러 국가들이 제공했다. 이슬람사원 완공 후 하나둘 무슬림들이 모여들기 시작했고, 최근 몇 년 간 이슬람국가에서 온 근로자, 유학생들이 많아지면서 이슬람 거리가 형성되었다.

이슬람은 우리와는 아주 다른 풍토에서 태어난 종교이기에, 우리로서는 이해하기도 쉽지 않고 또 행하기 어려운 의무와 금기사항을 요구한다. 술을 마시지 않는

이슬람성원은 전 세계 이슬람지역에서 온 노동자들이 모여서 예배를 보고 정보를 교환하는 곳이다.

이슬람성원 앞에 형성된 이슬람 거리에는 아랍계 사람들을 위한 전통음식을 파는 상점과 도서관, 학교 등이 있다.

다거나 식용으로 돼지고기를 먹지 않는다는 점 등이 그것이다. 먹을 수 있는 고기라 하더라도 이슬람 율법이 적힌 꾸란(코란)이 정한 방식에 따라 잡아야 한다. 그렇게 잡은 고기를 하랄 미트라고 하는데, 이슬람사원 근처에는 하랄 미트 가게와 아랍, 인도산 향신료를 전문적으로 파는 상점들이 많이 있다. 특히 합동 예배가 있는 금요일이면 많은 이슬람교도들이 찾는다. 사우디아라비아인, 파키스탄인, 터키인, 인도네시아인, 말레이시아인 등등.

관광지가 되거나 슬럼이 되거나

서울 용산구 이촌동의 일본인마을, 한남동의 외인 아파트지역, 서초구 방배동의 프랑스인마을 등은 전형적인 부촌에 형성된 외국인 주거지들이다. 요즘 이들 지역은 그 독특함 때문에 관광지로도 점차 각광 받고 있는데, 특히 프랑스인마을이 대표적이다.

서울 서초구 방배동 서래로 일대, 한남동에 있던 서울 프랑스학교가 1980년대 중반 반포 4동으로 옮겨 오면서 자연스럽게 프랑스인마을이 형성되었다. 이 마을은 서리풀공원이 병풍처럼 둘러싸고 있어 마치 프랑스 파리의 몽마르트 거리를 연상시켜 '서울 속의 몽마르트 언덕'이라고도 불린다. 서울 프랑스학교의 등교시간인 오전 8시와 하교시간인 오후 4시경이 되면 아이들의 손을 잡은 프랑스인들을 쉽게 볼 수 있다. 와인, 치즈, 크로와상 같은 프랑스인들이 즐기는 생필품을 파는 상점이 골목 곳곳에 포진해 있다.

현재 이 부근에는 약 300여 가구의 프랑스 가정이 거주하고 있다. 집값이 강남에서도 비싼 편에 속해 외국계기업의 고위간부나 대사관 직원, 호텔 간부 등 국내 거주 프랑스인 중에서도 부유층들이다. 관할 구청인 서초구청에서도 이들을 위해 프랑스어로 된 표지판을 만들어주거나 각종 문화 행사를 정기적으로 열어주고 있다.

서래마을에는 다른 외국인 공동체지역에서 흔히 볼 수 있는 유흥업소, 환전소, 인력 사무실 등은 거의 없다. 반면에 꽃집, 인테리어점, 안경점 등 생활 편의시설들이 다양하게 자리 잡고 있어 전형적인 주거중심지역임을 알 수 있다. 그런데 주거지역의 성격이 강했던 서래마을의 모습은 최근 3~4년간 빠르게 변해 가고 있다. 지역의 독특한 분위기와 이국적인 풍광과 먹거리를 즐기려는 내·외국인 방문객이 증가하고 있다. 이에 따라 프랑스풍 와인바, 커피숍이 들어서고 이탈리아 음식점이나 동남아시아계 음식점도 늘어나고 있다. 그러나 한편으로는 조용한 주거지역에서 관광지역으로 변해감에 따라 방문객의 증가로 인해 소음과 교통 혼잡, 주차난이 심해지고 있다. 조용한 주거환경을 선호하는 상당수의 프랑스인들은 이 때문에 서래마을을 떠나기도 한다. 즉 지역의 관광지화로 인해 결국에는 프랑스인이 없는 프랑스마을이 될 가능성도 있다.

프랑스인들이 많이 거주하는 서래마을은 유럽풍의 와인 상점이나 카페 등이 많아 주말에 많은 사람들이 찾는다.

서울 프랑스학교는 서래마을이 프랑스인마을로 발달하는 데 가장 큰 영향을 미쳤다.

우리나라로 건너온 부유한 선진국 사람들과는 달리, 일자리를 구하기 위해 제 3세계의 가난한 나라에서 온 사람들은 서울에서 상대적으로 집값이 저렴한 지역에 밀집해 있는 경우가 많다. 대표적인 사례가 동대문구의 몽골타운과 네팔인촌, 구로구 가리봉동과 대림동 일대의 재중동포(조선족)타운이다.

예전에 동대문시장의 밀리오레에서 을지로6가에 이르는 뒷골목은 러시아 거리로 불렸다. 이곳은 1980년대 말 우리나라와 러시아의 국교가 정상화된 이후, 러시아 보따리 장사들이 대거 몰려와서 살았던 곳이다. 그러나 이들이 1990년대 후반 더 값싼 제품을 찾아 중국시장으로 썰물처럼 빠져나가자, 조용히 이 일대를 접수한 사람들이 바로 몽골인들과 중앙아시아에서 온 사람들이다.

서울시 동대문구 광희동에 있는 뉴금호타워는 몽골타운으로 유명하다. 1997년말 IMF사태 발생 이후 한국산 의류의 국제가격이 떨어지면서, 보따리 장사로 옷을 사기 위해 입국한 몽골 사람들이 이곳에 체류하였다. 장기 체류하거나 수시로 입국하는 몽골인들을 겨냥해 생겨난 환전소, 식당 등이 하나둘 빌딩 내에 자리 잡게 된다. 뉴금호타워에는 몽골인들이 경영하는 음식점, 휴대전화 판매점, 미용실 등 다양한 상점들이 각 층마다 5,6개씩 총 30여 개가 들어서 있다. 주말이면 서울과 수도권 공장에서 일하는 몽골인들이 방문하여 쇼핑을 하거나 서로 정보를 교환한다.

동대문구 창신동 언덕 일대(동대문역 3번 출구 뒤편)는 네팔인촌이 형성되어 있다. 지난 2000년에 지하철 동대문역 주변에 문을 연 네팔음식점 나마스테를 중심으로 네팔인 밀집 거주지역이 형성되었다. '서울 속 히말라야'라 불리기도 하는데, 주말에는 네팔식당, 식료품점을 중심으로 많은 네팔인들을 만날 수 있다. 네팔인들이 동대문역 근처에 모이게 된 것은 이 근처에 소규모의 봉제공장들이 많기 때문이다.

동대문 의류상가에 납품하는 소규모의 영세한 봉제공장들이 창신동에 많이 있고, 이들 공장에서 일하는 근로자들 중에 네팔인들이 많기 때문이다.

지하철 7호선 남구로역에 가면 중국 연변과 비슷한 동네를 만날 수 있다. 남구로역 2번 출구에서 가산디지털단지 방향으로 5분 정도 거리에 위치한 가리봉시장 삼거리부터 구로공단 5거리에 이르는 약 200m의 거리에는 재중동포마을이 형성되어 있다. 가리봉동에 이렇게 많은 재중동포들이 모여 살게 된 이유는 무엇일까?

1992년 노태우 정권 시절에 중국과 수교를 맺게 된다. 그 이후 친척들을 만나기 위해 우리나라를 찾아오는 재중동포들이 늘어나게 되었다. 특히 이러한 중국 동포의 급격한 증가는 정부가 취한 일련의 재외동포정책과 관련이 깊다. 1999년 재외동포법이 제정되면서 60세 이상의 친척들을 초청하는 것이 허가되었고, 2000~2001년에는 50세 이상의 동포 초청이 허가되었다. 이렇듯 초기에는 고령층이 주된 초청대상이 됨에 따라 많은 중년여

지하철 2, 4호선 동대문역사문화공원역 근처에 있는 10층짜리 뉴금호타워는 몽골타운으로 불린다. 몽골인들이 운영하는 수십 개의 상점이 성황리에 영업 중이다.

지하철 1, 4호선 동대문역 근처 창신동에는 봉제공장에서 일하는 네팔인들이 모여 살며 서로 정보와 고향 소식을 교환한다.

성들이 일자리를 찾아 입국하였다. 이들은 한국말을 할 수 있었기 때문에 취업에 유리하였다. 이를 계기로 일자리를 찾아 많은 재중동포들이 불법으로 몰려오기 시작하였다. 2002년 월드컵을 맞아 정부에서 불법체류자를 합법화시켜 주게 되면서, 집값이 싼 가리봉동지역에 많은 음식점과 상가들이 생겨나게 되었다. 그러나 가리봉동지역이 2008년 이후 재개발에 들어감에 따라, 인근 대림동이 '제2의 재중동포 타운'으로 떠오르고 있다. 중앙시장을 중심으로 중국어 간판을 단 상점들이 수십여 개 들어섰으며, 최근에 새로운 중국식당이나 중국식품점들이 속속 생기고 있다. 이곳은 한국인 출입이 자유롭지 못했던 가리봉동과 달리 중국동포들이 한국인들과 스스럼 없이 어울리면서 침체됐던 재래시장이 살아나는 등 지역경제가 회생되고 있다.

서울시 광진구 자양동 건대입구역 6번 출구 남쪽으로 50m 정도 떨어진 골목에도 재중동포 거리가 형성되어 있다. 건대입구역은 지하철 2호선과 7호선의 환승역으로 교통이 편리하다. 싼 월세방을 찾는 외국인 노동자들이 2004년부터 모여 들기 시작하면서 형성된 지역이다. 이곳에는 60여 개의 양꼬치구이집 및 중국식품점이 있어 일명 '양꼬치 거리'로 불린다. 건국대나 한양대에 다니는 중국 유학생들, 중국에 다녀온 한국인 고객 등 유동인구가 많다. 양꼬치 거리 뒤편으로 다세대·다가구주택가가 자리 잡고 있다.

이렇게 재중동포마을이 형성된 지역을 살펴보면 대부분 지하철 2호선과 7호선이 지나가는 역 중에서 비교적 집값이 저렴한 곳들이다. 이들이 지하철 2호선과 7호선 라인을 선호하는 이유는 대부분의 재중동포들이 강남지역에서 가사도우미, 식당종업원, 건설노동자 등으로 일하고 있어서 출퇴근이 편리하기 때문이다.

서울시는 글로벌화사업의 일환으로 글로벌존프로젝트를 추진 중이다. 강남이나

가리봉동은 서울에서 가장 많은 재중동포들이 모여 사는 곳이다. 재개발과 더불어 이곳에 살던 재중동포들이 점차 대림동이나 자양동 쪽으로 옮겨 가고 있다.

중국식품을 파는 상점에 일할 사람을 찾는 구직 광고판이 빼곡하다. 이런 상점은 타지 생활에 필요한 정보를 교환하는 장소이기도 하다.

여의도, 상암 DMC 등의 지역은 외국계기업이 많이 들어올 수 있도록 세제혜택 등을 주고 있다. 인사동이나 이태원, 동대문지역은 문화교류존으로 지정되어 외국인들이 많이 방문할 수 있도록 특화 거리를 조성하였다. 외국인들이 많이 거주하고 있는 지역은 글로벌빌리지로 지정하였다. 이곳에는 각종 생활편의 안내 및 지원을 위한 글로벌빌리지센터를 설립해 주고 있다. 현재 반포동의 프랑스인마을, 연남동의 차이나타운, 이촌동의 일본인마을, 한남동의 외국인마을 등이 해당된다.

그러나 앞서 언급한 몽골타운이나 네팔인촌, 가리봉동의 재중동포마을 등은 거의 철저하게 방치되어 있다. 이들 지역은 프랑스인마을이나 일본인마을처럼 관광자원으로써 가치가 부족하기 때문일 것이다. 특히 가리봉동지역에 대한 정부의 정책적 무관심은 먼저 이 지역이 다문화자원으로써 가치를 지니고 있지 못하다는 판단 때문이다. 이 지역은 한국계 중국인이 밀집해 있어서 한국문화와 크게 차별화되지 않는다. 물론 중국음식점은 집중되어 있지만, 이는 차이나타운과 비교할 때 상품성이 크지 않다. 그저 단순히 제거되어야 할 불량주택이라고 생각하는 사람들

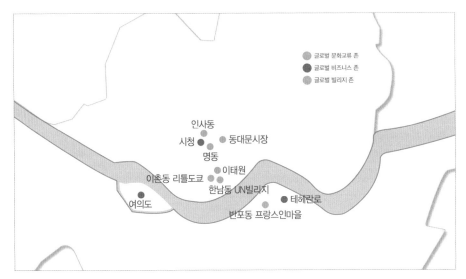

서울의 주요 외국인 밀집지역은 글로벌존으로 지정되고 있다. 하지만 이러한 글로벌존도 그 혜택을 받는 정도는 지역별로 차이가 크다. 각종 편의시설은 주로 부유한 동네를 중심으로 설치되고 있다.

이 많다. 빈민들이 자꾸 모이게 되어 슬럼지역이 되거나 각종 범죄가 발생하는 지역으로 전락할 우려도 있다.

서울은 외국인과 어떻게 살 것인가

외국인 거주지역이 처음 형성될 때에는 일자리를 찾아서 들어온 젊은 노동자들이 먼저 정착한다. 이들의 거주기간이 늘어나면 출신지역별로 서로 돕기 위한 네트워크가 형성된다. 외국인 거주자들끼리 모임을 만들고 전통음식을 파는 상점들이 하나둘 생겨나면서 지역주민들과의 관계도 밀접해진다. 그 후에는 시민권을 획득해서 계속 정착하기도 하고, 그렇지 않으면 소수민족으로 남게 된다.

외국인 밀집지역의 성숙도로 볼 때, 아직 우리나라의 외국인 밀집지역은 이민의 역사가 오래된 선진국과 같이 세대를 걸쳐서 재생산되거나 정치화되는 단계에 이르지는 않았다. 대개는 서로 도움을 주고받기 위한 네트워크의 형성 단계거나 이와 관련된 인프라 축적 정도에 머물고 있다.

정책적으로 볼 때, 외국인 밀집지역은 어느 나라에서나 뜨거운 감자다. 외국인 밀집지역은 사회의 골칫덩어리가 될 수도 있고 황금알을 낳는 거위로 변화할 수도 있다. 적절히 잘 대응한다면 외국인 밀집지역은 도시의 문화적 다양성을 제고하는 수단으로 혹은 관광자원으로도 활용가능하다. 많은 국가에서 차이나타운을 지원하는 것도 이 때문이다. 그러나 만약 적절히 대응하지 못한다면 불법이민 네트워크가 발달하면서 각종 범죄가 발생하는 우범지역이 될 수도 있다.

서울에서 눈에 띄지 않는 수많은 힘들고 어려운 일자리와 슬럼의 주거지는 점차 아시아를 포함한 전 세계의 가난한 나라 사람들로 채워지고 있다. 이들에게 대한민국은 희망을 주는 곳이다. 과연 그들은 우리나라에서 희망을 보았을까?

우리나라 사회는 외부의 문화에 대해서 상당히 개방적이다. 정치, 사회, 문화 전반 그리고 교육분야 등은 한편에서는 사대주의적 성향을 우려할 만큼 개방적이다. 미국을 비롯한 다른 나라의 문화를 빠르게 흡수하고 모방한다. 예를 들어 원정출산, 조기교육, 외국어 연수, 유학 등에 아낌없이 투자할 만큼 교육분야뿐만 아니라 영화, 음악, 패션 등 서양의 사회문화자본은 우리나라에서 가치가 매우 높다. 외부 문화에 대한 수용과 평가가 적극적이고 관대한 것이다.

그러나 전통적으로 우리나라 사회는 외부 사람에 대해서는, 특히 피부색이 다른 사람에 대해서 관대하지 못한 경우가 많았다. 이는 우리 민족의 역사와 관련이 깊다. 오랫동안 비교적 단일한 영토와 민족 그리고 공통의 역사적 경험을 지닌 탓이다. 최근에는 국가적 차원에서 다문화 운동이 전개되면서 외국 사람들에 대한 인식이 점차 나아지고 있다. 하지만 이는 여전히 영어권 백인들에게 한정되는 이야기인지도 모르겠다. 영어권 백인들은 영어교사를 비롯한 다양한 일자리를 찾기도 쉽고 비자도 상대적으로 손쉽게 발급받을 수 있다.

아시아나 아프리카 등 가난한 나라에서 일자리를 찾아 온 힘없는 사람들에게 우리나라는 여전히 높은 벽이다. 비자를 발급 받기 어려워 불법체류자 신세를 감수하기도 하고, 또 그런 신분 때문에 온갖 사회적 차별에 시달려야 한다. 오히려 서울의 어두운 곳에서 묵묵히 일해 주는, 희망을 찾아 우리나라를 택한 가난한 나라 사람들에게 더 마음을 열고 그들의 문화에 관대해져야 하지 않을까?

지나치게 빠른 속도로 진행되고 있는 서울의 다문화를 우려하는 목소리도 나오고 있다. 런던이나 뉴욕과 같은 세계 대도시들도 외국인들을 주류 사회의 일원으로 받아들이는데 꽤 오랜 시간이 걸렸다고 한다. 차근차근 시간을 두고 다문화를 받아들여야 한다. 마치 수험생이 속성으로 학습하듯 만든 다문화정책은 적절하지 않다는 비판에도 귀를 기울여야 한다.

4.

서울이 되살린 장소,
역사문화도시

● 한지은

해치상은 서울에 정착할 수 있을까

2008년 서울시의 공식 상징물로 한때 해태海陀라 불렸던 해치獬豸가 결정되고, 이어 광화문광장과 서울광장에 해치상이 세워지면서 잠시 논란이 일었다. 한·중·일 세 나라 모두에게 상상 속 동물로 여겨져 온 해치를 서울 대표 상징물로 삼는 것이 적합하냐는 문제제기에서부터 복과 행운을 가져온다는 해치상의 건립은 미신숭배라는 개신교의 비판, 정부가 주도하여 지역의 상징을 선정하고 이를 각종 사업을 통해 추진하는 것은 비민주적 관행이라는 우려에 이르기까지 논쟁의 스펙트럼은 다양하였다.

그러나 사자와 비슷하고 기린의 뿔을 달고 있으며 몸 전체가 비늘로 덮인 모양의 이 조각상이 오래 전부터 광화문 앞에 있던 해치상이라는 사실을 아는 사람들

광화문 앞 해치상

은 많지 않다. 본래 광화문 앞이 아니라 지금의 미국대사관 근처에 자리한 사헌부 앞에 있었던 해치상은 풍수지리적으로 관악산의 화기를 막고, 관리들의 마음가짐을 바로잡는 의미를 갖고 있었다. 그러나 1923년 일제에 의해 철거되었다가 1929년엔 조선총독부 앞으로 옮겨졌고, 1968년 박정희 대통령에 의해 시멘트와 한글 현판으로 복원된 광화문 앞으로 다시 돌아온 해치상의 유랑기는 지난 100여 년간 서울이 경험한 순탄치 않은 역사의 증거로 여겨지기도 했다. 특히, 숭례문 화재의 원인이 광화문복원사업을 위해 해치상을 잠시 치웠기 때문이라는 괴소문이 돌면서 다시 유명세를 떨치기도 했다. 그러나 이제 해치는 서울의 공식적 상징물로 광화문광장의 한 자리를 당당하게 차지하게 되었을 뿐 아니라 해치택시, 해치페스티벌,

해치애니메이션에 이르기까지 다양한 레퍼토리
로 재생산되기에 이르렀다.

광화문광장 내부에 있는 해치 캐릭터

이러한 광화문 해치의 화려한 복귀는 서울
시가 적극적으로 추진하고 있는 도시마케팅사
업의 일환으로 이루어진 것이다. 서울시는 최
근 '역사와 첨단이 어우러진 도시'라는 일견 상
반되어 보이는 두 가지 가치를 목표로 하여 도
시의 경관을 극적으로 변화시키고 있는데, 이
러한 야심찬 목표를 달성하기 위해서는 전통으
로 기억되어야 할 장소들은 발굴하고 복구하
는 한편, 경제적으로든 문화적으로든 가치가
없다고 평가되는 장소들은 첨단의 장소로 교
체되어야 한다.

3000년에 이르는 거주역사를 지니고 있으며, 600년간 조선의 왕도였던 서울은
왕조의 유산과 식민지의 흔적뿐만 아니라 전쟁과 근대화의 격동기에 수많은 사람
들의 기억들을 켜켜이 담고 있는 저장 창고다. 그러나 누적된 시간의 지층 속에서
서울을 대표하는 공통의 기억을 담은 장소들을 끄집어내는 일은 그리 쉽지 않다.
누군가에게는 기억하고 싶은 장소가 누군가에게는 지우고 싶은 장소이기도 하다.
동일한 장소에 누적된 다양한 기억들 중 어떤 것을 현재 서울을 대표하는 기억으
로 삼아야 할지 결정하는 일은 도시민의 다양한 소통과 협의를 필요로 한다. 따라
서 시급한 것은 지금 서울이 불러오는 장소와 감추거나 지우는 장소들은 어느 곳
인지, 그리고 그것들은 우리의 공통 기억을 얼마나 담고 있느냐는 질문일 것이다.

서울 성곽은 세계문화유산이 될 수 있을까

'매력적인 문화수도'를 꿈꾸는 역사도시 서울에서 현재 가장 활발하게 복원되고 있는 장소 중 하나가 서울 성곽이다. 서울은 과거 동서양의 여러 도시들과 마찬가지로 성곽도시였다. 조선시대 성곽은 북악산–낙산–남산–인왕산으로 연결된 내사산內四山을 둘러싸고 건설되었다. 성곽으로 도성의 안팎을 구분하였고, 매일 밤 삼경에 인정종人定鐘이 울릴 때부터 새벽 오경에 파루종罷漏鐘이 울릴 때까지 도성 출입을 엄격하게 조절하였다.

그러나 잘 알려져 있듯이 서울 성곽은 일제강점기 전후 도시개발을 명목으로 훼손되기 시작했다. 1899년 전차노선을 건설하기 위해 돈의문과 흥인지문 부근의 성곽이 헐렸고, 1907년에는 일본 황태자 입국을 위해 숭례문 북쪽 성곽이 해체되었다. 이어서 1910년에는 숭례문 옆 성벽의 양측을 부수고서 도로가 건설되었다. 1914년에는 서소문과 인근의 성벽이 조선총독부 관사를 위해 철거되었고, 1915년에는 돈의문이 사라졌으며, 남산에 조선신궁을 건설하면서 숭례문에서 남산광장에 이르는 성벽 대부분이 헐렸다. 결국 전체 18.2km에 달하던 서울 성곽은 산지에 남아 있는 약 10.5km 구간을 제외하고는 일제강점기에 대부분 사라져버렸다.

1975년 일부 구역에 대한 복원과 보수공사가 이뤄지기도 했지만, 서울시 차원에서 성곽 복원을 다시 논의한 것은 2006년이었다. 문화재청과 서울시가 서울 성곽의 유네스코 세계문화유산등재를 추진하면서부터였다. 서울시는 서울 성곽과 북한산성, 탕춘대성을 연결하여 세계문화유산으로 등재하고자 2009년 2월 '서울 성곽 중장기 종합정비 기본계획'을 수립하였다. 그리고 돈의문과 주변 성곽을 94년 만에 복원하겠다고 발표했으며, 숭례문 공사에서도 양편의 성곽을 복원하는 사업을 병행하고 있다. 이 계획의 일환으로 2010년에는 동대문 디자인플라자 공사 중

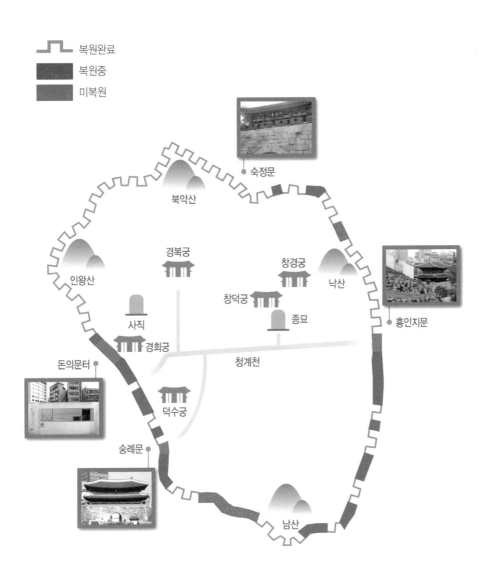

복원완료

복원중

미복원

숙정문

북악산

인왕산

경복궁

창경궁

창덕궁

낙산

사직

종묘

경희궁

홍인지문

돈의문터

청계천

덕수궁

숭례문

남산

▲ 서울 성곽도

발견된 이간수문과 치성 등 매몰되었던 서울 성곽의 일부, 약 265m 구간을 복원하고 옛 이화여대 동대문병원 부지에 동대문성곽공원을 개장하기도 하였다.

이처럼 2010년 민선 5기 오세훈 전 시장의 주요 공약 중 하나였던 '역사문화도시 서울' 계획안에는 서울성곽을 복원하고 4대문 안을 세계문화유산으로 지정하는 가칭 '한성프로젝트'가 포함되어 있었다. 서울의 미래에 대한 청사진은 분명 다른 모습이었겠지만, 현재의 박원순 시장 재임 이후에도 서울 성곽의 복원에 대한 열기는 여전히 이어지고 있다. 일례로 2012년 하루 종일 서울 성곽을 직접 걷고 난 후 박원순 시장은 미리 성곽 길을 걸어봤다면 복원되어야 할 서울 성곽에 위치하고 있는 서울시장 공관에 입주하지 않았을 것이라고 말하며 서울 성곽의 보존과 활용에 대한 확고한 소신을 전하기도 했다.

2012년 5월 서울시는 '서울도성 보존·관리·활용 종합계획'을 발표하였다. 이 계획의 주된 내용은 2015년까지 성곽 복원 및 상하부 형상화를 통해 서울 도성의 전 구간을 연결한다는 것이다. 우선 일제강점기 파괴된 서울 종로구 혜화동 현 서울시장 공관 주변 86m의 성곽 복원공사를 시작하고 서울시장의 공관 또한 종로구 가회동 '백인제白麟濟 가옥'으로 이전할 계획이다. 인왕산과 남산 등 원형 복원이 가능한 구간인 1,156m는 2014년까지 복원하는 한편 원형 복원이 불가능한 구간은 육교 형태나 도로 바닥에 성곽선을 따라 흔적을 표시하거나, 성곽의 흔적조차 찾기 어려운 구간에는 성곽 추정선에 인접한 길을 따라 성곽 흔적을 알리는 표시물을 바닥에 설치한다고 한다.

계획을 발표하면서 박원순 시장은 "한양 도성의 단순한 복원을 넘어 현세대는 물론 미래세대, 세계인의 문화 향유권까지 고려한 세계적인 문화유산으로 자리매김 시켜나가겠다"고 표명했다. 2015년까지 한양 도성을 유네스코 세계문화유산에 등재하겠다는 서울시의 목표는 현재 순항 중이다. 2012년 12월 한양 도성이 유네스코 세계유산으로 등재하기 이전의 예비 목록인 세계유산 잠정 목록에 등재된 것이다.

이러한 구체적이고 원대한 계획을 통해 서울은 세계의 문화유산이 될 수 있을까? 다시 하나로 연결될 서울 성곽은 풍수지리에서 말하는 천하의 명당이었던 한양 도성의 역사와 기억에 대해 1000만 서울인들에게 어떠한 이야기를 전해줄 수 있을까?

북촌에는 서울의 전통이 살아 있을까

서울의 전통이 가장 잘 살아있는 곳을 꼽으라고 하면 어디를 말할 수 있을까? 많은 사람들이 가회동과 계동 일대의 북촌지역을 떠올릴 것이다. 오늘날 마천루와 고층아파트로 가득 찬 서울에서 지붕과 지붕의 선이 맞닿아 있는 한옥의 스카이라인을 발견할 수 있는 북촌은 사람들에게 서울의 역사성과 전통건축의 아름다움을 드러내주는 최고의 장소로 여겨진다. 또한, 북촌은 강남의 아파트 숲을 벗어나 사라져가는 전통문화를 꿋꿋이 지켜내는 예술가나 외국인 등과 관련한 미담의 무대로 대중매체에 등장하는 곳이기도 하다.

그렇다면 서울의 전통이 생활 속에 여전히 살아있다는 북촌은 어디를 말할까. '북촌'이라는 말은 조선초기부터 사용된 것으로 알려져 있는데 한양을 가로지르던 종로의 북쪽을 가리켰다. 주로 경복궁과 창덕궁 사이, 현재의 가회동, 삼청동, 원서동, 재동, 계동, 안국동, 소격동, 사간동, 송현동, 화동 일대가 해당된다. 경치 좋은 북악산 아래 정궁인 경복궁 주변에 자리한 이들 지역에 권문세가가 주로 거주하게 되면서 조선시대 상류층 거주지로 알려지게 되었다.

그런데 이곳을 둘러본 사람들은 금방 알 수 있겠지만, 오늘날 북촌에 남아 있

조선시대 상류층 거주지로 알려진 북촌의 오늘날 한옥 스카이라인

는 한옥들은 유명세에 걸맞지 않게 비슷한 모양을 한 50평 내외의 작은 집들이 대부분이다. 이는 현재 북촌에 남아 있는 한옥들이 대부분 조선초기 명문대가의 집이 아니라, 1930년대 대형 주택경영회사가 판매를 목적으로 새롭게 지은 도시형 한옥, 이른바 '집장사집'이기 때문이다. 조선시대 서울의 인구는 지속적으로 증가하였고, 이를 수용하기 위해 조선후기가 되면 개국 초 왕족과 고관들에게 넓게 나누어 준 집터들은 여러 차례 쪼개지기 마련이었다. 더욱이 일제강점기 이후 1930년대에는 지방의 부호들이 서울로 몰려들면서 주택 수요가 급증하였고, 오늘날의 부동산 개발과 비슷하게 주택경영회사들이 판매를 목적으로 비슷한 형태의 한옥들을 여러 채 짓게 된 것이다.

　이러한 상황을 알고 나면, 북촌의 한옥들이 600년 조선 왕조의 유서 깊은 전통을 담고 있을 것이라는 믿음과는 너무 달라서 허탈해진다. 그러나 생각을 돌려, 서울이라는 도시가 박물관이나 유적지처럼 죽어있는 자들을 위한 곳이 아니라, 살아있는 사람들이 거주하고 일상을 영위하는 공간임을 생각하면 이러한 변화를 쉽게 이해하게 된다. 따라서 건축된 지 100년도 되지 않은 작은 한옥들이지만 북촌지역은 서울 내에서 상당한 범위에 걸쳐 한옥들이 남아 있고, 민속촌과는 달리 여전히 거주지로 기능하고 있는 거의 유일한 곳이라는 점에서 역사문화도시 서울의 전통을 대표하는 장소로 보호되어야 한다는 주장이 힘을 얻어 왔다.

옛 모습으로 단장한 북촌을 찾는 관광객들

한옥 양식으로 새롭게 지어진 건물

그러나 거주공간으로서 한옥은 개인의 재산인 동시에 서울이라는 도시의 정치경제적 변화에 영향을 받는 물적 대상이다. 자본주의에서 경제성의 논리는 언제나 그렇듯 장소의 역사성과 문화적 특성을 고려하지 않기 때문에, 북촌에 남아 있는 한옥들을 '전통'이라는 이름으로 지켜내기 위해서는 방법이 강구되어야 했다. 특히 1970년대 경기고, 휘문고, 창덕여고 등 유명 학교들이 잇달아 강남으로 이전하고,

그 자리에 현대사옥과 같은 고층빌딩이 들어서면서 북촌의 한옥을 지키는 일은 더욱 어려운 일이 되었다. 이에 서울시는 1977년 경복궁 일대를 최고 고도지구로 지정하여 10m 이상의 건축행위를 불허하였고, 1983년에는 북촌 전 지역을 '제 4종 집단역사미관지구'로 지정하는 등 북촌지역의 보호를 위한 법률적 제제를 시도하였다.

강제적 규제로 인해 개축이 어려워지고 지가하락이 심화되면서 북촌 주민들은 생활의 불편과 주택가격의 하락이라는 이중고를 겪게 된다. 특히 집중호우로 지붕이 무너져 일가족이 사망하는 사건이 일어나는 등 재산권의 침해와 노후건축의 위험성에 대한 주민들의 불만이 심화되면서 규제에 반대하는 조직적인 운동이 확산되었다. 결국 서울시는 1980년대 말부터 고도제한이나 건축심의 등을 폐지하기에 이르렀다. 주택의 고도제한이 완화되고 창덕궁에 인접한 원서동 4번지 일대가 주거환경개선사업지구로 지정되면서 1990년대 초 기존의 한옥을 다세대와 다가구주택으로 신축하는 건축 붐이 일었다. 문제는 이 과정에서 북촌지역의 경관에 급속한 훼손이 진행된 것이다.

그러나 북촌의 경관변화에서 가장 극적이고 흥미로운 시점은 바로 이때부터 시작되었다. 1991년 이후 한옥 철거와 빌라 신축이 급증하는 등 북촌지역에 나타난 급속한 변화에 우려와 위기감을 느낀 주민들이 1999년 이른바 '종로북촌가꾸기회'를 조직하고 이어 서울시가 이를 토대로 '북촌가꾸기 종합대책'을 수립한 것이다. 이러한 변화는 기존 역사지역과 매우 다른 경험이었다. 개발과 보존의 갈등 속에서 시민사회가 중요한 역할을 담당하였을 뿐만 아니라, 역사지구를 보호함에 있어 규제가 아닌 지원으로 중심축이 이동하였기 때문이다.

민간의 자발적인 북촌살리기 운동과 더불어 서울시는 한옥의 건축형태를 유지

한옥 외관공사가 이뤄진 왼편과 그렇지 않은 오른편이 대조적이다.

하는 것을 조건으로 보조금을 지급하는 한옥등록제와 개보수지원을 시작하였다. 시가 직접 몇 채의 한옥을 매입하여 한옥체험관, 문화센터, 박물관 등으로 활용하기 시작했다. 더욱이 비슷한 시기 시작된 이른바 '웰빙 열풍'을 타고, 한옥이 전통적 분위기와 지역의 유대감을 갖춘 '웰빙형 주거'라는 새로운 이미지를 획득하면서 2000년대 중반부터 북촌지역의 인구가 증가하고 지가가 상승하는 극적인 변화가 나타나기 시작했다.

　한옥이 문화적 혹은 환경적 이유로 매력적인 거주지로 부상하면서 금방이라도 무너질 것 같던 북촌의 낡은 한옥들은 이제 새로 단장되거나 아예 신형으로 건축되고 있다. 십여 년 전만해도 수리하지 못한 기와지붕을 장판이나 비닐로 덮어놓은 집들이 부지기수였지만, 이제는 흑색 기와지붕의 물결이 유려하게 이어져 있다.

　오늘날 북촌의 한옥들은 고급주택지로서 뿐만 아니라 예술가의 공방이나 갤러리, 외국인을 위한 한옥 게스트하우스와 레스토랑과 악세서리점, 건축설계사무소나 병원에 이르기까지 역사적 '분위기'나 '정취'를 원하는 사람들에게 가장 환영받는 건축물이 되기에 이르렀다.

　그런데 역사적 경관에 있어서 '보존을 어떻게 진행할 것인가'는 '무엇을 보존할 것인가' 만큼 논쟁거리다. 북촌의 선택은 내부 모습과 기능을 완전히 바꾸는 대신, 외부 경관의 통일성을 유지하는 것이다. 북촌의 한옥들은 1930년대에 건설된 것이기 때문에 툇마루에 미닫이문이 있거나 벽돌과 타일이 사용되는 등 전통 한옥의 양식과는 상당한 차이가 있다. 최근에는 현대식 재료를 제거하고 전통적인 한옥 외관으로 개조되는 사례가 많다. 서울시에서도 '한옥등록제'를 통해 지붕이나 담장, 벽, 대문 등 외관 유지비용을 보조하는 등의 규정을 마련하고 있다. 그러나 내부공간은 완전히 현대적 양식으로 개조되는 경우가 대부분이다. 특히 보존 상태가 좋은 한옥이 밀집되어 있는 가회동 11번지 31번지와 일대에는 전신주를 지하로 매설하고, 도로의 포장재 또한 콘크리트에서 한옥과 어울리는 황토색 마사토로 바꾸었다. 또한 2009년 '북촌 제 1종 지구단위계획안'에서 한옥 이외의 건물을 신축하더라도 경사형 지붕이나 전통 담장 등을 설치하도록 규정하고 있는 점은 외부 경관의 통일성으로 전통적 분위기를 유지하려는 북촌의 장소 전략을 보여준다.

　이러한 북촌의 변화과정을 들여다보면 오래된 것처럼 보이고 오래된 것이라고 주장하는 전통들은 실상 그 기원을 따져보면 극히 최근의 것이거나 때로는 발명된 것이라는 에릭 홉스봄의 대담한 주장을 떠올리게 된다. 100년도 되지 않은 북촌의 한옥들이 오늘날 역사문화도시 서울의 상징으로 보전되거나 새롭게 복구되는 반면에, 비슷한 시기에 지어진 상당수 근대 건축들은 부끄러운 역사라는 이유로 대부분 사라지고 말았기 때문이다.

▲ 한옥 공방 ▶ 한옥 게스트하우스
▼ 한옥 카페 ◀ 한옥 치과병원

당신의 서울은 기억되고 있나요

서울을 역사문화도시라고 하지만 주의 깊게 그 안을 들여다보면 역사적이고 문화적인 기억들이 잘 포착되지 않는다. 일제강점기와 한국전쟁, 숨 가쁜 산업화의 길을 달려오는 동안 옛 고궁들은 왕조의 권위를 잃고 도심 속 공원이나 사극촬영지 정도로 여겨진지 오래다. 그나마 남아 있던 건축물들도 대부분 개발과 '역사바로세우기'라는 명목 하에 헐려 그 흔적조차 찾기 어렵다. 특히 논쟁이 많은 근대 건축물은 때로는 경제적인 이유로, 때로는 정치적 목적으로 사라져버려 이제는 사진으로만 기억되는 곳이 대부분이다.

창덕궁과 인접한 북촌의 원서동 16번지에 남아 있는 도시형 한옥 한 채는 오늘날 근대 건축물을 둘러싸고 벌어지는 논쟁의 축소판을 보여준다. 이 건물은 우리나라 최초 서양화가로 알려진 고희동의 집이다. 1918년 일본 유학 후 고국으로 돌아온 그가 직접 한옥과 일본의 건축양식을 결합하여 건축하고 41년간 살았던 곳이다. 독특한 양식을 가진 건축적 가치와 근대미술의 선구자였던 고희동의 역할 등을 이유로 이 건물의 보존을 주장하는 이들이 많았다. 그러나 이 건물은 고희동이 회화전 수익금 전액을 전쟁 승리를 기원하는 의미로 일제에 헌납하는 등 친일행위자였다는 점과 소유주와의 갈등 등으로 인해 오랫동안 방치되어 있었다. 그러던 2002년 소유주였던 한샘연구소가 주차장 건설을 위해 이 건물의 철거를 계획한 것이 문화연대와 주민들의 반대로 저지되면서 이 집은 친일행위자와 관련된 근대건축의 보존 논쟁을 일으켰다. 보존을 주장하는 측에서는 전통 한옥은 아니지만 한국 근대 미술의 산실이자 일제강점기의 주거 모습을 보여주는 의미 있는 가옥이며, 또한 고희동이라는 화가의 삶이 그대로 담겨 있는 문화유적인 만큼 보존돼야 마땅하다고 주장한다. 반면, 철거를 주장하는 측에서는 건축적·역사적으로 문

원서동 고희동 가옥은 2004년 등록문화재 제 84호로 지정되었다. 2008년 서울 종로구가 매입하여 복원하고, 내셔널트러스트
문화유산기금이 문화적 내용을 보완하여 2012년 11월부터 일반에 개방하고 있다.

화재적인 가치를 갖추지 못하였고 재원 마련이 어렵다는 점을 이유로 들었다. 결국 이 건물은 2008년 서울시의 '창의문화도시 마스터플랜'에 의해 한국화가 이상범과 작곡가 홍난파 가옥 등과 함께 기념관이나 공연장 등 문화공간으로의 재탄생이 결정되었다. 현재는 복원이 마무리되어 일반에 공개되었지만, 보존결정 과정에서 드러난 갈등은 최남선, 이광수, 서정주 등 친일행위자들의 옛집 처리 과정에서 무수히 반복된 것이었다.

몇 년간 서울답사를 다니면서 서울에 온전히 남아 있는 근대 건축물이 거의 없다는 점에 매번 놀라곤 한다. 그나마 남아 있는 것들은 기념사업회나 종교단체 등의 노력에 의한 경우가 대부분이다. 오늘날 서울은 상업적 목적을 위해 장소의 옛

화재로 소실된 숭례문이 복원 중인 모습

기억을 찾기 어려울 정도로 리모델링되었다. 겉모습 말고는 옛 흔적을 찾을 수 없는 서울시립미술관(구 경성고등재판소)이나 일민미술관(구 동아일보 사옥), 병원 로비로 남을 뻔한 경교장에 이르기까지 본래의 형태가 그대로 남아 있는 건물들은 손에 꼽을 정도다.

물론 이러한 무관심은 근대에만 국한되진 않는다. '역사문화도시 서울'을 기치로 내건 서울시의 도시개발사업이 전방위적으로 진행되면서 동대문 운동장의 주요 관객들이나 종로 피맛골의 단골손님, 뉴타운지정지구의 주민들은 오랜 기억의 장소들을 잃어버렸다. 이제 그곳에는 새로운 첨단시설들이 들어서거나 들어설 예정에 있다. 다른 한편에서는 원래의 모습 혹은 분위기로 복원되기도 한다. 서울의 전통 장소로 간주되는, 소실된 숭례문과 서울의 옛 성곽, 경복궁과 주변의 한옥지구 등이 그러하다.

이러한 상황은 다시 처음의 질문으로 돌아오게 한다. 지금 서울에서 복구되거나 사라져가는 장소들은 누구의 기억을 담고 있을까. 박태원의 소설 『천변풍경 (1938)』에서 그려내었던 청계천변의 풍경이나 달동네의 공동화장실과 판자촌의 기억은 어디에서 찾을 수 있을까. 이러한 무관심 혹은 망각의 이유는 이들 장소들이 600여 년의 유구한 서울의 역사로 기념하기에는 너무 새 것이거나 아니면 미래를 지향하는 첨단도시 서울에 걸맞지 않게 너무 낡은 것이기 때문일까. 서울의 구석구석에 그려진 해치가 묻는다. 당신의 서울은 기억되고 있나요?

나오는 말

지금까지 살펴본 서울의 모습은 엄청나게 역동적으로 변화해 왔다. 청계천을 품고 북악·낙타·인왕·목멱산을 따라 성곽을 둘러싸면서 형성되었던 조선의 도성, 한양은 서구에서 들여온 기차로 인해 성곽이 붕괴되면서 근대 도시로 변화하기 시작했다.

서울은 1960년대부터 본격화된 개발 시대를 맞아 한강 이남으로 뻗어나가면서 거대화되었다. 강북과 강남을 잇는 다리가 속속 놓이게 되었고 한강 주변도 공유수면매립공사 등을 통해 개발되었으며, 아파트가 개발 시대의 주거유형으로 선택되면서 한강변과 강남 지역을 중심으로 대단위로 건설되었다.

1980년대 후반부터는 포스트모던 시대로 진입하면서 서울은 새로운 변신을 꾀하게 된다. 경제재구조화로 인해 덩치가 큰 공장들이 이전해 나간 자리는 복합쇼핑몰이나 문화시설, 아파트 등으로 채워지고, 삼청동, 홍대앞 같은 장소성을 강조한 새로운 소비공간이 부상하기도 했다. 동시에 일찌감치 만원이 된 서울은 그 영향권을 외곽으로 확장하면서 수도권의 광역화를 가속화하고 있다. 현재 서울이 꿈꾸고 있는 미래의 키워드는 생태 도시, 다문화·국제도시, 역사문화 도시지만, 지금까지 겪어온 변화를 생각하면 서울의 잠재력과 가능성은 상상하기조차 어렵다.

서울이 얼마나 역동적인 공간인가는 이 책의 집필 과정에서도 생생하게 체감했다. '서울스토리'팀이 청계천 일대를 처음 답사한 것은 2000년이었는데, 이때는 청계천 복개도로 위로 청계고가로가 건재했고 광교 모형이 조흥은행 본점 앞에 조그맣게 자리 잡고 있었다. 하지만 이명박 전 서울시장이 2002년 '청계천복원사업'을 발표하고 본격적인 철거 공사가 시작되기 전, 복개도로 아래로 흐르는 청계천을 개방하는 행사가 있었다. 이때도 우리 '서울스토리'팀은 으스스한 흥분에 사로잡혀 복개도로 아래 어둡고 습한 청계천 모래 위를 걸었다. 2005년에는 늦은 봄날의 따가운 햇살과 관광 인파에 떠밀린 채 청계천 광교와 오간수문 일대를 걸으면서 상전벽해란 말을 실감할 수밖에 없었다.

마찬가지로 이명박 시장에 뒤이은 오세훈 시장이 내놓은 한강르네상스, 디자인 서울 정책은 서울의 외관을 지속적으로 바꿔 놓았지만 또 동시에 변화의 동력이 정치적 변수에 얼마나 취약한가를 확연히 보여주기도 했다. 2011년에 취임한 시민운동가 출신 박원순 시장이 추진하고 있는 '마을공동체만들기'나 '도시농업운동'은 서울의 모습을 또 어떻게 변화시킬까?

이 같은 서울의 역동성 때문에 우리는 써놓은 원고를 계속 업데이트해야 했다. 때문에 편집을 맡은 청어람미디어 정미진 과장님의 고생이 컸다. 진심으로 감사드린다. 또한 늘어지는 원고 집필 기간을 인내하고 기다려주신 청어람미디어 정종호 사장님께도 깊은 감사를 드린다. 오랫동안 함께 답사하고 이 책의 기획에도 참여한 '서울스토리'의 박병석, 황병삼, 김은영, 곽경만, 김봉수, 김태호, 이미란, 신현림, 조영매, 박복순 회원과 그 외 여러 회원들에게도 끈끈한 감사를 드린다. 또한 출간의 기쁨도 함께 나누고 싶다.

부족함이 많은 글이지만 10여 년의 숙원을 이룬 저자들은 이제 가벼운 마음으로 새롭게 답사를 시작할 것이다. 답사를 통해 얻은 재미와 기쁨이 점점 마음의 짐으로 전환되면 다음 책을 위해 기꺼이 '글 감옥'으로 들어갈 것이다. 우리가 답사를 통해 느꼈던 재미와 기쁨을 독자들과 공유할 수 있기를 바라며…….

2013년 3월
저자 일동

참고자료

논문 및 단행본

강우원, 「서울 도심부 제조업의 입지특성 연구」, 『서울학연구』7호, 1996년

고동환, 「조선후기 서울의 생업과 경제활동」, 『서울학연구』9호, 1998년

고민경, 「초국가적 장소의 형성-이태원」, 서울대 석사학위논문, 2009년

국토지리정보원, 『한국지리지-수도권』, 건설교통부, 2007년

권혁재, 「한강 하류의 충적지형」, 『사대논총(고려대 사범대학)』9권, 1984년

권혁재, 『남기고 싶은 지리 사진들: 그리움과 연민의 정이』, 법문사, 2007년

권혁재, 『우리 자연, 우리의 삶: 남기고 싶은 지리 이야기』, 법문사, 2007년

김광언, 『풍수지리 - 집과 마을』, 대원사, 1993년

김근영, 「현대 도시에서 한옥의 의미: 서울 북촌의 사례 연구」, 서울대 석사학위논문, 2003년

김난주, 「소규모 인쇄업체의 지리적 집중에 관한 연구」, 서울대 석사학위논문, 1994년

김동실, 「서울의 시가지 확대와 지형적 배경」, 『한국지역지리학회지』12권 1호, 2006년

김민지, 「TV 광고의 기호학적 분석을 통해서 드러난 아파트 담론 변화에 관한 연구」, 서강대 석사학위논문,
    2006년

김백영, 『지배와 공간: 식민지도시 경성과 제국 일본』, 문학과지성사, 2009년

김수현, 「서울시 철거민 운동사 연구」, 『서울학연구』13호, 1997년

김양희·신용남, 『재래시장에서 패션 네트워크로 : 상인과 연구원이 말하는 동대문시장의 겉과 속』, 삼성경제연
    구소, 2000년

김재일, 『생태기행 3-수도권』, 당대, 2001년

김정숙·장영진, 「서울시 연탄제조업의 입지특성과 정부 정책의 영향」, 『한국지리역지리학회지』17권 2호, 2011년

김정혜, 「한강하류의 하중도에 관한 고찰」, 『녹우회보』9권, 1967년

김종근, 「식민도시경성의 이중도시론에 대한 비판적 고찰」, 『서울학연구』38호, 2010년

김종성, 『마을』, 실천문학사, 2009년

김진명, 「서울 밤섬 이주민의 주거공간의 변화와 의례」, 『서울학연구』13호, 1999년

김진송, 『기억을 잃어버린 도시: 1968 노량진; 사라진 강변 마을 이야기』, 세미콜론, 2006년

김진송, 『서울에 딴스홀을 許하라』, 현실문화연구, 1999년

김태웅, 「1910년대 '경성부' 유통체계의 변동과 韓商의 쇠퇴」, 『서울학연구』7호, 1998년

김학희, 「문화소비공간으로서 삼청동의 부상: 갤러리 호황과 서울시 도심 재활성화 전략에 대한 비판적 성찰」,
        『한국도시지리학회지』10권 2호, 2007년

김형국·하성규, 『불량주택 재개발론』, 나남출판, 1998년

김홍순, 「신사동 가로수 길과 삼청동 길의 활성화 요인 연구」, 『대한건축학회론집』26권 5호, 2010년

김희정, 「창의적 소매점의 문화적 가치와 경제적 효과에 관한 연구: 서울 북촌을 중심으로」, 서울대 석사학위논
        문, 2010년

노형석, 『모던의 유혹 모던의 눈물: 근대 한국을 거닐다』, 생각의나무, 2004년

대한주택공사, 『대한주택공사 20년사』, 1997년.

류호철, 「공공 공간의 재구성과 그 수용」, 서울대 석사학위논문, 2007년

박경·장은미, 「한강하류에 대한 지형학적, 지도학적 고찰」, 『지리학연구』39권 4호, 2005년

박경룡, 『정동』, 상원사, 2008년

박세훈 외, 『다문화사회에 대응하는 도시 정책 연구』, 국토연구원, 2010년

박은숙, 『시장의 역사: 교양으로 읽는 시장과 상인의 변천사』, 역사비평사, 2008년

박철수, 『아파트의 문화사』, 살림, 2006년

박철진, 「1930년대 경성부 도시형 한옥의 상품적 성격」, 서울대 석사학위논문, 2002년

박평식, 「朝鮮前期의 都城商業과 漢江」, 『서울학연구』23호, 2004년

발레리 줄레조 지음, 길혜연 옮김, 『아파트 공화국』, 후마니타스, 2007년

발레리 줄레조 지음, 길혜연 옮김, 『한국의 아파트 연구』, 아연출판부, 2004년

발터 벤야민 지음, 조형준 옮김, 『아케이드 프로젝트』, 새물결, 2006년

방승애·윤준성·송관호, 「문화적 다양성을 위한 문래동 예술 단지에 관한 연구」, 『기초조형학연구』16권 2호, 2009년

배성준, 「1910년대 경성공업의 식민지적 개편」, 『서울학연구』6호, 1995년

배정한, 『조경의 시대, 조경을 넘어』, 조경, 2007년

베네볼로 지음, 윤재희 옮김, 『세계도시사』, 세진사, 2003년

새로운 한옥을 위한 건축인 모임, 『한옥에 살어리랏다』, 돌베개, 2007년

서울시립미술관, '배를 타고 가다가: 한강 르네상스 – 서울전', 2008년

서울특별시사편찬위원회, 『사진으로 보는 서울』1~6권, 각 년도

서울특별시사편찬위원회, 『서울 六百年史: 문화사적편』, 1987년

서울특별시사편찬위원회, 『서울 六百年史: 연표』, 2006년

서울특별시사편찬위원회, 『서울 六百年史』1~6권, 각 년도

서울특별시사편찬위원회, 『서울의 하천』, 2000년

서울특별시사편찬위원회, 『한강사』, 1985년

서울시정개발연구원, 『서울 20세기 공간변천사』, 2001년

서울시정개발연구원, 『지도로 본 서울 2007』, 법문사, 2008년

서울역사박물관, 『강남 40년, 영동에서 강남으로』, 2011년

서울특별시, 「북촌 가꾸기 기본계획」, 서울시정개발연구원, 2001년

서울특별시, 『서울시정개요』, 각 년도

서울특별시, 『서울의 삶, 서울의 꿈』, 2006년

서울특별시, 『서울통계연보』, 각 년도

서울특별시, 『창의문화도시 마스터플랜-Seoul Culturenomics, Vision & Strategy』, 2008년

손정목, 「도시의 발달과 한강 : 한강 100년의 발자취」, 『향토서울』44호, 1987년

손정목, 『서울 도시계획 이야기 1,2,3,4,5』, 한울, 2003년

손정목, 『일제강점기 도시화과정연구』, 일지사, 1996년

송인호, 「도시형 한옥의 유형연구: 1930-1960의 서울을 중심으로」, 서울대 박사학위논문, 1990년

심승희·한지은, 「압구정동·청담동 지역의 소비문화 경관 연구」, 『한국도시지리학회지』9권 1호, 2006년

양귀자, 『원미동 사람들』, 살림, 2004년

에드워드 렐프 지음, 심승희 외 옮김, 『장소와 장소상실』, 한울, 2005년

에릭 홉스봄 지음, 박지향·장문석 옮김, 『만들어진 전통』, 휴머니스트, 2004년

오기노, 「'강남 8학군' 지역의 형성: 장소형성에 나타난 한국적 특성」, 서울대 박사학위논문, 2004년

유시민, 『청춘의 독서: 세상을 바꾼 위험하고 위대한 생각들』, 웅진지식하우스, 2009년

유환종, 「서울시 탈공업화의 공간적 특성과 공장 이적지의 토지이용변화에 관한 연구」, 『지리학논총』 53호, 2004년

윤정섭·황희연, 「서울 인사동일대의 상업기능 침투과정에 대한 도시생태학적 해석」, 『대한국토계획학회지』, 1986년

윤지환, 「도시공간의 생산과 전유에 관한 연구: 서울 문래예술공간을 사례로」, 『대한지리학회지』46권 2호, 2011년

윤진영 외, 『한강의 섬』, 마티, 2009년

이경옥·이금숙, 「문화경제의 발현과 확산의 공간적 특징: 북촌의 창의적 소매업을 중심으로」, 『한국경제지리학회지』9권 1호, 2004년

이무용, 「도시브랜드: 장소마케팅을 통한 도시브랜드 만들기-서울 홍대지역 클럽문화 브랜드 개발을 사례로」,
『도시문제』42권, 2007년

이상곤·이우관·곽만순, 『동대문시장: 성공의 경제학』, 이슈투데이, 2002년

이선영·주경식, 「젠트리피케이션 과정으로서 용산 재개발 지구의 근린 변화」, 『한국도시지리학회지』11권 3호,
2008년

이소영, 「판자촌에서 쪽방까지-우리나라 빈곤층 주거지의 변화과정에 관한 연구」, 『사회복지연구』29집, 2006년

이정욱, 「소규모 제조기업 집적지역의 형성과정과 지역적 연계에 관한 연구 : 서울시 영등포구 문래동을 사례로」,
서울대 석사학위논문, 1996년

이지은, 「수도권 아파트 경관의 형성과 사회적 구성에 관한 연구」, 이화여대 석사학위논문, 2002년

이지혜, 「한강변 주거경관의 현대적 변천 과정 : 마포진·용산진·한강진 일대를 중심으로」, 한국교원대 석사학위
논문, 2010년

이찬·양보경, 『옛 지도로 본 서울』, 서울학연구소, 1994년

이헌창, 「1882~1910년간 서울시장의 변동」, 『서울학연구』, 1998년

이현군, 『서울, 성 밖을 나서다』, 청어람미디어, 2011년

이현군, 『옛지도를 들고 서울을 걷다』, 청어람미디어, 2009년

이현군, 「조선시대 한성부 도시구조」, 서울대 박사학위논문, 2004년

이혜은, 「서울 20세기 교통의 발달」, 『서울 20세기 공간변천사』, 서울시정개발연구원 편, 2001년

이혜은, 「한강의 유로변천과 주거환경」, 『서울문화연구』2집, 1999년

임미정, 「신식민주의적 관점에서 본 한국 현대건축에서의 자본, 권력의 공간화 양상: COEX Mall의 사례 중심」,
이화여대 석사학위논문, 2001년

임석재, 『건축, 우리의 자화상』, 인물과사상사, 2005년

장규식, 『서울, 공간으로 본 역사』, 혜안, 2004년

장림종, 「우리주변의 거주 문화를 통해본 주상복합 아파트」, 『건축』46권 12호, 2002년

장림종·박진희, 『대한민국 아파트 발굴사』, 효형출판, 2009년

전남일·손세관·양세화·홍형옥, 『한국 주거의 사회사』, 돌베개, 2008년

전우용, 『서울은 깊다』, 돌베개, 2008년

정석, 「북촌가꾸기 중간평가 연구」, 서울시정개발연구원, 2005년

정아린·박소윤, 「주상복합건물의 시대적 변천에 따른 건축 계획 특성에 관한 연구」, 『인포디자인이슈』18호,
2009년

정은진, 「서울시 주상복합건물의 지역별 주거 특성」, 『대한지리학회지』38권 5호, 2003년

정지희, 「문화·예술시설 입지에 기반 한 서울시 삼청동길의 가치상향적 상업화」, 서울대 석사학위논문, 2007년

조선총독부, 『일만분일 조선지형도집성』, 백서방, 1985년

주은선, 「평화시장 근처의 의류생산 네트워크와 지역 노동자의 경제생활 변천에 관한 연구」, 『서울학연구』13호, 1999년

최완수, 『겸재의 한양진경』, 동아일보사, 2004년

최은영, 「서울의 거주지 분리 심화와 교육환경의 차별화」, 서울대 박사학위논문, 2004년

최재선, 「밤섬 부군당굿에 대한 교육인류학적 연구」, 연세대 석사학위논문, 1985년.

최정우, 「도시공간구조의 변화에 따른 도심지 공장이전적지 개발계획-영등포 대규모 공장이전적지를 중심으로」, 서울대 석사학위논문, 1997년

하쓰다 토오루 지음, 이태문 옮김, 『백화점: 도시문화의 근대』, 논형, 2003년

한건수, 「국내 아프리카 이주 노동자의 유입 과정과 실태」, 『한국아프리카학회지』21집, 2005년

한국주택협회, 『한국주택협회 15년사』, 1995년

한소영, 「서울 도시 공원의 장소적 재현 연구」, 서울대 석사학위논문, 2009년

한지은, 「근대역사경관의 노스탤지어를 이용한 상하이의 도심재생」, 서울대 박사학위논문, 2008년

형기주, 「일제하 경성의 공업과 공업입지」, 『서울학연구』10호, 1998년

홍금수, 「일제강점기 경성의 공업」, 『문화역사지리』14권 1호, 2002년

홍금수, 「전관장의 경관변화」, 『문화역사지리』18권 1호, 2006년

홍석기·김인희, 「서울성곽의 역사문화가치 발현」, 서울시정개발연구원, 2009년

홍성태, 『서울에서 서울을 찾는다』, 궁리출판, 2004년

홍윤영·강미선·이윤희, 「아파트 신문광고에 나타난 사회적 차별성에 대한 연구」, 『대한건축학회논문집』 20권 11호, 2004년

황두진, 『당신의 서울은 어디입니까?』, 해냄, 2005년

Larry R. Ford, 『Places to shop, Cities and Buildings: Skyscrappers, Skid Rows, and Suburbs』, The Johns Hopkins University Press, 1994년

Shieds, R. 『Lifestyle Shopping: the Subject of Consumption』, Routledge, 1992년

잡지, 신문 및 방송

경향신문, 〈반나절 생활권(1) 서울 출퇴근, 광역화 된다〉, 1993년 8월 19일

매일경제신문, 〈아파트 이야기〉 연재기사, 2009년

문화일보, 〈최초 서양화가 고희동 선생 옛집 복원… 역사 문화공간·시민명소 재탄생〉, 2012년 11월 21일

서울신문, 〈서울시, 한양도성 2015년 유네스코 등재〉, 2012년 5월 7일

이구열, 〈이구열의 근대미술 이면기– 고희동이 41년간 살았던 고택〉, 《미술세계》 7월호, 2003년

한겨레21, 〈아파트 독재의 종말〉, 2011년 6월 6일

KBS, 〈다큐멘터리 3일; 우리 누나 –서울 창신동 봉제골목에서의 3일〉, 2010년

인터넷

기상청 www.kma.go.kr

서울시수해예방정보 http://hongsu.seoul.go.kr

서울통계 http://stat.seoul.go.kr

서울특별시농업기술센터 http://agro.seoul.go.kr